우리는 누구도
처벌하지 않았다

우리는 누구도
처벌하지 않았다

혐오와 처벌,
정의와 기억의 관점에서
다시 쓴 블랙리스트의 역사

심용환 지음

위즈덤하우스

추천사

인간과 다른 동물의 가장 큰 차이는 자유롭고 다양하게 생각하고 표현한다는 것. 민주주의의 첫 번째 가치가 표현의 자유인 이유다. 문화와 예술, 언론인 대상 블랙리스트는 그래서 민주주의와 인간성에 대한 가장 추악한 파괴이자 악독한 반사회적 범죄. 대한민국에서 발생한 참극에 대한 치열하고 정확한 기록이자 인류사의 유사한 선례들과의 비교를 담은 이 책은, 사람이 사람 대접 받는 나라다운 나라를 꿈꾸는 우리 모두의 필독서다.

- 표창원 더불어민주당 국회의원

문화예술계 블랙리스트라는 전쟁의 전범들에게 정치적 책임은 물론이고 최소한의 사법 책임조차 온전히 묻지 못하고 있는 현실에서, 저자는 그저 갑갑해하고 조급해하기보다는 새로운 시각으로 반문할 것을 권한다. 한 걸음 물러선 듯한 무심한 거리에서 역사로 통섭하면서도 인물 하나하나 질기게 들여다본 통찰과 집요함에 소름이 끼친다. 이 책이야말로 블랙리스트에 대한 온전한 기억이고 그 사태를 불러온 우리사회에 대한 속 깊은 진단이자 건설적 단죄이다.

- 이재정 더불어민주당 국회의원

'문화예술계 블랙리스트 진상조사 및 제도개선위원회'의 백서 발간 작업을 진행하면서 역사학자 심용환을 처음 만나 문화예술계 블랙리스트 실행의 원흉인 김기춘에 대한 원고를 청탁했다. 김기춘과 블랙리스트의 관련성에 대한 심용환의 맹렬한 탐구가 이제 한 권의 책으로까지 확대되었다. 객관적인 조사보고에 충실할 수밖에 없는 위원회 백서가 접근하지 못한 간지러운 부분들을 이 책이 시원스레 긁어주고 있다.

책은 동서양의 근현대사를 횡단하며 블랙리스트라는 국가 범죄를 저지른 김기춘과 조윤선 등의 괴물들이 어떻게 탄생했는지, 그 역사적 맥락과 함께 심리적 기제를 집요하게 파고든다. 이를 통해 국가범죄를 저지른 공무원들을 단죄하지 않는다면 똑같은 역사의 비극이 되풀이될 수 있음을 엄중히 경고하고 있다.

- 김미도
서울과학기술대학교 문예창작학과 교수
'문화예술계 블랙리스트 진상조사 및
제도개선위원회' 백서발간 소위원장

그 누가 상상이나 했을까. 리스트를 만든 자도, 촛불을 들었던 우리 모두도, 오늘 같은 변화는 예상하지 못했을 것이다. 도무지 바뀌지 않을 것 같던 역사가 거대하게 꿈틀거리며 가야 할 곳으로 흐른다. 좀처럼 끝나지 않을 것 같던 검열과 배제, 블랙리스트의 역사도 이제 갈림길에 섰다. 이 역사가 성공하려면, 늘 그랬듯 대충 얼버무려 넘기려 하지 말고, 준엄한 처벌을 내려야 한다. 굴하지 않고 싸웠던 문화예술계 모두에게 이 책이 깊은 위로와 치유가 되기를 바란다.

- 문성근(배우)

국정원과 김기춘은 블랙리스트를 기획하고 실행하며 그 모든 과정을 '균형화 전략'이라고 불렀다. 도종환 문화체육관광부 장관이 블랙리스트 관련 공무원들에게 관용을 베푼 것은 또 한 번의 '균형화 전략'일까. '공식적이었던 범죄'를 '비공식적 정의'로 용서한 행정의 균형을 우리는 뭐라고 불러야 하는 것일까. 영민한데 놀랍도록 성실하기까지 한 기이한 젊은 역사가 심용환의 이 기록을 통해 우리는 다시 한번 '블랙'으로 덧칠된 역사의 얼굴을 '의지에 찬 결단'으로 밝혀야 한다.

_김완 〈한겨레〉 탐사팀 기자

블랙리스트의 역사는
응전을 요구한다

"미안하지만, 스카우트는 어렵게 됐습니다."

2015년 말, 나는 커다란 기회를 앞두고 있었다. 한국사 강사로 대치동을 비롯한 유명 학원들에서 어느 정도 이름이 나자, 우리나라에서 가장 크고 유망한 업체에서 함께 일하자는 연락이 왔다. 조건도 무척 좋았다. 기대와 꿈에 부풀어 새로운 생활을 계획하고 있던 차에, 갑자기 그간의 논의를 없던 일로 하자는 얘기를 들었다.

발단은 카카오톡 메시지였다. 당시 국정교과서 논란으로 세상이 뜨겁던 때였는데, 지인이 기존 한국사 교과서를 음해하는 카카오톡 괴담을 보여주며 이게 어떤 의미냐고 물었다. 나는 어처구니없는 거짓말에 분개하며 메시지를 반박하는 내용을 보낸 후 페이스북 계정에 올렸다. 그런데 별스러울 것도 없는 그 일로 나의 세상은 크게 변해버렸다. 평소 100명 남짓이 방문하던 계정은 순식간에 일종의 '성지'가 됐고, 공유 수가 4,500건이 넘어가자 언론에서도 관심을 보이며 인터뷰 요청이 빗발쳤다.

어떻게 해야 하는가.

양심과 신앙을 따랐다. 나는 인터뷰에서 중·고등학교 교과서에 유관순이 나와 있지 않은 이유는, 이미 초등학교 교과서에서 학습하기 때문이지 좌편향 문제가 아니라고 설명했다. 국정교과서를 밀어붙이면서 유관순은 없고 주체사상만 있다며 기존 교과서에 '종북' 딱지를 붙이려는 데 대한 정면 반박이었던 셈이다. 그 인터뷰가 큰 화제가 되었고, 동시에 며칠 후로 예정되어 있던 최종 면담 관련 연락이 갑자기 끊겼다. 나중이 돼서야 아는 원장님을 통해 이유를 들을 수 있었다. 국정교과서 논란에 앞장서 싸웠던 게 문제가 된 거라고 했다. 그분은 '대외비이니 어디 가서 얘기하지 말라'는 당부까지 받았다고 했다.

아쉽기는 했지만 마냥 심각하지는 않았다. 정의로운 일을 했다는 뿌듯함과 자부심이 있었고, 발언이 기사화되어 세상이 관심을 가짐으로써 정부의 잘못된 행태를 막는 데 한몫을 할 수 있었으니까. 여러 학원에 강의를 나가고 있으니 먹고살 걱정은 하지 않았다. 그저 '다음에 기회가 있을 거야'라고 아쉬운 마음을 달랬다.

하지만 끝이 아니었다. 해를 넘기면서 국정교과서 논란은 수그러들었지만, 그간 먼저 연락을 주던 학원들에서 아무런 연락이 없었다. "선생님, 올해도 저희와 함께하셔야죠!" 신학기가 되면 응당 걸려오던 전화도 뚝 끊겼다.

알아서 기는 거지, 뭐.

그래, 여기가 어딘가. 대한민국에서 가장 보수적이라는 강남 대치동이 아닌가. '알고 보니 좌파 빨갱이 강사였어!' 식의 배신감을 느꼈을 것이고 학원 이미지에 문제가 될 수 있다고 생각했을 것이다. 그러니 빨리빨리 계약을 끊어버리는 편이 속 편했겠지. 한국사 강사가 한둘인 것도 아니고 말이다. 그래도 그렇지 너무하지 않은가. 함께해온 세월이 얼만데….

마음을 다독이며 전화기의 긴 침묵을 감내해야 했고, 한동안은 경제적 어려움을 감수해야만 했다.

"심 선생, 난 심 선생을 믿지만 그래도 혹시나 하는 말인데…. 학생들한테는 그런 얘기 하지 말게나."

"어제 기사 봤어요. 같은 강사로서 솔직히 말하는 거지만, 난 못 하겠던데…. 용기가 대단해요."

"저 선생님 팬이에요. 선생님이 참 교사죠!"

간신히 남은 몇 개의 강의를 다니고 있는 와중에도 국정교과서 관련 인터뷰는 주홍글씨처럼 따라다녔다. 염려하면서 주의를 주는 사람이 있는가 하면, 조용히 다가와서 몰래 격려하는 이들도 있었고, 마치 약점을 끄집어내는 듯한 모습을 보이는 이들도 있었다.

그렇게 쉽지 않은 시간이 흘러갔다. 홀로 남겨진 차디찬 시간에 나에게 관심을 갖거나 보호해주는 이들은 없었다.

"아닐 거예요. 그 정도면 국정원 직원이 직접 출강하시는 학원에 찾아가서 직간접적으로 압력을 넣었을 거예요. 그리고 그 정도로 알려졌다면 당시 관계부처 주요 직원들 사이에서는 요주의 인물이었을 게 뻔하고요."

알아서 긴 것이 아니라 구체적이고 정확한 압력이 있었을 거라는 얘기였다. 사실 온라인상에서 불순한 목적으로 접근하는 계정이나 강연장에 불쑥 찾아와서 감시조로 이야기를 듣다가 홀연히 사라지는 사람들 등은 얼마간 경험했지만, 정권 교체 이후 적폐청산TF에서 활동하는 조사위원에게 이런 이야기를 들으니 상당히 당혹스러웠다. 그저 내가 알고 있던 바를 공유했을 뿐인데, 도대체 그 몇 번의 반박 글과 인터뷰로 내 삶에 무슨 일이 일어난 것일까?

개인적인 의구심도 잠시, 민주공화국 대한민국에서 어떻게 이런 일이 벌어질 수 있는가 하는 근본적인 회의감과 두려움이 일었다.

/

국가란 무엇인가.

국가권력은 어떻게 사용되어야 하는가.

민주공화국에서 개인은 어떤 자유와 권리를 누리는가.

그리고 어떻게 보호받아야 하는가.

대통령 박근혜가 탄핵되고 문재인 정권이 들어선 이후, 지난 정권에서 벌어졌던 충격적인 사건들은 마치 판도라의 상자가 열리듯 매일같이 대서특필되었다. 그러나 정작 제대로 아는 건 아무엇도 없다 싶을 정도로 언론은 반복적인 자극만을 생산했다. 무감각의 일상화. 그것이 우리를 지배해버렸다. 어떤 사건을 복기해 본들 문제가 정확히 무엇이었는지, 피해자들에 대한 후속 조치는 적절했는지, 재발을 방지하기 위한 대안이 마련됐는지, 그리고 구체적으로 어떻게 실천되었는지 도무지 제대로 알지 못한다.

/
정당한 처벌이 이루어졌는가.

우리는 이 같은 문제제기에서 자유로울 수 있을까. 모두가 이미 끝나버린 일로 치부하고 있는 블랙리스트 사태에 대해 우리는 완전한 종결을 이야기할 준비가 되었는가? 우리 사회는 산적한 과거사 중 단 하나라도 정확히 규명하고 개선한 경험이 있는가. 만일 우리가 블랙리스트 사태를 제대로 해결해낸다면, 이 성공의 기억이 중요한 선례가 되어 앞으로의 세상은 확연히 나아질 수 있지 않을까? 지난 수년간 엄청난 일들이 벌어졌음에도 이를 단지 사건·사고 식의 신문 기사 정도로 치부하며 흘려보낸다면, 이 또한 후세와 역사에 잘못을 짓는 일이 아니겠는가.

/
문화예술계 블랙리스트 사태

여기 중요한 '역사적 가치'를 지니는 이야기가 있다. 권력을 악용해서 왜곡된 신념을 강요하는 자, 출세를 위해 스스로를 합리

10

화하며 악의 도구가 되는 자. 그들 맞은편의 광경에도 눈을 돌려보자. 순응하는 자들이 파괴하는 허망한 현실, 저항하는 자들이 만들어가는 고통스러운 희망, 그리고 상처받은 사람들, 버림받은 사람들.

진정으로 세상이 단 한 걸음이라도 앞으로 나아가려면 '진지한 관심'이 선행되어야 한다. 나는 문화예술계 블랙리스트 사태와 이를 처리해가는 고단한 과정 가운데 분명한 가능성을 발견했다. 악의 연대기를 써 내려간 것 역시 사람이고, 무책임한 순종과 무모한 파괴를 거듭한 것 역시 사람이지만, 이를 인정하지 않고 끝까지 싸우고 있는 것 또한 사람이다. 이 치열한 육박전의 결과는 결국 문화와 제도 그리고 다음 세대의 가능성으로 이어지리라고 본다.

지난 오랜 세월 한국의 역사학은 지나칠 정도로 현실과 무관한 과거의 이야기를 실증적으로 탐독하는 데에만 매몰되어왔다. 하지만 눈앞의 현실은 과거의 대한민국사를 압도해버릴 만큼 새로우며, 역사가에게 현대사가 아닌 '현재사'를 씀으로써 응전하길 요구한다. 상식이라고 믿는 빤한 헤드라인 몇 개가 아니라 진지한 이성과 냉철한 감정으로 블랙리스트 사태를 복기해야 한다. 그곳에 너무나 정확한 해답이 있기 때문이다.

우연하고 운명적인 기회를 통해 '문화예술계 블랙리스트 진상조사 및 제도개선위원회'의 백서편찬 소위원회 편집위원이 됐다. 많은 시간 귀한 조언을 주신 이양구 작가님께 깊은 감사의 마음을 담는다. 이 책이 나올 수 있었던 것은 나의 노력이 아니라 오랜 기간 목표를 잃지 않고 싸워온 문화예술인들, 특히 연극인들의 지극한 마음 덕이다.

이번 책은 특히 우여곡절이 많았고 어느 때보다 많은 인고의 시간을 요구했다. 박경순 편집장님, 박지혜 편집자님과 위즈덤하우스, 사랑하는 아내와 아이들, 그리고 모든 우연을 섭리로 이루시는 하나님께 참으로 감사하며!

2019년 3월

심용환

차례

1장

악의 탄생:

블랙리스트는
어떻게
만들어졌는가

김기춘과
도조 히데키,

법은 처벌 규정에 따라 판결을 할 뿐이다. '기소된 범위 내
에서', '충분한 증거를 바탕으로', '정확한 범위를 정한' 후
처벌한다. 법만 잘 안다면 얼마든지 죄를 축소하거나 은
폐할 수 있다. 죄가 있어도 죄가 없다고 판결받을 수 있다.
그러므로 중요한 것은 '역사적 평가'이다. 현실의 법정에
서는 단지 '저지른 죄'를 다루지만 역사의 법정에서는 죄
가 발생하기까지의 '과정'을 탐독할 수 있기 때문이다.

복종과
확신 사이에서

이 장에서는 문화예술계 블랙리스트를 만들어 예술가의 자유와 국민의 문화적 권리를 핍박한 김기춘의 죄를, 과거 동아시아와 태평양을 제국주의의 칼로 난도질한 전범 도조 히데키의 옆에 나란히 세워보려 한다. 거대한 의지를 가진 오래된 인격과 관련된 이야기. 어둠 속에서 수많은 뿌리를 키워내며 언제든지 우리 모두의 삶을 집어삼킬 수 있는 '만들어진 악'이다. 우리는 이들의 인생을 역사적 관점에서 이해해야 하며, 보다 공고한 기억으로 완성해야만 한다.

변명: 도조 히데키의 자기합리화

당시에는 활발한 배일·항일운동이 전 중국을 휩쓸고 있었습니다. 특히 톈진 지역에서는 항일 저항을 공언한 중국공산당의 위협 및 중국 공산주의자를 비롯한 여러 항일 조직의 음모가 거세진 탓에 해당 지역 일본인의 생명과 재산에 대한 공격이 임박한 상황이었고 일본인 거주민이 일촉즉발의 위험에 직면해 있었습니다.[1]

소련에 대한 국방 강화와 자립 국가 건설은 당시 일본이 당면한 절체절명의 문제였습니다. 이 중대한 목표의 달성을 막는 장애물은 ① 중일전쟁의 미해결과 ② 미국·영국의 압박이었습니다.[2]

<증거 3655호 도조 히데키 진술서>에 나오는 그의 변명이다. 태평양전쟁에서 패배한 후 미국이 만든 법정에 서서 A급 전범이 지속적으로 반복한 이야기의 핵심은 '자위권'이었다.

우리는 전쟁을 일으키려고 하지 않았다.

그럼에도 전쟁을 일으킬 수밖에 없었던 것은 불가피하고 부득이한 외부적인 사정 때문이었다.

그렇기 때문에 우리는 자위권 투쟁을 했을 뿐이다.

상식에 어긋나는 주장이다. 일본은 1905년 러일전쟁에 승리한 후, 1910년 조선을 병합하고 시베리아에 출병하는 등 수차례의 해외 파병 경험을 바탕으로 1931년 만주사변을 일으켜 만주국을 세운다. 일본군이 만주를 점령할 때 중국 국민당 정부는 제대로 저항하지 못한 채 국제연맹에 제소한 것이 고작이었는데, 결국 이를 상대로 전면전을 일으킨다. 중일전쟁(1937)이 시작된 것이다. 국민당 정부가 충칭으로 이전하여 항전을 계속하고 중국공산당 역시 옌안을 기반으로 항일투쟁에 매진하자, 일본은 장기전의 늪에 빠져들고 만다.

그리고 1939년. 히틀러가 이끄는 나치 독일은 주변 지역을 병합한 후 네덜란드, 프랑스 등을 무찔렀고 그로 인해 동남아시아의 지배자가 사라져버린다. 일본은 군대를 파병하여 인도차이나반도부터 인도네시아의 수많은 섬을 점령하며 싱가포르, 말레이시아, 미얀마에서 영국과 접전을 벌인다. 그리고 1941년 진주만 폭격을 계기로 1945년 패망할 때까지 태평양 곳곳에서 미국과 가공할 전쟁을 벌인다. 제국주의 국가 일본은 20세기의 절반을 영토 확장에 매진했다. 한마디로, 전쟁을 통한 피의 쟁취로 일관한 것이다.

1941년 10월 18일, 고노에(近衛文麿) 내각이 미국과 최후의 평화협상에서 실패한 이후 도조 히데키 내각이 수립된다. 당시 육군 중장이던 도조 히데키는 당일 대장으로 승진, 군인 신분을 유지한 채 수상에 취임한다. 더구나 그는 이후 육군대신과 내무대신을 겸임하면서 태평양전쟁과 관련된 거의 모든 것을 지휘한다. 그래서 많은 사람은 '도조 히데키의 독재정치'라고 비판했으며 태평양전쟁을 '도조의 전쟁'이라고 부르기도 한다.

그런데 '전쟁의 수괴'라고 불러도 무방한 그는 도쿄 대재판에서 매우 체계적으로 자기변호에 나선다.

문: 중일전쟁에 대해서는 어떻게 생각하는가?
답: '일본의 진지한 노력에도 불구하고' 중국 국민당 정권의 지도자였던 '장제스 씨가 조금도 반성하지 않'았기 때문에 전쟁이 계속될 수밖에 없었다.

문: 왜 진주만을 공격했는가?
답: '미국 측이 반성해 미·일 협상이 타결된다면' 전쟁을 중단했을 것이다. 하지만 당시 미국은 이미 대일전을 결심한 상태였기 때문에 우리는 전쟁이 일어날까 노심초사하고 있었다.

문: 소련을 침략하려고 하지 않았던가?
답: 그런 적 없다. 오히려 소련 측의 침략을 두려워하고 있었

다. 무엇보다 '공산 세력이 아시아에 침투'하는 것을 막지 못하면 일본은 물론 동아시아 전체가 위험해지며 세계 평화까지 흔들릴 것이기 때문이다.

문: 전쟁 포로에 대한 처우가 왜 그 모양이었는가? 제네바조약(1929)을 모르는가?

답: 일본은 이 조약을 비준한 적이 없으며 '포로에 대한 관념은 서양인의 그것'과 다르다. 더구나 제네바조약을 당시의 현실에 관철하는 것은 불가능했다. 그럼에도 나(도조 히데키)는 러일전쟁 당시 제정된 포로처벌법을 개정했고 버마 철도를 건설할 당시에는 하마다 다이라(浜田平) 포로관리부장, 의무국 전문군의관 등을 파견해 포로에 대한 부당한 취급이 없는지를 관리했으며, 문제를 일으킨 중대장을 군법회의를 통해 처벌했고, 철도 건설 사령관을 교체하기까지 했다.

더구나 지금 그런 비판을 할 자격이 있다고 생각하는가? 1942년 4월 18일 미국의 둘리틀(Doolittle) 폭격기의 도쿄 공습 역시 국제법 위반 아닌가?

문: 대동아공영권이란 것은 결국 중국과 동남아시아를 침략하려는 명분 아닌가?

답: 전혀 그렇지 않다. 우리가 부득이하게 전쟁을 했던 이유 중 하나가 바로 '동아시아의 해방'이다.

나는 (…) 어떠한 유린 행위도 없이 동아시아의 해방을 실행해 나가야 한다고 생각했습니다. 독립을 인정해야 할 곳에는 독립을 주고, 자치를 주어야 할 곳에는 자치를 주어 잃어버린 땅을 되찾게 해야 한다는 것이 나의 신념이었습니다.[3]

도쿄 대재판 수석 검사 조지프 키넌(Joseph Berry Keenan)이 구체적인 증인 심문에 나섰을 때 도조 히데키의 대답은 반복적이었다.

"그렇게 자세한 내용은 기억나지 않습니다", "정확한지 아닌지는 확실히 알 수 없습니다", "확실히는 판단할 수 없습니다", "지금은 기억이 나지 않습니다…."

각본은 사전에 치밀하게 준비됐다. 도조 히데키의 변호인이었던 기요세 이치로(清瀬一郎)의 변론 요지는 도조 히데키의 증언에 철저히 부합한다. 아니, 도조 히데키가 기요세 이치로의 변론 요지를 충실히 따랐던 것일 수도 있다.

수석 검사 조지프 키넌이 태평양전쟁을 '일본 군인들이 주도한 침략전쟁'이라고 규정한 것에 대해 기요세 이치로는 '일종의 망상'에 불과하다며, 다만 전시였기 때문에 '국가 조직의 일부'였던 군부의 발언이 영향력이 있었을 뿐이라고 반박한다. 진주만 포격 전에 '합법적인 전쟁 통보'가 이루어지지 않았던 것은 우발적인 실수였으며, 미·일 협상을 하기 위해 일본 정부는 '외무대신까지 교체'할 정도로 성의를 보였다고 주장한다. 또한 인도차이나 침공은 중일전쟁을 해결하기 위한 부득이한 선택이었으며, '프랑스의 주권 존중'을 보장했고 네덜란드령 동인도(인도네시아) 역시 '경제적 관계 유지'가 목적이었을 뿐이었다고 강변한다. 중일전쟁은 사실상 '중국과 일본 모두의 체면을 살리'는 길이었고, 공산주의 세력의 위협에서 두 나라를 보호하기 위한 구체적인 조치였으며, 대동아시아 정책은 '동아시아의 해방'과 '상호 협력'이 목적이었다는 점을 강조한다. 그리고 단언한다.

도조 히데키는 아무 잘못이 없다.
그는 단지 '육군으로서 군 당국의 명령을 따랐을 뿐' 국가의 정책에 관해서는 어떠한 책임도 없다.

총리, 육군대신, 내무대신, 항공총감, 육군차관, 관동군참모장, 관동군 헌병사령관 등 약 15년 동안 제국주의 일본이 동아시아 전토를 유린하던 때 군부의 핵심 요직에 있었던 인물에게 책임이 없다면 책임은 누가 져야 한단 말인가.

도쿄 대재판: '평화와 인도에 반한 죄'를 심판하다?

도조 히데키의 변호인 기요세 이치로의 목표는 명확하다. 법정에서 법리로 피고인을 변호하는 전략을 펴는 것이다. 전쟁이 구체적으로 어떻게 진행됐는지, 얼마나 많은 사람이 피해를 입고 고통을 받았는지 등 역사적이며 현실적이고 감정적인 문제는 별 의미가 없다. 어차피 법정에서는 검사와 변호사의 논리적인 공박이 중요하고, 거대한 문서 더미와 씨름하는 판사의 판단이 중요할 뿐이다. 현실을 다루기에 법정은 참으로 추상적인 공간이다.

법은 죄를 심판할 수 있는가?

'죄를 지으면 법의 심판을 받아야 하고 큰 죄를 지을수록 중형으로 다스려야 한다'라는 생각은 우리 시대의 가장 일반적인 통념이다. 법이 죄를 심판하는 유일한 수단이기 때문에 보다 훌륭한 법을 만들기 위해 법 개정과 관련한 각종 주장이 넘쳐난다. 마찬가지로 형량은 눈으로 확인할 수 있는 유일한 심판이기 때문에 세간에 이목을 끈 사건일수록 '죄에 비해 형이 가볍다'느니 '더욱 강력하게 응징해야 한다'느니 하는 식의 감정적인 논란이 커질 수밖에 없다.

사실 전쟁범죄를 재판으로 해결하려는 발상은 극히 최근에 현실화됐다.

독일 황제를 교수형에!

영국의 로이드 조지(David Lloyd George) 총리는 제1차 세계대전을 일으킨 독일의 빌헬름 2세(Wilhelm II)를 처단하기 위한 국제재판을 제안한다. 영국 국민은 총선 승리로 화답했고, 프랑스 클레망소(Georges Benjamin Clemenceau) 총리의 동의하에 1919년 파리 평화회담에서는 전쟁책임규명위원회(Commission on the Responsibility of the Authors of the War and on Enforcement of Penalties)를 만들어 구체적

인 처벌 규정을 도출한다.[4]

또한 비슷한 시기 탈라트 파샤(Talat Pasha) 총리를 비롯하여 오스만튀르크 제국의 전시 수뇌부가 주도한 기독교계 아르메니아인들에 대한 학살을 두고 러시아가 '터키의 인도와 문명에 반한 범죄'를 규탄하는 성명을 내기도 한다.[5]

결과는 대실패였다. 빌헬름 2세가 망명한 네덜란드가 신병 인도를 거부했고, 영국·프랑스 등이 국제재판을 위해 독일인 854명의 신병 인도를 요구했지만 독일 군부와 국민이 강력하게 반발하면서 상황이 흐지부지된 것이다. 결국 영국과 프랑스는 45명에 대한 독일의 자체 재판을 요구했으며, 총 12건의 재판이 진행된 가운데 단지 5년 형이 포함된 10명의 유죄 판결만이 있었을 뿐이다. 독일이 이러한 수준이니 오스트리아, 헝가리, 불가리아, 오스만튀르크 등 제1차 세계대전의 패전국들에 대한 전범재판이 제대로 진행됐을 리 만무하다.[6]

하지만 이러한 시도는 제2차 세계대전 이후 매우 구체적인 형태로 발전한다. 자유프랑스(Free French) 등 나치 독일에 패배하여 영국으로 쫓겨온 망명 정부는 전범의 사법처리를 시도했으며, 침략전쟁과 인종학살을 처벌할 수 있는 국제형사법원 협약 초안을 만들었다. 이 와중에 미국, 영국, 소련의 일정한 협력과 약속도 끌어냈다.

소련에서는 미완으로 끝났지만 하리코프(Khar'kov) 재판을 통해 최초로 자국의 법정에 독일인을 세우기도 했으며, 미국과 영국을 포함한 17개 연합국 범죄조사위원회(UNWCC, United Nations

War Crimes Commission)가 만들어져 히틀러·무솔리니·히로히토를 즉결처분하고 나머지 주요 전범을 재판대에 세울 것을 제안하기도 했다.[7] 영국 총리 처칠은 나치 주요 인사 수십 명을 선별하여 즉결처분할 것을 제안했고, 스탈린은 전범재판을 통해 나치즘 자체를 탄핵하고자 했다.[8] 미국 역시 모겐소 재무장관, 스팀슨 전쟁장관 등이 다양한 제안을 하는데, 여러 이견이 있었지만 '전범에 대한 재판' 자체에 대해서는 대부분 동의하는 모습을 보인다. 바야흐로 재판을 통해 전쟁범죄를 처리하는 새로운 형태의 도전이 시작된 것이다.

> 주일 연합군 최고사령부는 1946년 1월 19일 극동국제군사법정을 설립한다. (…) 극동국제군사법정에서 일본 전범재판 조례를 선포하여 즉각 시행한다.

태평양 지역 연합국 최고사령관 맥아더의 특별선언(1946. 1. 19) 중 일부다. 극동국제군사재판소(International Military Tribunals of the Far East), 즉 도쿄재판소가 설립된 것이다. 흥미로운 부분은 재판의 최고 권위자가 연합국 최고사령관, 맥아더 본인이라는 점이다.

이 재판은 '군사재판'이라는 점을 극동국제재판소 헌장(Charter of International Military Tribunals of the Far East)에서 분명히 하고 있다. 같은 시기 나치를 처단하기 위해 만든 뉘른베르크 대재판과는 분명한 차이가 있다. 이미 1943년부터 연합국 대표들이 수차례 모여서 회의를 벌였으며 독일의 잔학 행위에 관한 선언(1943. 10), 포츠담 선언(1945. 7) 등을 통해 전범에 대한 즉결 처분이 아니라 재판을 통한 처벌을 합의했다. 또한 유럽 추축국 주요 전쟁범죄자 기소 및 처벌에 관한 협정 및 국제군사법원 헌장(Agreements for the Prosecution and Punishment of the Criminals of the European Axis Powers and Charter of the International Military Tribunal, 1945. 8. 8.), 일명 런던협정을 체결하기도 했다.[9] 미국은 나치 독일과의 싸움에서 드러난 영국과 소련의 위상을 무시할 수 없었을 것이고, 유럽 각국의 저항세력과 유럽 국가가 오랫동안 쌓아온 입헌주의적·국제법적 전통을 고려해야만 했을 것이다. 이에 비해 도쿄 대재판은 미국의 일방적인 주도하에 주관됐기 때문에 시작부터 여러 반론이 등장한다.

/ 최고 전범인 천황을 처단하지 못했다.
  태평양전쟁 기간 동아시아 전 지역에서 보여준 일본군의 만행을 제대로 처벌하지 못했다.

맥아더는 아이젠하워에게 보낸 기밀전문에서 '천황을 전범으로 재판하면 백만의 군대를 재투입'해야 하기 때문에 천황을 살려야 한다고 실토한다. 타이와 미얀마를 잇는 태면철도(泰面鐵道)에서 강제 노역으로 죽어간 동남아시아 지역의 수많은 노무자를 비롯하여 일본의 각종 악행은 이미 널리 알려진 바이며, 도쿄 대재판의 불성실함을 비판하는 주요한 소재로 오랫동안 활용되어 왔다. '인도에 반한 죄', 즉 난징대학살을 비롯하여 온갖 학살극을 벌였음에도 이 죄로 인해 단 한 명도 기소된 사례가 없고, 극히 소

수만을 처단하며 쉽게 재판을 마무리했다는 것 역시 널리 알려져 있다.[10]

과연 이것만이 문제일까. 조금 더 구체적으로 접근해볼 필요가 있다. 도쿄재판소는 헌장에 따라 미국·중국·영국·소련·오스트레일리아·캐나다·프랑스·네덜란드·뉴질랜드(이상 9개국은 일본 항복 문서 서명국) 그리고 인도·필리핀 총 11개국에서 각 한 명씩의 판사가 파견되며, 이와 별도로 연합국 최고사령관이 임명한 판사 한 명이 재판장이 된다. 열두 명의 재판관이 있고 이들 중 대표는 맥아더가 임명한 인물이라는 뜻이다. 검사도 마찬가지 형태로 구성된다.

그렇다면 변호사는 어떻게 할 것인가. 아무리 전쟁범죄자라고 하더라도 즉결 처분을 하지 않은 이상 인권을 존중해야 하며, 따라서 변호인을 배석시켜야 하지 않겠는가. 아니, 그 이전에 판사와 검사 쪽에도 일본인들이 들어가는 것은 어떨까? 어차피 처단이 아니라 재판이므로 무슨 죄를 지었는지를 명확히 할 필요가 있으며, 일본인들 스스로 재판의 원고가 되는 경험도 유용하지 않겠는가?

각국에서 파견된 법조인들이 속한 국제 검찰국 내부에서 시작부터 논란과 논쟁이 발발하기 시작한다.

/ 일본인 판사와 검사는 없다.

단, 변호인단은 구성할 수 있다.

히긴스(John p. Higgins) 미 법무관은 극동국제군사재판소 헌장 제2조와 제8조를 근거로 일본인 판사와 검사의 등용에 반대했고, 그의 주장이 관철된다. 하지만 우자와 후사아키((鵜澤聰明) 단장을 중심으로 변호인단은 구성된다. 재판이 영어로 진행되고 당연히 영미법이 기준이었기 때문에 미국인 변호사까지 변호인단에 끼게 된다.

여기에 또 다른 갈등이 불거진다. 재판에 참여한 11개국의 법조인들이 미국이 주도하는 재판 행태에 이의를 제기한 것이다. 전범의 죄상을 밝히고, 범죄 증거를 수집하는 전 과정을 각국 정부의 공동 책임하에 진행해야 한다는 주장이 9개국 정부 명의로 극동위원회에 제출된다. 결국 미국의 트루먼(Harry S. Truman) 대통령, 영국의 애틀리(Clement Attle) 총리 등이 나서서 9개국을 설득하여 미국 주도형 재판을 그대로 유지한다.

재판에 들어가자 예상치 못했던 또 다른 갈등이 일어난다. 미국이 입장을 분명히 밝혔음에도, 오스트레일리아에서 파견된 맨스필드(Alan James Mansfield) 검사가 천황을 기소하자고 제의한 것이다. 그뿐인가. 기소장에는 분명 '평화에 대한 죄', '살인 및 살인 공동모의의 죄', '통상의 전쟁범죄 및 인도에 대한 죄' 등이 규정되어 있었지만 장기간의 조직적인 생체실험을 바탕으로 세균과 독가스를 제조한 이시이 시로(石井四郎)가 기소되지 않고 석방되고 만다.

／

지식을 보호하는 것은 인류의 책임이다.

더구나 세균과 독가스에 관한 연구는 보존되어야 한다.

중국 하얼빈에서 숱한 항일투사를 잡아다가 가공할 생체실험을 했으며, 실험 과정에서의 비윤리성을 감당하기 위해 부대원을 10대 어린 소년으로 꾸몄던 이시이 시로에 대한 미국의 판단이었다.[11]

피고 전원 무죄!

더욱 과격한 주장이 인도에서 파견된 팔(Radhabinod Pal) 판사에 의해 터져 나온다. 우선 팔 판사는 극동국제재판소 헌장을 부정한다. 헌장의 내용이 '침략'을 정확히 정의하지 못했으며, 설령 어느 정도의 실마리가 헌장에 있다 하더라도 판사가 인정해야 할 기준은 그간 쌓여온 국제법이라는 것이다. 그런데 제1차 세계대전 이후 쌓여온 국제법을 검토해보더라도 여전히 '전쟁이 불법'이라거나 '침략전쟁이 범죄'라는 식의 충분한 근거는 찾아보기 어렵다는 것이다.[12] 재판을 열기 위해 마련한 헌장이 근거가 될 수 없고, 국제법이 근거가 되어야 하며, 국제법을 판단하는 판사의 입장이 우선시되어야 한다는 주장이다.

제1차 세계대전 이래 현재까지 법이 지배하는 국제사회는 존재하지 않는다.
그러니 법으로 일본의 전범을 단죄할 근거 자체가 없다.

팔 판사의 입장은 극히 법리적이다. 법리적인 입장에서 봤을 때, 규정된 개념이 없고 법으로 규제된 현실이 없기 때문에 누군 가를 처벌할 수는 없다는 얘기다. 따라서 전원 무죄라는 주장이다. 쉽게 말해 법이 없는 곳에 죄가 없고, 법이 없었으니 그것이 설령 잘못이더라도 뒤늦게 처벌할 수는 없는 노릇이란 뜻이다.

이런 식의 사고방식은 법학이라는 범주에서는 극히 일반적이다. 예를 들어 20세기 초반까지만 하더라도 오늘날 우리에게 익숙한 화이트칼라 범죄, 즉 경제범죄에 관한 인식은 주류 범죄학의 관심사가 아니었다.[13]

/

범죄 행위로 성과를 거두었지만 여론의 비난을 받지 않는 사람들이 존재한다!

'유사범죄자(criminaloid)'라는 개념이 몇몇 범죄학자 사이에서 제기되기 시작했고, '공식적으로 정의된 범죄'와 '비공식적으로 정의된 범죄'로 구분되어 누군가를 찌르고 돈을 갈취하는 물질적 기준 외에 사회적 피해 등을 고려한 범죄에 대한 이해까지 다다르는 데 수십 년의 시간이 걸렸다.[14] 무엇이 사회적 피해를 입히는 범죄인가에 대해서는 구체적인 범주를 설정하고 명확한 개념을 규정해야만 한다. 화이트칼라의 범죄에 관해서는 직업범죄·경제범죄·기업범죄, 정치적 영역에서는 정부범죄·국가범죄 그리고 거대범죄 등으로 분류됐고[15] 긴 과정 끝에 비로소 구체적인 처벌 기준이 마련된다. 이것이 법의 일상. 법학자의 기본 소양.

사적 감정으로 복수를 할 것인가,

법적 기준으로 처벌을 할 것인가.

아마도 팔 판사가 확실히 하고 싶었던 부분일 것이다. 팔 판사는 구체적으로 켈로그-브리앙 조약, 즉 파리 부전조약(不戰條約)을 언급하며 각국의 '자위권 행사'를 인정해야 한다고 주장한다.[16] 1927년 미국의 국무장관 켈로그(Frank Kellogg)와 프랑스의 외무장관 브리앙(Aristide Briand)이 국제분쟁을 해결하기 위해 만든 다자간 협정은 기껏해야 '전쟁 행위를 규탄'하는 정도이지 각국의 자위적인 무력행사 자체를 금지하지는 않는다. 따라서 중일전쟁이후 태평양전쟁까지는 '객관적 현실'에 대한 일본의 '자위전'이기 때문에 불법적인 전쟁이 아니며, 불법이 아닌 만큼 처벌할 수 없다는 얘기다. 심지어 팔 판사는 원폭 투하를 미국이 저지른 전쟁범죄라고 상기시키며 자라닐라(Delfin J. Jaranilla) 판사와 언쟁을 벌이기도 한다.

팔 판사와는 다른 입장이긴 하지만, 재판에 참석했던 네덜란드 출신 뢸링(B. V. A. Röling) 판사의 의견 역시 주목할 필요가 있다.

침략은 정치적인 개념이다.

직업군인의 본분은 군사 행위다.

따라서 침략전쟁에 적극 가담하지 않은 군인을 처벌하는 것은 잘못됐다.

뢸링 판사는 도고 시게노리(東鄕茂德), 하타 슌로쿠(畑俊六), 히로타 고키(廣田弘毅), 시게미쓰 마모루(重光葵)의 무죄를 주장한다. 이들의 행적을 면밀히 검토해보건대 평화적 해결을 도모하려고 노력한 부분이 많았고, 그럼에도 군인 또는 관료로 복무하고 있었기 때문에 책무를 감당할 수밖에 없는 곤란한 상황이었다는 것이다.[17]

책무를 다한 것은 범죄가 아니다.

그렇다면 도대체 누가 책임을 져야 한단 말인가?

물론 팔 판사나 뢸링 판사의 의견은 '소수의견'으로 치부됐으며, 재판은 이들의 의도와는 다른 방향으로 귀결됐다. 도조 히데키를 비롯한 28명의 기소자 중 A급 전범 25명이 유죄 판결을 받은 것이다. 최종적으로 이 중 6명은 사형 판결을 받았고, 나머지 A급 전범 19명은 전원 석방되면서 재판 종결이 선언됐다. 판결은 이후 각종 비판에 시달리게 된다. 그러나 보다 근본적인 문제는 '재판'을 표방했으면서도 결국 미국이 기획한 대로 종결됐다는 것, 그로 인해 미국이 기대한 '정치적 결과'로 종결되었다는 것이다. 더불어 무엇보다 재판 과정에서 불쑥불쑥 드러났듯이, 사법적인 관점과 일반인의 정서 사이에 간극이 있다는 것이다.

일단 재판이 시작되는 순간부터 중요한 것은 법리 논쟁이며, 문서와 논리를 둘러싼 싸움의 복판에선 일반인이 지니고 있는 분노나 감정 같은 것은 물론이고 역사적으로 충분히 입증 가능한 전쟁범죄조차 전혀 다른 맥락과 내용으로 탈바꿈될 수 있다는 사실이다. 도조 히데키의 변호인 기요세 이치로는 이 점을 정확히 알았고, 그랬기에 도조 히데키 또한 법정 공방에서 같은 논지의 주장을 끊임없이 반복한 것이다.

더구나 재판이 가진 기묘한 모순을 일본은 일찍이 간파하고 있었다. 패망이 가까워지자 우메즈 요시지로(梅津美治郎) 참모총장은 전범재판을 일본이 먼저 자주적으로 하든지, 아니면 미국과 '함께하는' 식의 방안을 모색한다. 패망 후 전범에 대한 1차 체포령이 내려지자 히가시 쿠니노 나루히코(東久邇宮稔彦王) 내각은 독자적인 재판을 결정했고, 타이완·사이판·셀레베스(현 술라웨시) 지구에서 일어난 살해 사건을 두고 군법회의를 집행하기도 한다.

일사부재리의 원칙

로마법 때부터 내려온 서양 법체계의 대원칙이다. 일본은 판결이 내려진 사건에 관해서는 다시 재판을 열지 않는다는 원칙을 악용하려고 한 것이다. 당연히 미국은 용인하지 않았다. 독자적인 재판 요청을 거절했고, 이미 진행된 군법회의를 무시하고 다시금 재판을 열었다.

그렇다고 이 정도에서 끝나겠는가. 전범 변호인들은 공판장에서 '평화에 대한 죄', '인도에 대한 죄' 같은 것을 들이밀며 전범을 재판할 권리가 도쿄 대재판 법정에서는 성립할 수 없다는 주장까지 서슴지 않았다.[18]

증언: 거짓말인가, 확신에 찬 주장인가

보다 근본적인 질문에 도달해야 한다. 도조 히데키는 거짓말쟁이인가, 확신범인가. 엄청난 죄를 지었다는 걸 뻔히 알면서도 살아남기 위해 끊임없이 거짓말과 합리화를 일삼은 것인가. 아니면 정말로 본인의 확고한 신념으로 당당하게 죄가 없다고 자부한 것인가.

쉽게 결론을 내리기 전에 따져보아야 할 부분이 있다. 사실 역사에서 개인이란 그다지 중요한 부분이 아니다. 한 사람이 무엇을 얼마나 할 수 있다고 역사라는 거대한 구조, 거대한 흐름을 개인을 기준으로 살펴본단 말인가. 시대가 문화를 만들고, 문화가 사람을 배출한다. 뛰어난 개인의 역량이라는 것도 결국 사회적 조건과 결부될 때 발휘할 수 있다. 진시황이든 나폴레옹이든, 결국 수많은 사회적 조건을 딛고 등장하는 것 아닌가. 그렇다면 어떤 풍토가, 어떤 구조가, 어떤 시간이 도조 히데키를 빚어낸 것인가.

시간을 너무 멀리까지 거슬러 갈 필요는 없다. 오래된 이야기는 기껏해야 가능성 정도이니 말이다. 정약용이나 박지원의 실학적인 유산이 오늘의 한국인에게 얼마나 직접적인 영향력을 행사하랴. 일본의 우파적인 기원을 이야기하면서 요시다 쇼인(吉田松陰)과 메이지유신 이전의 상황을 늘어놓는 것은 일본 군국주의가 직면한 현실을 분석하는 데 매우 거추장스러운 장애물일 수 있다. 보다 직접적인 상황, 즉 도조 히데키 등이 살아가던 그 시절의 경향과 사건들에 주목해야 한다.

천황 또는 천황제는 제도인가, 아니면 그 자체로 신성한가.

헌법학자 미노베 다쓰키치(美濃部達吉)의 '천황기관설'을 둘러싼 1930년대 중반의 격렬한 논쟁은 우리 입장에서는 가늠조차 힘들다. 천황을 국가의 '최고 기관'으로 보는 것이 미노베 다쓰키치의 입장인데, 쉽게 말해 황제나 국왕과 같이 혈통에 의해 존속하는 최고 존엄을 근대적인 헌법제도와 결부시키려는 시도라고 보면 된다. 미노베 다쓰키치 본인이 유럽에서 공부했으며 이런 식의 전통과 근대 질서의 법적 결합은 당시 유럽에서도 다양하게 고민되던 주제였다. 귀족원 의원이었던 그의 이론은 1930년대 중반까지만 하더라도 일반적인 주장이었기 때문에 그다지 문제가 되지 않았으며, 일본에서는 이미 1920년대 이후 아나키즘이나 사회주의 등 보다 급진적인 주장들이 대두하고 있었다. 하지만 '국체명징운동'이 본격화되면서 천황의 신성함이 강조되고, 각종 급진주의 사상은 물론이고 천황기관설 같은 주장마저 철저히 배격되기 시작한다. 그리고 1930년대 초반이 되면 온갖 극우 단체가 쏟아져 나온다.

국민이여! 천황의 어명으로 폐하 측근의 간신들을 도살하라!
국민의 적인 기성 정당과 재벌을 죽여라!
횡포하기 그지없는 관헌을 응징하라!
간적과 특권계급을 말살하라!
민중이여! 건설을 염원한다면 먼저 파괴해야 한다!

모든 현존하는 추악한 제도를 무너뜨려라!

위대한 건설은 철저한 파괴가 필요하다!

해군 청년 장교들과 민간 우익단체인 혈맹단이 참여하여 이누카이 쓰요시(犬養毅) 총리를 암살한 5·15 사건(1932) 당시 해군사관 미카미 다쿠(三上卓)가 쓴 격문의 일부다.[19]

자유주의, 개인주의, 물질주의 같은 서구적인 문화를 극렬하게 배격하며 강력한 사회혁신을 기대하는 분위기는 천황에 대한 절대적 충성으로 합리화된다. 런던군축회담 결과에 항의하여 우익 청년이 하마구치 오사치(濱口雄幸) 총리를 저격하고(1930. 11), 중견 장교들이 쿠데타를 공모하는(3월 사건, 1931. 3) 등의 사건이 발생한다. 총리를 암살한 5·15 사건에 이어서는, 심지어 보병 제61연대 소속의 한 소위가 제대식에서 군인칙유, 천황에 대한 절대적 충성을 강조하던 글을 잘못 읽은 것을 두고 자결을 했고 황도파 청년 장교들이 메이지유신의 뒤를 이은 '쇼와유신'을 주장하면서 쿠데타를 일으키기도 한다(2·26 사건, 1936. 2. 26).[20]

같은 시기에 극우파 사상가들의 주장도 절정에 달했다. 기타 잇키(北一輝)는 계급투쟁이 아닌 국가투쟁, 국가 내 투쟁으로 방향을 바꾸어야 한다고 주장한다. 그는 일본의 위기를 관료, 재벌을 비롯한 각종 엘리트가 중간 위치를 장악하여 천황과 국민 사이를 가로막으며 국가를 병들게 하기 때문이라고 봤다. 따라서 엘리트 집단을 '타도'하기 위한 '정의로운 폭력'을 실천하여 국가 기능의 정상화를 도모해야 하며, 나아가 아시아를 침탈하고 있는 서양 열강들을 몰아내서 '사회주의 신질서'를 만들어야 한다고 주장했다.[21] 사회주의 사상을 일본식으로 재해석했다고 봐도 무방한 수준이다.

오오카와 슈우메이(大川周明) 역시 일본이 '아시아의 지도자'가 되어야 한다고 주장한다. 불교와 유교문화를 보존하고 있으며, 외국의 정복을 단 한 번도 받지 않았고, 탁월한 지리적 위치를 점하고 있는 데다, 무엇보다 '만세일계(萬世一界)'의 천황제를 유지하고 있기 때문에 '아시아 문명의 보호자'가 되어야 한다고 역설한다. 그런데 무엇이 이를 막고 있는가. 밖으로는 아시아를 침략하는 백인들, 안으로는 타락·침체·부패 같은 온갖 사회 모순이다.

극우파 사상가들은 천황을 중심으로 강력한 사회 일신 그리고 서양 열강에 대항하는 아시아 지도 국가로의 부상을 부르짖었다. 논리적이거나 합리적이라기보다는 정열적이며 열광적인 극우파의 부상은 이른바 '전향'이라는 독특한 현상마저 만들어낸다. 기독교, 민족주의, 사회주의, 공산주의 진영에서 자신들의 신앙, 신조, 신념을 포기하고 극우적인 주장에 동조하는 기현상이 일어난 것이다.

조치대학의 기독교 학생들이 만주사변(1931), 상하이사변(1932) 등에서의 희생자를 기리는 야스쿠니신사 참배를 집단적으로 거부하자 군부는 기민하게 대응한다. 기독교도들의 '초국가적 평화주의'에 대해 오사카 헌병대는 '신관 및 국체관'에 관한 13개 항목의 질문서를 보내면서 사상 검증에 들어간다. 일본기독교단연맹 임원이자 중의원이던 다가와 다이키치(田川大吉)가 헌병대의 직권남용과 기독교 박해를 문제 삼자 빌미를 만들어 그를 체포했으며, 비슷한 시기 도쿄 헌병대는 구세군 사령관과 간부들을 체포하기도 한다.[22] 결국 일본 기독교는 극히 순응적인 태도를 취하며 생존을 도모한다. 신사 참배와 신앙을 별개로 보면서 천황 신앙을 인정했으며, 중일전쟁이나 태평양전쟁을 대동아시아 해방전쟁으로 규정한다. 또한 사회문제를 도외시하며 순수한 신앙을 강조하기도 한다.[23]

사회주의를 비롯한 진보진영 역시 같은 과정을 거친다. 아카마쓰 가쓰마로(赤松克麿) 사회민중당 서기장은 일본의 민주화와 대외 침략을 동시에 수용했으며, 마야자키 류스케(宮崎龍介)는 고노에 후미마로(近衛文麿) 총리의 밀사로 활약하면서 중국을 오간다. 아소 히사시(麻生久)는 주로 군인들과 밀접한 관계를 가졌는데, 이들은 대학생 시절부터 일본의 민주주의와 사회주의의 발전을 위해 노력하던 사람들이었다.

일본공산당 위원장을 역임한 사노 마나부(佐野史)는 중앙위원장 나베야마 사다치카(鍋山政親)와 함께 옥중에서 전향성명을 발표했는데 이는 놀라운 여파를 가져왔다. 성명이 발표되고 한 달도 안 가 체포된 공산당원의 30퍼센트 이상이 전향에 동참했고, 이후 3년간 전향자가 75퍼센트에 육박한 것이다.[24] 당시 치안유지법이 만들어졌고 사회주의자들을 지속적으로 체포했다는 억압적인 요소만으로는 설명할 수 없는 현실이다. 압도적인 군사력으로 만주를 점령하고 중국을 무찌르는 일본 군대와 이에 열광하는 국민적인 분위기, 그 사이에서 고립되었음을 느끼며 현실을 인정하고 나름대로 대안을 찾아보려는 몸부림이었을 것이다. 또는 그저 단순히 현실을 직시한 결과였을 수도 있다. 온갖 복합적인 작용 어디쯤인가에 개개인의 결정이 있었겠지만, 중요한 사실은 순응과 전향을 가능하게끔 하는 강력한 사회 현실이 존재했다는 것이다.

그리고 도조 히데키. 도조 히데키와 그 또래의 군인들은 이러한 시대적 격랑을 관통한다. 이들은 체계적인 양성 시스템, 육군유년학교, 육군사관학교, 육군대학교 등을 거쳤으며 러일전쟁(1904~1905) 당시에는 기껏해야 사관학교 생도 또는 참관 수준의 중대장이었다. 중요한 사실은 이제 막 군인이 되어가는 상황에서 조국이 세계 최고 수준의 러시아와 싸워 승리하는 것을 목도했다는 점이다.

1920년대에 들어서자 이들이 세대교체의 주역이 된다. 애초에 일본 육군은 야마가타 아리토모(山縣有朋)가 이끄는 조슈번 출신들이 주도했지만, 육사 16기인 나가타 데쓰잔(永田鉄山)·오카무라 야스지(岡村寧次)·오바타 도시로(小畑敏四郎) 등 정규사관학교 출신의 엘리트 교육을 받은 군인들이 주도하는 새로운 시간이 시작된 것이다.

이들은 제1차 세계대전 당시 직접 유럽을 방문하여 전쟁을 참관했으며 전쟁의 형태가 총력전으로 바뀌어간다는 사실을 직접 체험한다. 따라서 군대 개혁에 대한 열망이 강할 수밖에 없었으며, '새로운 군대가 주도하는 새로운 사회'에 대한 열망이 자연스럽게 싹텄다. 나가타 데쓰잔 등이 유럽에 머무를 때 육사 17기생으로 베를린에 있던 도조 히데키 역시 이들과 뜻을 모은다.[25] 일명 '바덴바덴의 밀약'이다.

더구나 도조 히데키는 아버지 도조 히데노리(東條英教)의 출신지가 이와테현이었고 야마가타 아리토모 때문에 러일전쟁 후 사실상 강제 전역을 당하는 등[26] 조슈번 출신들과 대립각을 세울 수밖에 없는 처지였다. 그는 독일 유학 중에 부서진 건물에서 의자도 없이 업무를 처리하는 독일 장교들을 보면서 감격하는 등 독일군 특유의 규율체계에 깊이 녹아들기도 했으니, 심정적으로 영국이나 미국보다는 독일을 선호했다.[27]

/
1922년 귀국, 육군대학교 교관 임명
1931년 참모본부 편제 과장
1933년 육군 소장으로 진급
1935년 만주에서 관동군 헌병대 사령관 겸 관동국 경무부장 역임
1936년 깃타 잇키에게 영향을 받은 황도파 청년 장교들이 일으
　　　킨 2·26 사건 진압. 중장 진급
1938년 육군 항공총감
1940년 제2차 고노에 후미마로 내각의 육군대신
1941년 제3차 고노에 후미마로 내각의 육군대신

사회가 급속도로 우경화되며 극우 사상가의 영향력이 강해지고, 민간 우익단체와 군인들의 사이가 급속도로 가까워지며, 나아가 군부가 내각에 직접적인 영향력을 강화하는 기간에 도조 히

데키는 국가 운영의 중심부로 차근차근 진입한다. 더구나 '통제파의 우두머리' 격으로 황도파가 일으킨 2·26 사건(1936)을 진압하면서 이른바 민간과 청년 장교들의 극단적인 천황주의를 무너뜨리기까지 한다. 이제 권력은 천황의 동의하에 급속도로 군부에게 이전되며, 갈수록 군부가 주도하게 된다.

외부 상황 역시 급박히 돌아간다. 중일전쟁에 이어 제2차 세계대전이 발발했고 미국과의 일전을 앞둔 일촉즉발의 상황에 처했다. 일본은 독일·이탈리아와 동맹을 맺었지만 미국과의 최후 협상에 실패한다. 이 일로 고노에 총리가 사직했고, 그로부터 12일 후 천황은 도조 내각을 허락한다. 바야흐로 군대, 특히 육군이 주도하는 군정일치 체제가 등장한 것이다.

인간은 한 번쯤 죽기 아니면 살기를 각오하고 부딪쳐볼 필요가 있다!

미국과의 협상에서 난항을 겪을 때 육군대신 도조 히데키가 고노에 총리에게 따지고 들었던 말이다.[28] 이 말만 놓고 보자면 도조 히데키는 강경한 주전론자인 듯하지만 앞뒤를 면밀히 따져보면 꼭 그렇다고 할 수도 없다. 미국과의 평화협상을 마냥 반대하지도 않았고, 전적으로 찬성하지도 않았다. 군무국 내정반장 마키 다쓰오(牧達夫)가 도조 히데키의 뜻이라고 믿으며 강경파 일변도의 행동을 하자 그를 대만군사령부 참모장으로 내쫓기도 한다.[29] 미국과의 전쟁에서 승리할 수 없는 여러 객관적 조건을 두고 고뇌한 흔적도 발견된다. 심지어 미·일 개전이 확정되던 시기 그의 아내 가쓰와 셋째 딸 사치에는 도조 히데키가 혼자서 '통곡' 하는 모습을 목격하기도 한다.[30]

또 한편으로는 엉뚱한 곳에서 극렬하게 흥분하는 모습을 보인다. 일명 '헐 노트(Hull note)'는 사실상 개전을 결심한 미국의 최후통첩인데, 10개 항목으로 이루어진 내용을 보면 중국과 동남아시아에서의 철수부터 독일·이탈리아와의 동맹 철회 등 그간 일본이 쌓아온 모든 군사적 성취를 부정하는 요구 조건이다.

제국의 위신은 실추하고 말 것이다.

도조 수첩에 남아 있는 내용이다.[31] 객관적인 역량으로 볼 때 미국과의 전쟁에서 패배할지도 모른다. 하지만 개전을 하지 않으면 그간 쌓아놓은 모든 것을 잃어버릴 것이다. 서구 열강과의 담판을 통한 영광스러운 미래에 대한 기대가 없었다고는 말할 수 없겠지만, 반대편에서 어떻게든 천황과 제국을 지키려고 하는 보수적인 공포가 함께 발견되는 대목이다.

그렇다고 그가 마냥 주저하면서 소극적으로, 본인이 법정에서 고백한 것처럼, 부득이하게 전쟁에 임했다고 볼 수도 없다. 오히려 도조 히데키는 능동적으로 상황을 주도하고 통제한다. 인도차이나반도로 쳐들어가는 것과 소련으로의 진출 가운데 적절한 균형점을 제안하기도 했고,[32] 해군대장 시마다 시게타로(嶋田繁太郎)와의 협력 관계를 통해 해군을 통제하는 과정에서나 과달카날 재수복을 위해 민간 선박을 군수용으로 돌려 군사력을 강화하려는 군부의 강력한 요청에 대해서도[33] 그리고 사이판 패배 이후 본격화되는 자결 투쟁에 관해서도 수상·육군상·참모총장을 겸임한 도조 히데키는 최종 결정권자였다.

어디 그뿐인가. 태평양전쟁 기간에 때에 따라 내무상과 문부상까지 겸임했던 도조 히데키는 국내 정치에서도 중요한 발자취를 남긴다. 대표적인 것이 대정익찬회(大政翼贊会)다. 관제 의회로, 1942년에는 정부가 추천제라는 비정상적인 과정을 선거에 도입하고 익찬정치체제협의회에서 최대 466명까지 후보를 추천했다. 당연히 군부에서 추천 후보에게 선거 비용을 지원했고 노골적인 정부 지원까지 수반되면서 추천 후보 중 381명이 당선된다. 관제 선거에서의 성공을 통해 반전 여론을 잠재우고 이후 동교회 등 그나마 남아 있던 반전세력의 정치 활동을 봉쇄하면서 사실상 도조 히데키 내각과 도조 히데키를 따르는 의회만이 남게 됐다.[34]

이어 부락회, 정내회, 인보반 등 국민을 통제할 수 있는 하급 단위의 동원 조직을 강화하면서 대정익찬회 등 상급 관제 단체의 구성원이 동원 조직의 임원이 되는 등 전국 단위의 전시 동원 체제마저 완성한다. 또한 육군 내 경찰인 헌병이 해군 단속은 물론 국민까지 단속했고 영화, 뉴스, 라디오 등의 미디어 선전 수단 또한 적극적으로 활용하며 전시체제를 효과적으로 통제한다.

더불어 대동아시아 해방전쟁이라는 명분을 유지하기 위한 노력도 게을리하지 않는다.

10억 대동아 민족의 지도자라는 마음을 굳게 가져야 한다. 즉, 어머니가 자식의 먹을거리를 걱정하듯이 제국은 그 점을 단단히 염두에 두어야만 한다.

도조 히데키가 타이, 싱가포르, 자카르타 등을 방문하고 인도 네시아의 독립운동가 수카르노(Achmed Sukarno)와 하타(Mohammad Hatta) 등을 만나고 돌아온 후 비서관들에게 한 말이다.[35] 대동아 각국의 협력과 안정, 대동아 문화 창출, 인종차별 철폐 등 이미 고노에 내각의 '기본 국책 요강'을 비롯하여 전쟁 기간에 수차례 발표됐던 대동아공영권의 이상은 도조 히데키의 시대에도 반복된다.

젊은 우리들은 피가 끓어오를 뿐이다. (…) 개인주의적인 일체의 기분은 어느 곳으론가 날아가버렸다. 그리고 애국적이고 민족적인 커다란 기분에 지배당해버렸다.

진주만 폭격, 태평양전쟁 시작, 도조 히데키의 연설에 대한 국민적 열광을 담은 당시 철도원 고나가야(小長 谷三郎)의 일기 내용이다.[36]

역사가 만들어졌다. (…) 감동으로 고동치며 무지개처럼 흐르는 한 빛줄기의 행방을 지켜봤다. (…) 동아(시아)에 새로운 질서를 베풀고 민족을 해방한다는 것의 진정한 의의는 뼈와 살에 스며들어, 바야흐로 우리의 결의다.

당시 진보적 지식인이라고 하던 다케우치 요시미(竹內好)의 글 [37]이다. 침략전쟁과 동아시아 해방이라는 이상이 아무런 균형과 경계 없이 뒤섞인 시대. 이 시대의 직접적인 영향을 받은, 그리고 이 시대를 주도하는 세력의 중심에 도조 히데키가 있었던 것이다.

어디까지가 영향을 받은 것인지, 어디까지가 본인이 결단한 것인지를 두고 도조 히데키의 내면을 완벽하게 분석하는 것은 불가능할뿐더러 그다지 의미 있는 과정이 아닐지도 모른다. 오히려 최후의 순간에 도조 히데키의 입장은 간명하다.

전쟁의 모든 책임 앞에 설 것. 특히 성상 폐하에게서 책임을 돌리려는 데 대해서는 전력을 다하고, 또 다른 각료 및 다른 사람의 책임을 극력 경감하는 데 노력할 것.

도쿄 대재판을 앞둔 도조의 다짐이다.[38] 그가 군인으로 성장하던 시절은 제국주의 일본이 동아시아를 점령하는 기간과 일치한다. 또한 그는 공고한 제국주의 일본의 위상을 지키기 위해 태평양전쟁이라는 극단의 극단을 선택한다. 조선인 해외 징용자는 250만 명으로 추정되며 난징에서 수개월에 걸쳐 학살당한 민중은 30만 명에 달한다. 만주 하얼빈에서는 소년병을 동원하여 생체실험을 했고 일본군이 가는 곳곳에는 위안소가 설치되어 여성에 대한 성 착취가 조직적으로 이루어졌다.

하지만 도조 히데키의 정신과 법정 앞에서의 변명은 이러한 공적 질서와는 무관하다고 할 정도로 다르고 다르다. 일본의 영광과 동아시아의 해방은 함께 이루어지는 것이고, 이 위대한 성취를 끝내 완성하지 못한 데 대한 안타까움만이 있으며, 그나마 마지막 할 일이란 충성을 바친 천황을 목숨으로 지키는 것. 변명과 확신이 곳곳에서 뒤엉켜 있고 온갖 거짓과 구차함, 불쾌감이 법정 기록에 덕지덕지 남아 있음에도 정작 본인은 이에 완전히 초연한 모습을 보인다. 이것이 도조 히데키의, 도조 히데키만의 '정의'였던 것이다.

블랙리스트라는 칼춤: 김기춘

노무현 정부 때도 과거사 정리가 쟁점이 됐고, 진실화해위원회를 통해서 경찰·국정원·법원이 각각 개별적으로 정리 작업을 했어요. 그때 검찰은 '우리가 직접 한 것은 없다'라면서 과거사 반성을 거부했어요. '우리가 직접 고문했나? 우리가 뭘 조작했나?' 위법을 저지른 것이나 부당한 일들은 우리가 한 게 아니다.[39]

동기 중에 시보(사법연수원생의 현장교육) 할 때 비행기 세운 사람도 있어요. 순천 검찰시보 시절에 여수에서 비행기를 타고 서울로 가야 하는데 늦은 거예요. 게이트가 닫혔는데 검사 시보가 전화해서 비행기를 돌려세웠다는 거예요. 그런 얘기를 자랑스럽게 합니다.[40]

변호사 최강욱이 김의겸, 이정렬 등과 대화하면서 한 이야기다. 주제는 검찰에 국한됐지만 사실상 법조계 전반에 퍼진 특별한 현상에 대한 담담한 서술이라 봐도 무방하다. 이보다 조금 이른 시점에 스스로 '관찰자'임을 표방하며 법조계의 현실을 풀어간 김두식의 저서《헌법의 풍경》,《불멸의 신성가족》에서도 비슷한 이야기가 반복된다.

> 네 이모가 지난번에 그러더라, 두식이가 검사 하는 동안 애가 좀 이상해졌나 생각했다고. 젊은 애가 왜 늘 뒷짐을 지고 걷는지, 어른들을 모신 자리에서 왜 늘 중심에 있으려고 하는지, 쟤가 원래는 안 그랬는데 검사가 되더니 아예 영감 노릇을 하려나 생각했다고 하더라.[41]

이들의 증언에는 법무관이 돼서 군대 훈련소 교관이나 조교를 괴롭힌 이야기, 명절 때마다 변호사들이 찾아와 검사나 판사한테 수십만 원이 든 떡값 봉투를 돌리는 이야기가 등장한다. 1990년대 중반 배석판사는 30만 원, 부장판사는 50만 원, 검찰은 20~30만 원 하는 식으로, 월급이 100만 원도 안 되던 시절에 봉투 서너 개를 받으면 70~80만 원이 족히 되는 그들만의 매우 특별한 현실도 묘사되어 있다.[42] 속도위반을 해도 법원 공무원증만 내밀면 "영감님, 가시는 길에 죄송합니다" 하면서 단속 포인트까지 알려주며 "충성!"을 연발하고,[43] 검사 사모님만 되어도 비행기를 잡아둘 수 있으며,[44] 폭탄주 들이키면서 상급자에게 아부하는 문화가 존재했던 것이다.

법조계의 현실에 관한 연구는 여전히 초보적이지만 법조계를 경험한 이들의 고백은 뚜렷한 양태를 보인다. 강력한 힘을 가지고 있다. 대검찰청, 서울중앙지검 등에서 검사로 일했으며 변호사 경력을 가진 정치인 금태섭은 '검찰개혁이 공약으로 나온' 사실상 유일한 나라로 대한민국을 꼽는다. 미국은 물론 영국, 프랑스, 독일에서 검찰개혁이 공약이었던 적은 한 번도 없다. 유독 우리 사회에서 검찰의 권한이 막강하고, 그러다 보니 정치권력은 개혁보다는 활용에 방점을 찍어왔기 때문에 문제가 해결되지 않은 것이다.[45] 판사 출신 이정렬은 '삼성X파일 사건'을 상기시킨다. 세계적인 기업 삼성의 이건희 회장이 남자 판사들에게 향응을 제공하고 여자 판사들의 취향을 살피면서 와인 선물을 고려했을 만큼 법조계는 살아 있는 권력인 것이다.[46]

대법원장을 역임한 이용훈은 대법관에서 물러난 후 2000년 9월부터 2005년 8월까지 약 5년간 23억여 원의 수익을 올렸고, 박시환 대법관도 변호사 시절 22개월 동안 19억여 원을 벌었다. 일명 전관예우다. 헌법재판관 출신의 변호사가 법원을 찾아오니 판사가 90도로 인사하며 분쟁이 합의로 마무리되는 일도 벌어진다.[47] 검사는 처지가 궁할 때 변호사를 부르고 별도의 스폰서까지 두면서 돈을 상납받고, 부장검사가 후배 검사들 데리고 다니면서 스폰서를 소개해주기도 한다.[48] 일반인 입장에서는 판결문 같은 법어 자체가 낯설지만, 집안 친척 중에 법조인 한 명이라도 있으면 든든한 백이라도 둔 양 으스댄다. 이것이 현실이다. 도대체 왜 이런 것일까.

법조계

사법부는 입법부, 행정부와 더불어 삼권분립의 한 주체이고 통상 '법원'이라 불린다. 쉽게 말해 입법부는 법을 만들고, 행정부는 만들어진 법을 집행하며, 사법부는 법에 따라 판결을 내린다. 만드는 자, 집행하는 자, 실행하는 자를 나누어서 권력 독점을 막는 민주 국가의 상식과도 같은 구조다. 검찰은 무엇인가. 수사권과 기소권을 독점한 권력 기관인 동시에 엄연한 행정부 산하 기구다. 검찰이 범인을 잡아 법정까지 끌고 올 수는 있지만 최종적인 판결은 법원, 곧 사법부가 내리는 것이다. 사법부가 검찰을 판단하는 구조.[49] 조금 넓게 이야기한다면 사법부가 행정부의 행정 행위를 최종적으로 판결할 수 있는 권한을 가지고 있다는 말이기도 하다.

하지만 현실은 개념과 많은 차이를 보인다. 1964년 법무부 장관 민복기의 제안으로 검찰 출신 인사가 대법관이 된 이후, 검찰 출신이 사법부의 우두머리 중 한 명이 되는 일이 관행처럼 굳어졌다. 검찰 출신이 한두 명씩 대법원에서 자리를 잡으며 이 숫자를 세 명으로까지 늘리려는 데 실패했을 뿐이다. 최근 들어 대법원장의 의지로 잠시 배제된 적이 있을 뿐 관행은 바뀌지 않았다.[50]

검찰청사와 법원청사가 서로 마주 보며 나란히 서 있고 검찰이 브리핑을 통해 법원의 판결을 비난하기도 한다. 이를 검찰과 법원의 힘겨루기로 볼 수도 있겠지만, 그만큼 법조계 인사들이 같은 범위 내에서 활동하고 그만큼 행정부와 사법부는 뒤엉켜 있는 모양새다. 더구나 기나긴 독재정권 기간에 각종 용공조작과 인권유린의 현장에서 수사를 지휘하고, 기소를 결정하고, 판결을 내린 사람들 또한 법조인들이었다. 독재권력이 행정부라면 결국 행정부의 권력 남용을 사법부가 옹호한 꼴이며, 좀 더 나쁘게 얘기한다면 하수인 노릇을 했다는 말이다.

과거 사법부는 마땅히 '그것은 법이 아니다'라고 선언하여야 할 때 침묵으로 대신했다.

1993년 서울민사지법 단독판사들이 사법부 개혁과 과거사 반성을 촉구하기 위해 만든 문건의 내용이다. 김영삼 대통령의 취임과 문민정부 출현이 만든 새로운 기류였고, 사태가 확산되면서 정치판사의 퇴진 요구까지 이어진다.

정치판사는 있을 수도 없고, 있지도 않다.

법원행정처장 안우만 씨의 주장이다.

사법부의 인사에 관한 문제는 (…) 스스로의 자율과 양심에 터잡아 슬기롭게 매듭지어질 수 있을 것으로 확신한다.

당시 12대 대법원장 윤관의 발언이다.[51] 사실상 반성하지도 변화하지도 않겠다는 선언이다. 2005년 노무현 정권 시절 14대 대법원장 이용훈은 취임사에서 과거사에 대한 공식적인 반성을 하면서 독재정권 시절 사법부의 판결에 관한 구체적인 보고서를 작성하겠다고 약속했지만, 이 또한 제대로 지켜지지 못한다.[52] 대통령 노무현 역시 검찰개혁을 위해 검찰 출신이 아닌 법무부 장관과 민정수석을 임명하는 등 몇몇 저돌적인 개혁을 실시했지만 사실상 사법 현실에서 특별한 변화는 가져오지 못했다.

무엇이 문제였을까. 1949년 대한민국 정부가 수립된 지 1년이 안 되는 시점에 법원조직법이 임시국회에 상정된다. 이미 세 차례나 제출된 법안이 미루어졌기에 이번에는 법안 통과를 위해 전국의 법관들이 총사퇴까지 각오한 상황이다. 다행히 7월 말 국회에서 법안이 무사히 통과된다. 하지만 보름도 지나지 않은 8월 12일, 정부가 이 법에 거부권을 행사한다.

대법원장 임명은 대통령이, 주요 사법행정은 법원이 아닌 법무부가 관장해야 한다.

그러면서 법관회의의 제청권이나 법원행정처장의 국무회의 출석 문제를 두고 일일이 행정부에서 시비를 걸었다. 결국 법원조직법은 9월 19일 국회 본회의에서 재의결에 부쳐진다. 권승렬 법무부 장관과 김병로 대법원장이 참석하여 상반되는 의견을 진술했고, 조헌영 의원은 대통령의 효과적인 국정 운영과 국민의 의사를 사법부에 반영하기 위해 법관회의의 자율성을 통제해야 한다고 주장한다.[53]

행정부의 승리. 대법관의 정원, 재판 운영 방안 등이 간소해졌고 특히 고등법원과 지방법원 단위에서 사법행정 사항을 관할하는 판사회의도 없앴다. 법원의 자율성이 축소된 것이다. 또한 판사의 기소권, 재판장에서의 문란 행위 금지 권리 같은 것들도 사라지는 등 검찰 입장에서 유리한 구조가 만들어지기도 한다.[54]

행정부는 어떤 형태로든지 사법부에 영향력을 행사하고자 했고, 이를 위해 행정부의 하위 조직인 검찰의 힘을 강화하려 한 것이다. 수준이 이 정도였으니 애초에 고려된 고위법관 선거제도나 검찰위원회를 통한 검찰 관리와 같은 사법부의 민주화 혹은 검찰을 견제할 수 있는 제도는 시작부터 도입이 불가능할 수밖에 없었다.

입법부로서 어찌 검찰청을 국정감사를 한다는 말입니까?[55]

법원조직법을 두고 행정부와 사법부가 충돌하고 얼마 안 되는 시점인 1950년 1월, 아직 국정감사에 관한 법률이 구체적으로 제정되지 않은 상태에서 이번에는 국회와 검찰이 충돌한다. 국회 법사위 국정감사단은 서울지검에 직접 찾아가 국정감사 목적으로 필요한 수사 사건 기록과 일부 사건의 기소·불기소에 관한 기록을 요청한다. 하지만 검찰총장 김익진은 수사기밀사항이란 이유로 불응한다. 국정감사단은 따져 물었고 김익진은 검찰을 하급 관청 다루듯이 하면 안 된다며 강경하게 대응한다. 결국 국정감사단은 헌법을 근거로 자료 제출을 요구했고 김익진은 헌법 해석에 대한 다른 입장을 내세우며 끝까지 대립각을 세운다. 결국 이

사건이 문제가 되어서 검찰총장 김익진은 국무회의에 보고서까지 제출하게 되는데 그는 이 보고서에서 '검찰권의 발동, 특히 기소·불기소는 사법권 독립의 취지와 마찬가지'라고 주장한다.[56] 결국 검찰의 독립성을 사법권의 독립과 연장선상에서 해석하면서 변호한 것인데 법원조직법 논란 당시와는 사뭇 다른 논리다.

행정부와 사법부, 법원과 검찰, 그리고 검사와 판사 등 세 가지 미묘한 관계는 1960년대 박정희 정권기로 들어가면서 마구 뒤섞여버린다. 신직수가 검찰총장에 등용됐기 때문이다.

5·16군사쿠데타 이후 국가재건최고회의 의장 법률고문, 서울지검 검사, 헌법심의특별위원회 위원, 중앙정보부 차장 등을 역임한 인물이 1963년부터 대검찰청 검찰총장에 임명된 것이다. 그리고 1971년 검찰총장 임기를 마친 후 법무부 장관이 됐으며 1973년이 되면 다시 중앙정보부 부장이 된다. 쿠데타 세력의 일원으로 법률 자문 노릇을 했던 인사가 검찰의 수장이 됐다는 것은 결국 박정희 정권의 검찰 장악 의지로 풀이될 수밖에 없으며, 이후 법무부 장관과 중앙정보부 부장까지 됐다는 것은 결국 추상적으로 그려진 각 부서의 역할이라는 것이 그다지 큰 의미가 없음을 보여준다.

중요한 것은 강력한 권력의지가 존재하며, 법을 다루는 자들이 그러한 권력의지에 편승할 때 보다 다양한 위치에서 막강한 영향력을 행사할 수 있는 객관적 현실이 만들어졌을 뿐이다. 정부·사법부·검찰을 둘러싼 개념적인 구분이나 시대에 따른 여러 차이보다는 일단 사법고시에 합격하여 법복을 입었을 때 무궁무

진한 가능성이 열린다는 사실, 그것만큼은 모두가 알았을 테니 말이다.

그리고 대통령 박정희에게 선택받은 신직수는 또 한 명의 중요한 인물을 선택한다. 서른두 살에 유신헌법의 밑그림을 그렸다는 인물, 김기춘이다. 비로소 김기춘이 역사의 전면에 등장한 것이다.

법치주의자?

제6공화국 정부는 우리 국민이 투표로써 선택한 정통성 있는 민주정부입니다. 따라서 제6공화국 정부는 국민적 저항이나 타도의 대상이 결코 될 수 없습니다.

검찰은 국가공권력의 상징이며 국가 기강의 유지에 등뼈와 같은 중요한 조직입니다. (…) 좌익을 척결하고 자유민주주의 체제를 수호하는 데 선봉장이 되어 왔으며 (…) 국민적 신뢰를 받고 있다고 자부합니다.

제6공화국(노태우 정권) 검찰총장 김기춘의 '시국현안'에 대한 답변[57]이다. 법치주의자. 1960년 제12회 고등고시 사법과에 합격한 이후 검사, 검사장, 검찰총장, 변호사, 법과대학원 교수, 국회 법제사법위원회 위원장 등을 역임한 그가 '법치주의자'가 아니면 누가 법치주의자란 말인가.

1987년 6월 항쟁 이후 국민의 직접선거로 성립된 노태우 정권의 검찰총장으로서 김기춘은 '법질서 확립'의 의지를 확고히 한다. 검찰은 '수사의 주재자, 인권의 옹호자, 법치주의의 감시자'이기 때문에 '엄정공평하게 검찰권을 행사함으로써 법질서를 확립하기 위해 분투'하겠다며 강경한 어조를 이어간다. 특히 그는 국민들에게 '무질서, 범죄, 폭력'에 대한 비판 정신을 요구한다. '1987년 하반기 이후 민주화 열기에 편승하여' 급속도로 확산된 노사분규에 '급진폭력세력'이 개입하여 배후조종을 하고 있기 때문에 '근로자들의 권익신장'이 저해되고 대한민국 경제에 엄청난 손실을 끼치고 있다고 규정한다. 또한 학원가, 즉 대학들 역시 '좌익폭력세력'이 판을 치면서 '화염병 투척' 같은 위해 행위를 하기 때문에 '비디오 촬영 등으로 증거를 수집하여 신원을 확인하여 끝까지 추적함'으로써 문제를 해결하겠다며 강경한 의지를 드러낸다. 이 밖에도 부동산투기, 조직폭력, 마약, 절도 같은 범죄에 대해서도 엄벌주의로 일관하겠다며 초지일관한 태도를 보인다.[58]

강력한 법적 의지를 드러내는 것은 그의 인생을 관통하는 가장 중요한 측면이다. 그는 김대중 정권 시절 한나라당 의원으로 '현 정권은 법률적인 측면에서 6공화국의 제3기 정부'라고 규정하면서 '국민의 정부'라는 명칭을 비판하기도 했다.[59]

'노무현 대통령은 사이코'[60]

2006년 한나라당 의원총회에서의 이 발언은 크게 비판을 받았지만, 사실 그는 보다 법리적으로 노무현 정권을 공박한다. '불법적인 돼지저금통과 각종 허위폭로', '허위공약'을 남발해 탄생한 정권, 따라서 '쿠데타와 마찬가지로 국민적 정통성에 하자'가 있는 정권이라는 것이다.[61]

그리고 2004년 3월 12일 야당 국회의원 193명의 찬성으로 노무현 대통령 탄핵 사태가 시작됐다. 김기춘은 국회 법사위원장 시절 헌법재판소 노무현 대통령 탄핵심판 소추위원 검사 역할을 맡는다.

나로서는 법에 있는 대로 임무를 수행할 뿐

법적 차원에서 모든 문제를 검토하고 역할을 수행할 것

<연합뉴스>와의 전화 통화에서 그는 헌법재판소 소추위원의 권리를 상기시키면서 필요하면 대통령을 직접 신문(訊問)하겠다고 의지를 불사른다.[62] 보통 사람은 '신문' 하면 '뉴스페이퍼'를 생각하고 '심문' 하면 법정을 떠올릴 텐데, 그는 굳이 법률 용어를 사용한다. '심문(審問)'은 법원이 당사자 등에게 진술할 기회를 주는 것이고 '신문(訊問)'은 법원 등 국가기관이 피고인 등에게 묻는 행위이기 때문이다.

노무현 대통령은 선거법을 위반했다.

노무현 대통령은 선거법 제9조 공무원의 선거 중립 준수 규정을 위반했다.

관련 증거가 되는 선거관리위원회의 서한에 '법 위반'이라는 명시적 표현은 없었지만 선관위원들의 표결 결과가 있었기 때문에 위법임에 틀림없다.

더구나 선거관리위원회의 잇단 경고에도 불구하고 노무현 대통령은 자신의 거취 문제를 총선 결과와 연계시켰기 때문에 명백하고 중대한 법 위반이다.

이 밖에도 경선자금, 불법대선자금, 당선축하금, 측근비리 등에 대해 직간접적으로 혐의를 인정한 부분도 있기 때문에 이 부분의 심각성도 고려해야 한다.

어디 이뿐인가. 작금의 경제파탄, 외교불안 등은 국정 운영을 소홀히 한 노무현 대통령의 책임인데 이 역시 헌법적, 법률적 의무를 소홀히 한 위법 행위다.

그리고 냉철한 법의 심판보다 인민재판식으로 몰고 가려는 일부 여론에도 문제가 있다.[63]

대통령 탄핵의 정당성에 대한 질문에 김기춘의 답변은 결국 '법치주의'였다. '법을 위반해놓고 법치주의를 무시하는 태도를 보이는 것이 가장 문제가 중하다는 것'이다.[64] 당시 탄핵 정국에 반발하며 강력하게 벌어지는 촛불집회에 관해서도 '집단시위를 하지 말라는 법'은 없으나 헌법재판소가 심리를 하고 있으니 '냉철히 관찰하는 것'이 바람직하다며 굳이 충고를 한다.

노무현 대통령 탄핵은 약 두 달 후인 5월 14일에 기각으로 마무리된다. 하광룡 변호사 등 몇명 소추위원단이 심리 절차 등을 두고 '아쉽고 개탄스럽다'라는 등의 반응을 보였는가 하면 심지어 헌법재판소가 '헌법 수호자로서의 지위를 포기한 것 아닌가' 하는 식의 발언을 쏟아냈다. 이에 비해 김기춘 본인은 '민주주의와 법치주의가 한 단계 성숙해지는 계기가 될 것으로 기대한다'라는 담박한 소감을 밝혔다.[65] 참으로 흥미로운 부분인데 법치주의자로서의 정체성을 분명히 하고 싶었던 대목으로 보인다.

김기춘의 인생에 관해 조금 더 구체적으로 살펴볼 필요가 있다. 1939년생으로 1958년 서울대 법대에 입학했고 대학교 3학년 당시 고등고시 사법과에 합격했다. 1963~1964년 5·16장학회에서 장학금을 받았고 1991~1997년에는 5·16장학회에서 이름을 바꾼 정수장학회 장학금 수혜자들의 모임인 상청회 회장을 지냈다.[66] 1990년 검찰총장 재직 시절에는 안전보장 부문에서 5·16민족상을 받았고,[67] 2013년에는 박정희대통령기념사업회 초대 이사장을 역임했다.[68] 제5대에서 제9대까지 대통령을 지낸 박정희, 그리고 제18대 대통령인 박근혜와의 긴밀한 인연을 짐작하게 하는 대목이다.

'유신이 이뤄진 1972년에 나는 임용된 지 7년 된 만 32살의 평검사였다.'[69]

1972년은 대한민국 헌정사 최대의 암흑기이자 자유민주주의 체제의 최대 위기인 유신체제로 들어서는 시점이다. 극단적인 독재체제를 합리화하기 위해 만들어진 유신헌법을 사실상 김기춘이 만들었다는 한태연[70]의 폭로에 대해 김기춘은 수차례 인터뷰를 통해 부인한다. '당시 법무부 검사들이 실무작업을 했다.[71] 한태연 개인 기억의 착오에 불과하다. 나는 프랑스가 비상사태하에 놓일 때 대통령의 권한이 어느 정도인가를 조사 보고했을 뿐이다'[72]라는 식이었다.

김기춘이 유신헌법에 정확히 얼마만큼 참여했는가에 대해서는 영원한 미제로 남을지도 모른다. 하지만 그가 얼마만큼 적극적으로 유신헌법을 옹호했는가를 확인하는 것은 그다지 어렵지 않다.

신생민주의 제국에 있어서의 정치적 불안과 이에 따른 사회적 동요의 중요한 원인이 서구식 민주제도를 맹목적으로 도입한 결과 '견제와 균형'의 이름으로 자행되는 행정부와 입법부 간의 대립·반목·갈등에 있음을 간취하기에 어렵지 아니하다. (…) 우리 사회에 있어서 정치과잉 현상 때문에 그동안 빚어진 자원, 정력 및 시간의 낭비가 얼마나 컸던가는 그동안의 선거 과정에서 익히 보아왔고 많은 반성이 제기되어왔던 것도 사실이다.[73]

그가 쓴 <유신헌법 해설>의 일부다. 유신체제를 마련하기 위해 감행한 국민투표를 옹호하고자 프랑스 헌법은 물론 '푸에르토리코', '월남', '에집트' 사례까지 끄집어냈으며 박정희 정권 당시 흔히 사용되던 '한국적 민주주의', '민주주의의 토착화' 같은 단어 역시 수차례 반복된다. 유신헌법에 대한 해설을 넘어 옹호를 하는 글이다.

그리고 유신체제가 갖춰진 다음 해인 1973년, 김기춘은 법무부 인권옹호과 과장(부장검사급)으로 승진한다. 고시 2년 선배인 정해창의 증언에 따르면 '유신체제의 법령 입법과 개정의 공로와 실력이 높게 평가되어 유례없이 발탁'됐다고도 하는데 당시 대부분 사법고시 8회 합격자들이 승진하는 과정 중에 12회 합격자인 김기춘의 승진은 매우 인상적이었다는 것이다. 그리고 그해 말, 그는 중앙정보부로 자리를 옮겨 중앙정보부장 법률보좌관이 된다.

이후 김기춘은 각종 중요한 시국 사건을 담당하게 된다. 박정희 전 대통령의 아내 육영수 여사 암살 사건 당시 암살범으로 지목된 문세광의 심문에서 큰 공을 세웠고, 그 덕에 서른다섯 살의 나이에 중앙정보부 대공수사국장으로 승진한다.[74] 그즈음 발생한 민청학련 사건(1974), 장준하 의문사 사건(1975)을 비롯하여 서슬 퍼런 유신 시대의 인권유린에 대해 그는 어떤 입장을 견지했을까.

인권을 유린하고 고문했으면 오늘날 김기춘은 없다.[75]

2005년 한 언론과의 인터뷰에서 그는 '간첩은 두뇌로 잡는 것이지 몽둥이로 잡는 게 아니'라면서, 이른바 '고문 기술자'로 지칭되는 국회의원 정형근의 이름을 거론하자 펄쩍 뛰었다. '내가 어려운 사람들 재판과 소송을 대신 해주는 법률구조공단을 만들었고 초대 사무국장을 지냈다'라면서 인권 옹호 활동에 대한 자부심을 내비치기도 했다.

/
재일동포 유학생 간첩단 사건(1975)
서경원 의원 방북 사건(1989)
강기훈 유서 대필 조작 사건(1991)

그가 전면에 나섰던 사건들이다. 유신 시대 대공수사국장으로 직접 발표했던 11·22 재일동포 유학생 간첩단 사건은 2014년 재심을 통해 무죄 판결이 났다. 고문과 폭력에 근거한 조작된 사건이라는 것이 밝혀졌기 때문이다. 당시 피해자였던 강종건은 김기춘을 직접 본 적은 없다. 뒤늦게 그의 존재를 알았고 다만 당시에 그가 CCTV를 보면서 수사관들에게 지시를 내리고 고문도 지시했다는 이야기를 들었을 뿐이다.[76] 어쨌든 직접적 증거 없이 재심이 이루어졌고, 무죄가 판결[77]됐음에도 책임지는 사람 또한 없다. 이와 관련하여 영화 <자백>을 만든 최승호 피디와의 우연한 만남에서 김기춘이 했던 대답은 단 하나 '기억이 나지 않는다' 정도였을 뿐이다. 노태우 정권 당시 서경원 의원 방북 사건에 대해서는 '자유민주주의를 수호하는 검사로서 당연한 일을 한 것'[78]이라는 소신을 피력했고, 강기훈 유서 대필 사건이 조작됐다는 것이 판명됐음에도 '사과하라'라는 요구에 침묵할 뿐이다.

법치주의란 무엇인가. 단순히 '법과 원칙을 지키는 것'이라고 이야기한다면 김기춘은 법치주의자라 할 수 없다. 충분히 능동적으로 법을 해석했고 실천했기 때문이다. 그렇다면 그는 반공주의자 또는 자유민주주의의 수호자인가. 이 또한 부분적인 정답일 수밖에 없다. 유신헌법은 자유민주주의의 범주를 충분히 넘어서고, 반공주의만을 강조하기에는 상황을 단순화하는 감이 있기 때문이다.

출세주의자?

김기춘의 인생을 살펴보고 있으면 '연줄'이라는 단어가 절로 떠오른다. 앞에서 이야기했듯 중앙정보부장 신직수는 젊은 검사 김기춘에게 날개를 달아준다. 1971년 6월 신직수가 법무부 장관이 되자 두 달 후에 김기춘은 법무부 법무과 검사로 발령이 난다. 다시 1973년 말 신직수가 중앙정보부장이 되자 김기춘은 중앙정보부장 법률보좌관이 된다. 그리고 또다시 1979년 신직수가 대통령 법률특보로 가는 것과 함께 김기춘은 법률비서관으로 자리를 옮긴다. 그리고 얼마 후 10·26사태가 발발한다. 대통령 박정희의 서거로 유신체제가 무너지는 와중에 김기춘은 검찰로 복귀하면서 서울지검 공안부장이 된다.[79]

당시 상황이 참 묘하다. 김기춘이 중앙정보부에 있던 1977년, 20사단 대대장 월북 사건이 터진다. 현역 대대장이 사병까지 대동하고 북으로 넘어간 참으로 드문 사건인데, 이로 인해 군에는 큰 파문이 일어난다. 암호체계, 전술교범, 훈련체계 등을 바꾸느라 엄청난 혼란이 발생하고 막대한 비용이 들어갔는데 군대 내

정보기관인 보안사에서 이 사건을 대강 덮으려고 한 것이다.[80] 사건의 핵심에 대대장과 보안사의 갈등, 그리고 보안사의 횡포 등이 있었기 때문이다. 결국 대통령 박정희의 지시로 중앙정보부는 보안사의 권한을 축소시키는 작업에 들어가는데, 그 담당자가 김기춘이었다. 보안사와 김기춘의 악연이 짐작되는 지점이다.

그리고 약 2년 후 10·26사태가 일어난다. 대통령 박정희 암살. 유신체제 붕괴. 상황은 급박하게 돌아간다. 10·26사태를 일으킨 장본인이 중앙정보부장 김재규였고 이를 진압 수사한 것이 보안사령관 전두환이었기 때문에 유신체제의 몰락으로 권력은 자연스럽게 중앙정보부에서 보안사로 이동했다. 결국 1982년 김기춘은 법무연수원 검찰연수부 부장으로 발령받는다.[81] 좌천성 인사다. 그리고 노태우 정권이 들어설 때까지 사실상 6년 동안 한직에 머문다. 노태우와 각별한 사이이자 '6공화국의 황태자'로 불렸던 박철언은 자신의 저서 《바른 역사를 위한 증언》에서 김기춘이 살아남기 위해 자신에게 수차례 간절한 도움을 요청했고, 결국 허화평[82]의 도움으로 몇 차례 위기에서 벗어나면서 관직을 지켰다고 밝혔다. 전두환 정권(11~12대, 1980~1988) 동안 간신히 생존했다는 얘기인데, 아이러니하게도 노태우 정권(1988~1993)에서는 그것이 승진의 발판이 된 듯하다. 노태우 정권에서 검찰총장이 된 김기춘은 허화평을 제외하고 5공인사 49명을 구속하면서 '5공비리 청산'[83]이라는 중요한 과제를 담당한다. 김기춘은 검찰총장에 이어 법무부 장관으로 임명되어 1990년대 초반 대학교 운동권의 강력한 저항을 막아내는 데 중요한 역할을 한다. 강기훈 유서 대필 조작 사건이 당시의 일이다.

하지만 위기는 뜻하지 않은 곳에서 찾아왔다. 이른바 '초원복집 사건'이다.

중립내각이 나왔기 때문에 마음대로 못해서 답답해 죽겠다. (…) 노골적으로 얘기할 수는 없고, 접대를 좀 해달라. (…) 아 당신들이야 지역발전을 위해서이니 하는 것이 좋고 (…) 노골적으로 해도 괜찮지 뭐. (…) 우리 검찰에서도 양해할 거야. 아마 경찰청장도 양해 (…) 믿을 데라고는 부산 경남이 똘똘 뭉쳐주는 것밖에는 달리 방법이 없는데, 민간에서 지역감정을 좀 불러일으켜야. (…) 광고주들 모아 기자놈들 돈 주면서(…)[84]

'우리가 남이가'라는 말로 유명한 사건이다. 당시 김기춘은 법무부 장관에서 물러나 있었고 김영삼 후보 선거운동을 지원하던 중이었다. 김영환 부산시장, 정경식 부산지검장, 박일룡 부산경찰청장, 이규삼 안기부 부산지부장, 우명수 부산교육청 교육감, 박남수 부산상공회의소 회장 등이 참석한 곳에서 노골적으로 지역감정을 불러일으키라고 요구한 것이다.

세간에서는 여전히 이 사건을 지역감정 문제나 선거역풍 같은 정치적 관점에서 다룬다. 하지만 적어도 김기춘 개인으로서는 전혀 다른 문제다. 난관을 법으로 돌파했기 때문이다.

사적 모임에서 나눈 대화는 처벌할 수 없기 때문에 무혐의 처분.

선거운동원이 아닌 자의 선거운동이기 때문에 징역 1년.

단박에 벗어나지는 못했다. 김기춘은 과감하게 위헌제청을 신청한다. 헌법에 보장된 표현의 자유와 참정권을 지나치게 제한하고 있다고 주장한 것이다. 결국 헌법재판소는 위헌 결정을 내렸고 김기춘에 관해서는 공소 취소로 마무리 짓는다. 법을 아는 자의 법리 투쟁을 통해 죄를 지은 일 자체가 없어진 것이다.[85]

이후 김기춘의 행보는 김영삼, 이회창으로 이어진다. 거제 출신인 김기춘은 동향의 김영삼과는 경남고 선후배였고 1996년 고향 거제에서 국회의원에 당선된 후 연이어 3선 의원이 된다. 대통령 동정을 살펴보면 김영삼 전 대통령이 해외순방을 마치고 돌아오거나 생일축하 행사가 있을 때 명사로서 꼭 자리를 같이하고 있음이 확인된다. 이런 철저한 모습은 이회창 전 한나라당 총재를 대하는 태도에서도 똑같이 나타난다.

하지만 언제까지 영화만 누리겠는가. 이회창은 두 차례 대선에 나와서 김대중·노무현 후보에게 패배했고, 이 기간에 국회의원 김기춘은 두 정부와 싸우면서 의원직을 유지한다. 특히 노무현 정권과의 싸움은 전력투구하는 모양새다. 탄핵 사태를 전후로 친일규명법과 국가보안법 폐지 문제를 두고 전면에서 싸웠으니 말이다. 하지만 한나라당 내 이른바 친이명박-친박근혜의 계파투쟁 가운데 결국 '공천학살'을 당하면서 그는 강제로 정계를 은퇴한다.

끝났는가? 그렇지 않다. 그의 인맥은 그리 단순하지 않다. 그는 1995년부터 1996년까지 제8대 KBO(한국야구위원회) 총재를 역임했고, 2009년부터 2013년까지는 제2~3대 한국에너지재단 이사장을 역임했다. 법조계 인사 또는 국회의원으로 재임하지 않는 동안에도 그는 사회 지도층 인사의 자리에서 벗어난 적이 없다. 무엇보다 대통령 이명박의 라이벌이자 대통령 노무현의 탄핵 정국을 극복해낸 한나라당 총재 박근혜의 강력한 신임을 받던 인물 아닌가. 그 단단한 연줄로 상당한 우려와 반발에도 불구하고 당내 싱크탱크인 여의도연구소 소장직을 맡았고, 박근혜 정권기에는 여든에 가까운 나이에 다시 한번 역사의 전면에 나타난다.

/
2013년 8월 5일. 청와대 비서실장 김기춘

뒤늦게 제기된 문제지만 김기춘은 각종 의혹의 중심에 선다. 농심과의 특별한 인연이 대표적이다. 1989년 삼양식품에 치명타를 입혔던 공업용 우지 파동을 기억할 것이다. 결국 무죄 판결이 되지만, 이미 회사는 수십억 원의 피해를 봤고 직원 1,000여 명이 회사를 떠나야 했다. 파동 당시 검찰총장이 김기춘이었다. 그는 2008년 우지 파동의 최대 수혜 기업인 농심에 비상임 법률고문으로 위촉된다. 수백만 원의 급여를 받는 자리로, 이른바 '보은 논란'이 일었다.[86] 면역세포 원정치료 의혹도 있다. 총 2,000여만 원의 진료비가 청구되어야 하지만 446만 원만 냈고, 일부 치료는 가족도 함께 받았다.[87]

MBC의 자회사인 iMBC로부터 부적절한 향응을 제공받았다는 의혹도 제기됐다. 전국언론노동조합 MBC본부는 김기춘이 방송문화진흥회 고영주 이사장, 정수장학회 김삼천 이사장, 허연회 전 iMBC 사장 등과 동행한 가운데 뉴코리아CC에서 호화 골프를 즐겼으며 수십만 원 상당의 선물도 받았다는 기자회견을 연다.[88]

> 김기춘 실장이 대한민국에 제일 깨끗한 사람으로 되어 있잖아요. (⋯) 그 양반한테도 10만 불 달러로 바꿔서 롯데호텔 헬스클럽에서 전달해 드렸고(⋯)[89]

경남기업 회장 성완종이 <경향신문>과 한 인터뷰의 일부다. 숱한 의혹의 사실 여부를 논하기 전에 던져야 할 질문은 명확하다.

/
김기춘, 그는 누구인가.

대강이라도 그를 둘러싼 범주를 무엇이라 규정하는 게 좋을까. 법치주의, 엄벌주의, 반공주의, 출세주의, 연고주의, 박정희 집안과의 특별한 인연, 탁월한 인맥관리와 언제나 사회 지도층으로 머물 수 있는 확실한 능력 그리고 용공조작, 부정부패⋯.
군인으로 한평생을 살았으며 매우 단선적이고 중층적인 성격을 띠는 일본 제국주의 시대의 지도자 도조 히데키와는 다른 측면이 있다. 김기춘은 보다 출세지향적이며 수많은 기득권을 누리는 데 많은 시간을 할애했던 듯하고 법조계와 정치권을 넘나들었다. 그의 인생은 차라리 모진 한국 현대사의 축소판으로 보아도 무방할 지경이다. 하지만 마냥 출세 지상주의자였다면 그의 마지막이 이토록 단순하고 폭력적일 수는 없었을 것이다. 마냥 천황과 군부의 가르침에 순응적이었다면 도조 히데키가 그토록 능동적으로 무모한 전쟁을 거듭할 수 없었을 것이듯이.

문화계 블랙리스트 사업의 확신에 찬 지도자

문화권력이란 순수·예술활동보다는 문화를 수단으로 하여 일정한 정치적 이념을 실현하고자 하는 이념지향적 세력을 의미 (한다)

문화를 국민 의식개조 및 정권유지를 위한 선전·선동의 수단으로 생각하는 좌파에서 조직적으로 활용(한다)

2008년 8월 27일 기획관리비서관실에서 작성된 '문화권력 균형화 전략'의 서두다. '문화권력은 이념지향적 정치세력'이라고 규정하면서 시작되는 이 문서는 고작 여섯 장밖에 안 되는 분량이지만 매우 충격적인 내용을 담고 있다. 우선 이 문서는 '우파와 좌파의 행태 차이'를 분석하면서 좌파 세력의 '문화권력화'를 이야기한다.

보수를 대표하는 한국예술문화단체총연합회(예총)는 외형과 자리다툼에 치중할 뿐 구심점의 기능은 상실했다. 좌파는 김대중·

노무현 정부의 지원을 받으면서 한국민족예술인총연합(민예총)을 중심으로 문화권력의 주도세력이 됐다. 더구나 2002년 문성근, 명계남, 이창동 등 700여 명이 '노무현을 지지하는 문화예술인의 모임(노문모)'을 결성하면서 권력집단이 돼버렸다. 또한 이들은 문화부, 각종 위원회 및 기관, 시민단체로 이어지는 조직 구조를 만들어서 세력을 확대하고 있다. 단, 김대중·노무현 정부의 지원을 받았기 때문에 역설적이게도 자본의 힘에 매우 익숙한 집단이 돼버리고 말았다.

이들은 '문화'를 통해 국민의식을 '좌경화'시키고 있는데 특히 반미정서와 정부의 무능을 부각시키는 영화 <괴물>, <JSA>, <효자동 이발사> 등을 지속적으로 제작하고 배급한다. 영화 투자 자본은 '우파 대기업'임에도 불구하고 흥행에만 관심이 있기 때문에 자금 지원에 열심이다.

어떡할 것인가? '건전한 우파'를 중심으로 문화권력을 재편성해야만 하며 구체적인 방법으로는 '의도적으로 자금을 우파 쪽으로만 배정'하고, '체계적으로 관리'해서 '문화예술인 전반이 우파'로 전향하도록 해야만 한다. '좌파집단'은 '소리 없이' 인적 청산을 해야 하며 '인내심을 가지고 추진'하여 '고사'시켜야 한다.

이 문서에는 구체적으로 새로운 물리적 구심점을 확보하기 위해 '삼성이 소유한 송현동 미국 대사관 직원 숙소'를 물색했으며, '2009년도부터 좌파단체 지원 예산을 근절'하고 무엇보다 'CJ, KT, SKT' 그리고 '메이저신문'과 협력하여 자본의 투자 방향은 물론 문화에 대한 근본적인 인식 전환을 도모할 방안이 담겨 있다. '청와대(BH)는 총괄기획을 담당하며 문화부, 기재부, 방통위 등의 역할'을 조정하고 문화부는 새로운 우파세력 육성을, 기재부는 대규모 예산 지원을 감당해야 한다면서 이를 위해 구체적으로 수백억 원의 재원 계획까지 세운다.

이 문서는 5년여가 흐른 2012년, 당시 국회의원 정청래가 폭로한다.[90] 이명박 정부 당시에 만들어진 문서로, 현재 구체적인 전후 관계를 파악하거나 보다 조직적인 정책집행 사항을 확인할 방법은 없다. 하지만 정치적 보수진영에서는 이런 식의 '통념'이 일반적이라는 것, 그리고 이런 식의 문제 해결이 박근혜 정부 들어 청와대를 중심으로 보다 강력하게 추진됐다는 것만큼은 분명하다.

이념 편향적인 것에 국민 세금이 지원되는 것은 바람직하지 않다. (…) 문체부 사업 중에 제대로 이행되고 있지 않으니 보조금 지원 관련 종합계획을 만들어보라.

문화체육관광부 장관 김종덕이 취임 2개월 뒤인 2014년 10월 15일에 비서실장 김기춘에게 받은 지시사항이다. 내부적으로는 이때 이미 문화계 블랙리스트 명단이 작성되어 있었다. 장관 김종덕은 문화체육관광부 기획조정실장이던 송수근에게 종합계획보고서 작성을 지시하고, 송수근은 '건전 문화예술 생태계 진흥 세부실행계획'을 작성한다.[91] 내용은 종전의 것과 크게 다르지 않다. 다만 제목 그대로 문화예술, 콘텐츠, 미디어 등 분야별로 나뉘어서 보다 체계적인 실행계획이 작성되어 있다.

> 기존에 관행적으로 지원하던 금액을 20~40퍼센트 축소하며, 동시에 1차 심사의 검증 기준을 강화하자. '과도한 정치편향 프로그램'에 대한 지원을 제한하고, 특히 심사위원회를 구성할 때 '정치편향 인사'를 배제하자. 문화체육관광부의 사전 검토를 강화하고, 정부 출자 펀드의 경우 사전 모니터링 또한 강화하자.

보고서에서는 '배제', '개선', '강화'라는 말이 반복된다. 좌파 인사를 배제하고, 기존 제도를 본인들이 원하는 방식으로 개선하며, 사전심의나 예산 삭감 등 구체적인 실행 방안을 분야별로 서술했다. 문화예술위원회 문예기금 지원사업, 광주를 비롯한 지역 비엔날레 지원사업, 영화진흥위원회 영화 지원사업, 영화제 지원, 한국출판진흥원 세종도서 선정 사업 등 이름만 들어도 알 만한 사업에 관하여 수년 전 스스로 예언했듯 이른바 '돈줄을 쥔' 각종 전략이 훨씬 구체적인 형태로 만들어진 것이다.

이런 식의 보고서와 실행체계는 김기춘이 비서실장직을 내려놓은 2015년 2월 이후에도 계속된다. 차이가 있다면 계획이 실행되면서 예상치 못한 공모 탈락 단체가 나타났고 그로 인해 기존과는 다른 상황이 만들어졌다는 점이다. 이에 따라 자연스럽게 문학, 연극, 미술계에서 '검열 의혹' 논란이 제기됐고 '무조건적 배제'보다는 청와대와의 협의는 물론 '사회적 파장 등을 종합적으로 고려'하는 등 보다 교묘하고 지능적인 방식이 모색된다.[92]

　여하간 강력하고 과감한 구상과 실천은 김기춘을 통해 구체화됐다. 첫째, 무엇보다 중요한 것은 의지라는 것. 김기춘의 의지는 일명 '박준우 수첩'에 고스란히 담겨 있다. 2013년 8월부터 이듬해 6월까지 청와대 정무수석으로 근무하면서 기록한 비망록에는 비서실장 김기춘 주재 수석비서관회의(실수비) 내용이 빼곡히 적혀 있다.[93]

　　비정상의 정상화 무엇보다 중요한 국정 과제(2013. 8. 21)

　　천안함(영화)… fund 제공자 용서 안 돼(2013. 9. 9)

　　국립극단, <개구리> 상영 → 용서 안 돼(2013. 9. 9)

　　각 분야의 종북·친북 척결 나서야(2013. 9. 9)

　　강한 적개심 갖고 대처(2013. 9. 11)

　　비서가 악역을 해야 적당 타협 안 돼(2013. 9. 11)

　　일전불사의 각오로(2013. 9. 11)

　　종북, 좌파 쓸어내야 모든 분야 침투(2013. 9. 11)

　　조용히, 단호하게 정리해 나가야, 정권토대 굳건히 할 수 있는 조치(2013. 9. 26)

　　인사: 능력보다 국정철학 공유 의지 중요(2013. 10. 23)

　　<변호인>, <천안함>: 어제 점심 울분…. 하나하나 잡아 나가자 → 모두 함께 고민, 분발(2013. 12. 18)

　　(VIP당 최고위 송년 만찬) "문화계 권력 되찾아야: MB 때 한 일 없

어"(2013. 12. 19)

두 번째, 인사 정책. 김기춘은 애초에 목적을 위해서는 면전에서도 과감함을 불사하는 스타일인 듯하다.

/
　친박입니까, 친이입니까?

2014년 국회의장 후보를 뽑는 자리에서 국회의원 정의화가 비서실장 김기춘에게 면전에서 들었다는 말이다.[94] 문화체육관광부 최규학 전 실장의 증언[95]에 따르면 박근혜 정부가 들어선 이후에는 압박의 강도가 이전 정부와 확연히 달라졌다. 그는 이명박 정부에서도 '여기를 지원해줘라'라는 식으로 선별 지원 지시가 내려오긴 했지만, 노골적으로 '여기를 지원하지 말라'는 배제가 아니었다고 밝혔다. '명단을 내려보내고 안 따르면 나가라는 식'으로 대놓고 압력 넣는 일은 공직 생활 30년 동안 처음 겪는 일이었다는 것이다.

시점을 정확히 짚어보자. 2014년 5월경 비서실장 김기춘은 정무수석실 중심으로 정부에 비판적인 문화예술인들에 대한 지원 배제 방침을 지시한다. 이른바 '블랙리스트' 작성이다. 이에 따라 2015년 6월 초순에 최초로 문화계 블랙리스트가 문화체육관광부 비서관 김소영으로부터 문화체육관광부 1차관 조현재에게 전달된다.

／

이거 당신들이 만든 거냐, 어떤 기준을 가지고 만든 거냐?

조현재 1차관이 '기준'에 대해 물었지만 김소영은 제대로 답변하지 못한다.

／

정부 쪽에서 받아온 명단이다. 잘 적용해서 조치를 하라는 '지시'를 받았다.
꼭 가져가서 장관에게 보여줘야 한다. 그렇게 '지시'를 받았다.

당시 문화체육관광부 장관 유진룡의 진술이다.[96] 청와대의 의지가 실려 있고 대통령 박근혜의 막강한 신임을 받는 비서실장의 직접 지시라는 의미다. 어떻게 대처할 것인가.

／

일단은 소극적 대응

관련 업무 1급 실장들을 비롯한 부서의 분위기는 동의할 수 없다는 것이었다. 따라서 유진룡은 당시 기획관리실장 최규학, 종무실장 김용삼, 문화콘텐츠실장 신용언 등과 협의하여 '청와대로부터 배제 요청이 오면 개별 심의하는 과정을 거쳐 거절하는 모양새'를 갖추면서 문제를 해결하고자 한다. '가끔씩은 TF 회의를 한다는 정도의 모양새'를 보이면서 소극적으로 대응하기로 결론을 내린 것이다.

문화예술인들을 편 가르기를 해라. 그리고 내 편에 대해서만
지원을 해라.

유진룡 장관뿐 아니라 당시 문화체육관광부 1급 실장들이 김
기춘에게 반복적으로 들은 이야기다. 초기 대응은 '모양새는 갖추
되 예외조항 등을 두어서 문화예술인들이 손해를 보지 않도록 하
는 방향으로' 추진하자는 것이었는데, 결과는 실패.

문화예술인을 포용하겠다고 약속하지 않았느냐며 대통령에
게 직언했던 유진룡 장관은 2014년 7월경에 면직됐고, 조현재 차
관 역시 경질된다. 그리고 이들에게 동조했던 최규학, 김용삼, 신
용언 등은 모두 '성분불량자'로 분류돼 사표 제출을 요구받는다.

성향확인 (⋯) 중요부처 실국장 동향 파악

고 김영한의 업무일지[97]에 나오는 내용이다. 김기춘은 새로 임
명된 김희범 1차관에게 직접 연락하여 성분불량자 3인방에 대한
사직서를 요구했고, 유진룡 장관의 뒤를 이은 김종덕 장관에게도
지시한다. 결국 2014년 9월 18일경 성분불량자 3인방을 포함한
실장과 국장 여섯 명에게 사직서 제출이 강요됐다. 성분불량자 3
인방 외에 나머지 세 명은 모양새를 갖추고자 한 것이었고, 국정
감사를 염려하여 사직서 수리를 미뤘지만 결국 1개월 후 일괄 처
리된다.[98]

어디 이뿐인가. 블랙리스트 사업은 곧장 문화체육관광부 여러

직원의 좌천 등 인사조치로 이어진다. 김상욱 국장(전 예술정책관)은 '창비 등 진보 성향의 문예지를 지원'했다는 이유로 장관의 질책 후 인사조치됐으며, 정향미 과장(전 출판인쇄산업과) 역시 비슷하게 출판문화진흥원 관리 부족을 이유로 들어 국립국어원으로 전보 조치된다. 김재원 전 콘텐츠정책관, 김혜선 전 영상콘텐츠산업과 과장, 윤문원 전 영상콘텐츠산업과 사무관 등은 영화 <다이빙벨> 등 현안에 미숙한 대응을 했기 때문에 '찍혔고' 일괄적으로 서면경고를 받는다. 김태훈 국장(전 예술정책관)은 연극 <개구리> 공연 논란 이후 실장 진급에 수차례 누락됐고, 강민아 사무관(전 예술정책과 사무관) 역시 '좌파 인사를 추천'했다는 이유로 저작권정책관실로 인사조치된다.[99]

이런 식의 인사조치는 법정증언에서 다시 한번 확인된다. 영화진흥위원회 국내진흥부의 문봉환 부장은 문화공간 인디스페이스에서 <자가당착>이 상영되자 보직해임되어 부원으로 강등되고 근무지까지 바뀌었다는 사실을 김도선이 증언했으며, 이순일 사무관은 1단계도 아니고 2단계 강등이라고 증언했다.[100] 또한 이승재는 '<미래한국> 기사[101]를 보고 청와대에서' 경고가 있었고 여러 과정을 거쳐 '김기춘 비서실장이 이재호 출판진흥원장의 사표 제출을 요구해서 실제 사표를 수령했던 사실'을 알고 있었다고 증언했다.[102]

검찰을 진두지휘했던 경험, 각종 공직에 몸담으면서 공무원을 비롯한 대한민국 조직 세계의 운영 원리에 능숙한 김기춘은 몇몇 장애 요소를 과감하게 제거하고 문화체육관광부를 통해 '문건'을

'현실화'하려고 한다. 머리가 손발 노릇까지는 할 수 없으니 관료제 그리고 몇몇 충성스러운 또는 순응적인 장관들을 활용하면서 말이다.

피고 김기춘: 최후가 될 것인가?

문체부 1급 공무원에 대한 사직요구의 점
예술위 책임심의위원 선정 부당개입의 점
문예기금 지원심의 등 부당개입의 점
영화 관련 지원배제의 일: 동성아트홀, 인디플러스, 2015년 예술영화 제작 지원사업
도서 관련 지원배제의 일: 2014년 세종도서 관련, 2015년 세종도서 관련

판결문[103]에 나와 있는 그의 대강의 범죄다. 문화계 블랙리스트 사태로 구속, 기소된 피고인 김기춘과 변호인들은 이에 대해 매우 꼼꼼하게 무죄를 강변한다.

본 사건은 특별검사의 수사 및 기소 대상이 아니다. 따라서 부적법하다.
직권남용과 관련해서 범행 사실이 구체적으로 적시되지 않았기 때문에 부적법하다.
특별검사가 일부 관련자들만 선별하여 기소한 것은 공소권을

남용한 것이다.

국회에서의 증언 등을 위증으로 몰아 고발한 것 역시 부적법하다.

문화예술계 지원배제에 관한 내용들에서 사실이 오인된 부분이 있으며 법리 또한 오해되어 있다.

증거 능력이 없는 증거들을 채용하고 있다.

어차피 김기춘 인생 전체에 대한 판결도 아닐뿐더러 핵심은 '권한 남용', '강요' 등의 법리적인 다툼이다. 1심과 2심에서의 판결 결과가 달랐지만 결국 판결 기준의 핵심은 헌법이 보장한 '자유민주적 기본질서', '사상의 다원성과 표현의 자유, 예술의 자유'라는 원론적 가치와 구체적인 '직권남용' 간의 공방이다. 1심에서는 징역 3년을 선고했다. 다만 공소 사실 중 사직 강요와 관련된 직권남용, 권리행사 방해와 강요 등은 무죄라고 판결했다. 2심에서는 징역 4년으로, 1심에서의 부분적 무죄에 대한 입장이 번복되면서 형량이 조금 늘었다. 1심의 결과에 크게 반발했던 문화예술계는 2심 판결의 결과를 크게 반기는 분위기였다.

다만 피고인이 오랜 기간 공직자로서 일하면서 국가를 위하여 공헌하여 여러 차례 훈장을 받기도 한 점, 고령이고 건강 상태가 좋지 아니한 점 등을 유리한 정상으로 참작한다.

2심 판결 당시 개별적 양형 이유를 설명하면서 나온 정상참작 내용이다. '술 마신 상태에서 성폭행을 했다'는 것이 감형의 이유가 되듯 '고령과 건강 상태'를 따졌다는 부분이 참으로 의아하다. 무엇보다 '공직자였다는 점, 오랫동안 일했다는 점, 훈장을 받을 만큼 공직 업무에서 큰 공을 세웠다'는 점은 지나온 그 시절을 고려할 때 도무지 어떻게 보아야 할까.

수감된 상태에서도 김기춘은 적극적으로 '의견서'를 제출한다. 특히 '1980년 국가보위 비상대책위 사례를 참고해달라'는 의견서를 제출한 것은 매우 인상적이다. 당시 대법원이 국가보위 비상대책위원회가 공무원 숙정 계획의 일환으로 일괄 사표를 받은 후에 선별 수리한 면직 처분이 유효하다고 판결한 바 있다. 성분불량자 3인방에 대한 변칙 사표 수리를 방어할 명분으로 과거 대법원 판례를 들이민 것이다. 이 밖에도 2003년 3월부터 2014년 12월 각 부처에서 벌어진 1급 공무원 일괄 사표 제출 사례 11건을 제시하기도 한다.[104]

1980년 국가보위 비상대책위원회 건을 잠깐 살펴보자. 12·12 사태 이후 무력으로 권력을 거머쥔 전두환 정권이 헌법적인 근거가 전혀 없는 국가보위 비상대책위원회를 만들고 5·18광주민주항쟁 등을 짓밟으며 이른바 '사회정화계획'의 일환으로 공무원들을 대거 물갈이했던 사건이다. 중앙정보부 출신으로 보안사의 원한을 샀음에도 간신히 위기를 돌파하면서 연명을 거듭했던, 어쩌면 본인이 당할 뻔했던 서슬 퍼런 독재정권 시절의 사례를 대법원의 판례라면서 끄집어낸 것이다.

살기 위한 생존의 몸부림일까, 아니면 역사의식이 없어서일까? 조금 더 정확히 이야기한다면, 역사적 현실은 아랑곳하지 않은 채 오직 법리만으로 세상을 판단해왔기 때문일까. 여하간 적어도 김기춘의 입장에서 재판이란 현실과는 또 다른 과정일 뿐이다. 비록 사회적 지탄은 받을지언정, 각개 논리에서 승리를 거두면 적당히 형량을 채우거나 판결을 빌미로 슬그머니 면죄까지 기대할 수 있는 과정에 불과한지도 모를 노릇이다. 법과 현실의 차이, 사건을 대하는 사람의 마음과 법리의 간극, 통탄스러울 만큼의 분노와 언제나 이성적인 자리를 지켜야만 하는 법 규정, 그리고 오랜 기간 권력에 종속되어 성장해온 한국의 사법문화와 판결 관행. 대한민국의 법이 아직 이 정도 수준에서 헤매고 있다는 것을 적어도 김기춘은 정확히 알고 있는 듯하다.

잔혹성, 위선, 속물근성, 배신, 인간혐오에 관하여:
주디스 슈클라Judith N. Shklar의
《일상의 악덕Ordinary Vices》

이념적 갈등은 도덕적 가혹함만큼이나 위선을 최고의 악덕으로 만드는 데 이바지한다. 정치인들이 옳고 그름과 다른 모든 것에 의견을 달리할 때, 그들은 반대세력이 스스로 공언한 이상에 따라 살고 있지 않음을 폭로하는 식으로 서로에게 상처를 줄 뿐이다.

흔히 정치인들이 자신들이 아주 강하게 선언하는 대의보다는 권력에 더욱 많은 관심을 가지고 있음을 밝히는 것은 그리 어려운 일이 아니다. 그러므로 반대세력의 정치적 신념이 옳지 못하다는 것을 보여주는 것보다는 반대세력의 위선을 폭로함으로써 그들의 명성을 훼손시키는 것이 더욱 쉽다.[105]

일상의 악덕은 대단하거나 특별한 것이 아닌, 누구나 행할 수 있는 행동의 부류이다. (…) 잔혹성·위선·속물근성·배신은 아마 논의할 가치가 없을 만큼 아주 일상적이다.[106]

악은 매우 구체적이며 현실적이며 일상적이다. 지난 수천 년 간 악이라는 것은 도덕적 훈계의 차원에서 비유적으로 활용되거나 '사탄' 같은 종교적 상징으로 이해되어왔다. 보다 선해지기 위한 도덕적 지침으로 '그래서는 안 돼'라며 부차적으로 이야기되거나 '악의 화신' 같이 일반인은 범접할 수 없는 '절대적인 무서움' 정도로 인식된 측면이 강하다.

그럴 수밖에 없다. 전근대 문명이란 대부분 종교나 사상에 근거해서 존립했기 때문에 도덕과 윤리의 힘이 보다 직접적이며 강제적이었다. 설령 많은 문제가 있더라도 '자신들의 세계'는 궁극적으로 '선한 세계'라는 공동체적 확신이 있기 때문에 '절대 선'에 대한 열망이 큰 반면 '절대 악'에 대한 사고는 둔탁했다. 실제로 그렇지 않은가. 기독교 국가에서 아무리 심각한 타락이 발생해도 그것은 고쳐져야 할 것이지 기독교 자체가 문제는 아니니 말이다. 종교만 다를 뿐 이런 형태는 전근대 역사에서 고스란히 반복된다. 유교 국가에서는 결국 모든 도덕적 위기, 사회적 모순을 유교적 개혁 방식으로 극복하려 할 뿐이고 이는 이슬람 문명권이든 불교 문명권이든 같은 모양새를 띤다.

더구나 신분제로 상징되는 전근대 사회의 근본 모순은 애초에 종교나 사상을 통해 합리화되기 때문에 심각한 문제일 수 없다. 중세 수도원의 아버지인 성 베네딕토는 '수도자의 세속 신분은 따질 필요가 없으며 이전에 노예였건 귀족이었건 우리는 모두 단지 예수의 종일 뿐'[107]이라고 주장했다. 그렇지만 이런 생각은 언제나 원론적이었을 뿐 결국 중세는 성직자, 기사(봉건 영주), 농노

(농민 노예)라는 세 신분이 엄격하게 구분되어 살아간 공간 아니었던가. 노예는 주인에게, 농노는 영주에게, 기사는 국왕에게, 귀족은 교황에게 충성을 해야 하고 주인은 노예에게, 영주는 농노에게, 국왕은 기사에게, 교황은 귀족에게 자애를 베풀어야 하는, 상호적이면서도 철저하게 위계적인 도덕성을 지향하는 시대였다. 그리고 결국 사회적 모순이 도덕적 해석으로 무마되는 구조였고 말이다. 동아시아의 유학자들은 농민의 경제적 어려움을 구명하기 위해 분주하게 활동했다. 하지만 결국 농민을 소작농으로 만들어 부를 탐닉한 것 역시 그들이었고 윤리라는 이름으로 여성에게 희생을 강요한 것 역시 그들이었다. 그럼에도 문명이 멸망할 때까지 그들은 끝내 존경을 받지 않았던가.

전근대 사회의 종교나 도덕이 모순적이었다는 것을 지적하고자 함이 아니다. 차라리 전근대 사회는 그런 식으로 잔혹성, 위선, 속물근성, 배신 같은 일상의 악덕을 처리하고 해결하고자 했다는 말이다.

하지만 이런 방식은 근대 사회에 들어오면서 근본적으로 붕괴된다. 종교의 사회적 역할이 제한되고 도덕과 윤리 역시 최소한을 제외하고는 '선택' 또는 '다양성의 한 부분'이 되어가면서 오히려 노골적이고 충격적인 잔혹함이 발생하기 시작한다.

주디스 슈클라는 '위선'에 관해 논변을 펼치면서 악덕의 현실성을 고발한다. 이데올로기는 특정 정치 진영의 주장이 되어버렸고, 정치란 근본적으로 권력을 차지하는 과정에 불과하다. 따라서 자신들의 이념에 반대하는 사람들을 대하는 데 자비를 기대하기긴 힘들다. 특별한 도덕적 거추장스러움이 없고 오직 정치적 승리만이 목적이 되기 때문에 가능한 수단이 다양하게 동원되며 결국 폭로, 상처, 훼손 같은 가열찬 정략이 정치의 중심을 차지하게 된다.

자유주의자들은 타협하는 경향이 있기 때문에, 위선으로 특히 비난받아야 할 여지가 있다. 자유민주주의가 위선을 조정한다는 점이 자유민주주의의 역설이다.[108]

더욱 흥미로운 사실은 자유주의가 역으로 사회적 위선을 강화하는 측면이 있다는 점이다. 자유주의는 어찌 됐건 다양한 여론을 존중하며 타협을 통해 일을 진척시키는 방식으로 굴러간다. 그러므로 자본가의 노골적인 이윤 추구 행위와 노동자의 절박한 임금 인상 요구는 어느 한쪽의 완패가 아닌 매번 적절한 수준의 타협을 통해서 조금씩 변화된다. 따라서 자유민주주의의 정치 과정 자체가 자본가 입장에서는 매번 못마땅하다.

지난번에도 그러더니 결국 또 올려달라는 말 아닌가. 한두 번도 아니고 참!

노동자는 어떤가.

결국 자유민주주의는 노동자의 삶을 보장하지 못한다. 언제나
임시방편으로 그럴싸할 뿐!

양자는 어느 지점에서도 만족에 이르지 못하며, 어느 쪽으로
도 '획기적인 변화'가 없다고 생각하게 된다. 그 때문에 자유주의
는 보다 잔혹하며 위선적인 도덕주의자를 양산한다.

천황에게 복종하고 총을 들라!
빨갱이와 좌파를 소탕하라!

도조 히데키와 김기춘의 태도는 선명하다. 결국 도조 히데키
에게 중요한 것은 오직 군국주의적인 관점에서 일본의 부흥을 목
표로 한다. 김기춘에게는 과거의 적이 북에서 내려오는 간첩이었
다면 오늘의 적은 사회 곳곳에서 암약하고 있는 좌파 문화예술인
이다. 그러니 결국 어떤 선택을 해야 하는가.
전쟁을 일으키는 것이다. 과감하고 확신에 찬, 그리고 확고하
고 잔혹한 선택을 통해 사회를 일신해야만 한다. 이 지점에서 자
유주의는 극도로 무력하다. 자유주의자들은 언제나 부수적인 것
들만 문제로 삼는다.

절차를 어겼다.
다양성을 존중하지 못했다. 다른 생각도 할 수 있는 것 아닌가.
왜 많은 문제를 일으키는가. 이런 식으로 가다 보면 정말 감당

치 못할 파국만이 있을 뿐이다.

이에 대한 반박은 보다 명쾌하고 강력하다.

절차를 다소간 어기더라도 확실히 목적을 달성하면 모두가
만족할 것이다.
언제까지 다양성을 이야기하면서 지금 이 수준에 머물러 있
을 것인가. 미래로 나아가는 과감한 결단을 해야 할 때 아닌가.
비상시국이다. 다소 무리가 따르더라도 확실하게 지금의 일을
처리하고 나면 보다 나은 세상이 올 것이다. 어차피 빨갱이들
과 미래를 나눌 수는 없지 않은가.

자유주의자의 비판은 도조 히데키나 김기춘의 확신에 더욱 강
력한 당위성을 불어넣어 줄 뿐이다. 불만족스러운 현실을 극복하
기 위한 과감한 선택은 정서적인 공감대를 일으키며 극도로 잔혹
한 선택마저 모조리 합리화할 수 있다.

'순진한' 위선자는 자신이 잘못된 것으로 간주하는 행동과 믿
음을 숨긴다. 그는 자신의 양심으로 인해 괴로워할 수도 있다. 그
런 이유로 그는 다른 사람들의 견책을 모면하기 위해, 뿐만 아니
라 자신의 유죄를 사면하기 위해 속임수를 쓴다. 새로운 위선자
는 고상하고 사심 없으며 이타적인 의도가 자신의 모든 행동의 결
과라고 간주함으로써, 자신의 양심을 조정할 뿐이다. 그는 자신의

양심에 유일한 교사이다.[109]

결국 중요한 것은 힘이다. 보편 윤리가 사라진 시대, 이념의 격전이 다양성이란 이름으로 용납된다. 도덕적 의무에서 벗어나 정치가들이 오롯이 권력을 목표로 할 때 '국민적 공감대'를 이루어내는 방식은 교과서적인 '시민들 간의 합의'가 될 수도 있겠지만, 특정 집단의 확신을 '힘으로 밀어붙여' 국민적 합의처럼 보이게 할 수도 있다. 그것이 얼마간 도덕적 불편함을 끼칠지언정 말이다.

위선과 속물근성의 관계는 아주 확연하다. 양쪽 모두가 뛰어남에 대한 거짓된 주장이고, 완전한 불성실의 표현이다. (…) 속물근성을 상당히 추억한 위선의 형태, 즉 사회적 허세로서 간주했다.[110]

주디스 슈클라는 잔혹함과 위선의 상관관계를 다시금 '속물근성'과 연결 짓는다. 잔혹함과 위선의 상관관계에 비해 속물근성은 구체적인 논리적 정합성을 띤다고 할 수 없겠지만 공교롭게도 숱한 역사적 현실, 문학작품들을 살펴보면 이것들은 묘하게 같은 자리를 맴돈다. 애초에 위선이란 도덕적으로 충분히 비어 있음을 의미할 것이고, 그 자리를 충분히 욕망으로 때우고 합리화할 수 있으니 말이다.

흔히 나이 든 학자들은 속물근성 체계의 일원으로서 젊은 학자들에게 굴욕감을 주는데, 그 속물적 체계는 희생자들이 자신들을 괴롭히는 사람들의 습성을 내면화하는 것처럼, 지적으로 압박할 뿐만 아니라 지속가능하다. 각 세대는 자신의 젊은 시절의 굴욕을 다음 세대에 전해주는 것을 너무나 열망하게 된다.[111]

위선과 속물근성은 결국 '괴롭힘'의 형식으로 사회에 해를 끼친다. 시간은 흐르기 마련이고 세대는 교체된다. 후배들은 언제나 선배들에게 일정 정도 순응하면서 승진이나 보상, 적절한 수준의 권리를 요구하는데 오랫동안 잔혹함과 위선 그리고 꺼릴 것 없는 속물근성을 쌓아온 노인네들은 마치 '굴욕감을 줄 권리를 가진 것'처럼 후배들을 대한다.

물론 가능하면 전투적으로 최후까지 자신들의 권리를 놓치지 않으려고 할 것이다. 조슈 군벌의 핍박과 황도파 청년 장교들의 도전을 모두 제압한 도조 히데키는 오랜 기간 위아래로부터의 도전에 승리하며 군인으로서 누릴 수 있는 모든 절정을 맛본다. 꼭 같은 수준의 영광은 아닐지라도 아버지 박정희 대통령, 딸 박근혜 대통령 아래에서 김기춘 역시 온갖 영화를 누리며 잔혹함과 위선 그리고 속물근성을 여지없이 드러낸다. 결국 악덕이란 일상적이듯, 거대한 권력 행위와 일상의 위세는 밀접히 붙어 있다.

한층 더 사악한 인물이 있는데, 그는 순수 배신자다. 이런 사람은 신뢰를 무너뜨림으로써 상처를 줄 수 있는 사람들에게 자신의 권력을 행사하기 위해서 배신하는 부류다. 가령, 아이에게 선물 또는 소풍을 약속하지만 막판에 그것을 철회하는 전제적인 아버지 또는 어머니, 일찌감치 인생을 방치하도록 주로 10대들을 나쁜 길로 유혹하는 숙달된 교사자, 돈벌이뿐만 아니라 재미 삼아 여성, 노인을 등쳐먹는 사기꾼 등이 그들이다. (…) 자신들의 목적 추구를 억제하지 않(는)(…) 배신자들[112]

김기춘의 인생은 도무지 규정짓기 어려운 측면이 있다. 검찰이나 의원실을 드나들었던 기자들 사이에서는 심지어 김기춘의 품격이나 성실함이 찬탄의 대상이 되기도 했다.[113] 하지만 성실하지 않은 악이 어디에 있을까.

옳고 그름을 떠나 김기춘이 쌓아간 '인생의 탑'은 출세와 영화, 시대성, 가치 등을 포괄한다. 그리고 그는 여든이라는 나이에, 자신과는 전혀 안 어울리는 시대에 자신의 원칙을 물리적으로 강요했다. 박정희 독재정권 시절에 20대와 30대를 보낸 인물이자, 1990년대 초반 이제 갓 대한민국의 민주주의가 본격화되는 시절에 생의 절정을 보낸 인물. 그랬던 그가 20년이 지난 시기에 이미 오래전에 경험한, 전혀 입증될 수 없으며 아마추어리즘이라고 이해하기에도 어려운 자신의 문화예술관으로 세상을 평가한다?

그가 아무리 성실한 노력으로 무언가를 한들 뻔한 결론일 수밖에 없다. 그랬기 때문에 그는 참으로 '순수한 배신자'가 되고 말았다. 소중한 사회적 약속을 망가뜨린 나쁜 아버지, 후배들의 입장과 의견은 아랑곳하지 않는 전제군주 같은 어머니. 어떻게 규정하건 그는 결국 '사회적 배신자'였다. 문제는 이야기가 여기서 끝나지 않는다는 것이다.

주디스 슈클라가 '악덕의 최종적인 결론'은 인간혐오라고 했듯이, 김기춘으로 인해 수많은 인간혐오 현상이 발생하고 말았으니 말이다.

2장

맹종하는
공무원:

관료는
왜 권력에
순응하는가?

악보다 더,
악을 충실하게

문화체육관광부 장관 김종덕, 문화체육관광부 장관 조윤선. 이들은 김기춘이 아니다. 이들은 박근혜의 아버지 박정희와 직접적인 인연도 없을뿐더러 유신체제에 참여하지도 않았고 격렬한 반공주의를 내면화한 저돌적인 돌격대도 아니었다. 한 명은 '정치와는 인연이 먼' 대학교수이고, 다른 한 명은 스스로의 길을 마련해온 '여성 정치인'이었다. 이들은 차례로 박근혜 정권에서 문화체육관광부 장관을 역임했다. 이들은 애초에 공모자가 아니고, 같은 신념을 공유하고 있지도 않으며, 지도자의 믿음을 잘 모르기까지 한다.

그리고 공무원들. 이들은 집단적으로 순응했다. 산하기관의 공무원 집단 전체가 지도자에게 복종했으며, 그 결과 어마어마한 규모의 위법 행위가 벌어졌다.

투영한 사람들 ─────────

문화체육관광부 장관 김종덕과 조윤선, 이들을 아돌프 히
틀러(Adolf Hitler)의 최측근 정치가이자 건축가인 알베르
트 슈페어(Albert Speer)와 비교해보자. 무명의 건축가로
서 돌파구가 없는 막막한 20대 후반에 아돌프 히틀러에게
선택된 슈페어는 자신의 모든 역량을 히틀러가 그리는 세
계에 그대로 투영했다. 그렇다면 김종덕과 조윤선은 언제
어떤 상황에서 대통령 박근혜를 만났을까. 이미 사회적 성
공을 거두었음에도 그들은 왜 그토록 충실하게 대통령 박
근혜의 의지를 추종했을까. 강요에 굴복한 것인가, 출세를
위해 과감하게 복종한 것인가? 아니며 그저 단순하게 적
당히 하면 문제가 없을 거라고 생각한 걸까?

히틀러의 블랙리스트 사업 그리고 슈페어

아버지가 말했다.

"···. 실제로 경험해보면 아주 다를 때가 많아. 먹을 게 충분할 때는 배고픔도 가난함도 그리 나빠 보이지 않는단다."

내가 따지고 들었다.

"저더러 배고프고 가난할까 봐 겁나서 여기서 나치가 되라고요?"

아버지가 말했다.

"아니, 그건 아니지. 아니야."

"제가 여기서 나치가 되지 않고 지방법원 판사라도 할 수 있겠어요?"

아버지가 말했다.

"아마 판사는 못 하겠지. 적어도 한동안은 못 할 거야. 그다음에는 어떨지··· 누가 말할 수 있겠니."

제바스티안 하프너(Sebastian Haffner)의 회고다.[1] 그는 1907년 독일에서 태어났고 법학을 공부해 법관이 되고자 했으나 히틀러가 이끄는 나치당이 독일을 장악하자 영국으로 이민을 떠난다. 어떤 의미에서 제바스티안 하프너는 사회부적응자였을지도 모른다.

1933년 히틀러와 나치당이 권력을 장악한다. 제1차 세계대전이 끝난 이후 독일에서는 강력한 정치 운동과 테러, 위협성 시위와 물리적 충돌이 끊임없이 이어졌지만 일단 권력을 장악한 히틀러와 나치당은 새로운 법률과 강력한 행정력으로 사회를 재조직하고자 한다. 당시 제바스티안 하프너가 연수생으로 일하고 있던 대법원 역시 당분간의 정치 혼란을 딛고 안정을 되찾는다.

물론 우리 부서 유대인 대법관은 보이지 않았다.[2]

법원의 원로였던 유대인 대법관은 간신히 해임은 면한 채 지방법원으로 좌천됐고 그 자리를 '젊은 금발의 지방법원 판사'가 채운다. 나치 친위대 출신이었기 때문에 단숨에 높은 자리로 뛰어오른 건데 그는 '팔을 쭉 뻗어 올려' 인사를 한다.

하일 히틀러![3]

사람들은 우물쭈물한다. 회의실에서 여유롭게 간식을 먹는 시간에도 평소와 달리 침묵만이 이어진다. 회의를 하다 보면 '새로 들어온 사람'들의 '근거가 빈약한' 주장이 먹히기 시작한다. 사법

시험에서 이런 주장을 폈다면 바로 탈락할 수준의 조잡한 법리해석인데 노老법관들은 어찌할 바를 모른 채 곤혹스러워한다. 새로 들어온 사람들의 뒤에 강력한 국가권력이 버티고 있다는 것은 자명한 사실이다. 만약 강하게 나섰다가는 '민족적 충정'을 의심받아 해임되고 말 것이다. 자칫하면 집단수용소로 끌려갈 수도 있다.

제바스티안 하프너를 비롯한 연수생들에게도 선택의 기로가 온 것이다. 기존의 법관들이야 그간의 행보를 통해 성향이 드러난 상태이니 특별하게 굴지 않는 한 어떻게 처분할지가 이미 정해졌을 테지만, 젊은 인재들은 히틀러와 나치당이 제시하는 비전에 동참할 것인가를 두고 고민에 빠질 수밖에 없는 상황이다. 연수생들은 법조계 거물들을 두고 갑론을박을 벌이며 자신들의 미래를 고민했다. '자칫' 집단수용소로 끌려갈 수도 있다는 두려움도 담겨 있었으리라.

어디 사법부만의 문제겠는가. 정당이 사라지기 시작했다. 좌파정당의 해산 이후 우파정당마저 사라졌다. 유명한 정치인 또는 정치 활동가들도 사라졌다. '체포될 때 자살했다', '도망치려다가 총에 맞았다' 등의 소문이 돌았고, 수십 명의 이름이 신문에 실리기도 했으며, 그중에는 '민족의 반역자'로 규정된 인물들도 있었다. 베를린에서 활동했고 브레히트(Bertolt Brecht)의 <서푼짜리 오페라(Die dreigroschenoper)>에서 폴리 역을 맡아 유명해진 여배우 카롤라 네어(Carola Neher)는 시민권을 박탈당했고, 연극계의 샛별로 떠올라 정치 영역에서도 활발히 활동했던 한스 오토(Hans Otto)는 체포 후 석연찮은 죽음을 맞았다.

서점과 도서관에서는 책이 사라지기 시작했고 출간이 예고된 책들의 발행이 미루어졌다. 어제까지만 해도 오랜 전통을 자랑하며 민주적이고 지성적인 신문이라 불리던 <베를리너 타게블라트(Berliner Tageblatt)>, <포시셰 차이퉁(Vossische Zeitung)> 같은 신문이 히틀러와 나치당의 기관지가 되어버렸다. <실천(Die Tat)>이라는 잡지 역시 그 '우아한 문체와 역사적 전망은 조금도 잃지 않은 채' 기관지가 됐다. 판형과 문장 스타일이 똑같고, 심지어 대부분 편집부원이 그대로인 신문사와 잡지사가 갑자기 변한 것이다.[4]

이 모든 상황이 불합리하다는 걸 인정하면서도 장기적인 관점에서 기회를 도모해보자는 아버지의 그럴싸한 회유를 거부하고, 제바스티안 하프너는 유대인 약혼자와 영국으로 이민한다. 망명자의 길에 오른 것이다.

그로부터 5년 후인 1938년. 또 다른 사람 빌리 호프마이스터(Billy Hofmeister)가 있다. 크로넨베르크 경찰서의 사복형사다. 나치당 소속이긴 했지만 나치가 지배하는 세상에서 공무원으로 연명한다는 건 딱히 별스러울 것도 없는 선택일지도 모른다. 더구나 3년 후에는 은퇴를 앞두고 있다. 그에게 명령이 내려왔다.

유대인 남성 가운데 18세부터 65세 사이에 해당하는 자를 즉시 '보호구금'에 처하라.

1938년 11월 10일 자정까지 크로넨베르크 경찰 형사과는 이 일을 처리해야 했다. 빌리 호프마이스터 형사반장은 '알파벳 F부터 M으로 시작하는 성을 가진 사람'들을 찾아내서 시청의 창고로 호송하는 임무를 맡았다. 확인서명을 했고 명단을 받아든 후 무기도 휴대하지 않은 상태로 일일이 동네를 걸어 다니면서 업무를 수행했다. 당시는 영장 없이 구속까지 가능했다.

"저를 찾아오신 거죠, 형사반장님."

"그래요, 마로비츠 씨, 이건 어디까지나 보호 목적으로…."

"충분히 이해합니다. 형사반장님. 그럼 가실까요?"

"그러죠. 당신만 괜찮으시다면…. 마로비츠 씨, 그나저나 담요와 먹을 것, 그리고 약간의 현금은 챙기셨습니까?"

"…."

"담요를 챙기시는 편이 좋을 겁니다. 하나쯤은요. 그리고 가능하다면 빵과 소시지나 다른 먹을 것도요. 마로비츠 씨, 잘 아시겠지만, 저는 그저…."

"말씀만으로도 감사합니다. 형사반장님…."[5]

빌리 호프마이스터에게 이 행동은 '유대인 탄압'이 아니라 '형사의 공무집행'이었다. 히틀러와 나치당이 세상을 지배하기 이전부터 독일은 체계적인 신원확인 체제가 있었으며, 단지 이때는 히틀러와 나치당이 명령을 내렸을 뿐이라는 말이다. 어차피 자신은 주어진 공무를 집행했을 뿐이다. 좋게 보면 무지했던 것이고 나쁘게 보면 방관자 정도였다고 할 수 있으리라.

　망명한 제바스티안 하프너, 순응한 빌리 호프마이스터. 수많은 당대 사람들 중 이들의 생각과 행동이 기억되는 것은 기록을 남겼기 때문일지도 모른다. 하지만 냉정히 따져봤을 때 이들의 삶은 히틀러와 나치당이 이끌던 시대와 꽤 큰 간극이 있다. 한 명은 탈출을 통해 무관한 삶을 살았고 한 명은 기껏해야 극히 부분적인 행정 행위에 가담했을 뿐이니 말이다. 개인에게야 뿌리 뽑을 수 없는 명백한 과거겠지만, 당대를 정면으로 응시하기에는 주변부의 이야기에 불과하다.

히틀러와 나치당의 지배

　제1차 세계대전 이후의 혼란, 그리고 패전국 독일의 혼란. 프랑스가 모든 수단을 동원해서 독일을 압박했고, 설상가상으로 1929년에는 세계적인 대공황이 일어난다. 한편에서는 새로운 대안이 등장한다. 자유주의와 사회주의가 대립하는 세계에서 국가사회주의가 등장한 것이다. 경제적 평등을 비롯한 긴급한 사회적 의제를 국가권력의 힘으로 해결해야 한다는 발상이다. 그들은 군복을 선호했고 전 유럽에 각종 이름의 국가사회주의 정당, 즉 파시즘 정당이 판을 치기 시작한다. 이탈리아의 무솔리니는 로마행군을 통해 기어코 나라를 집어삼켰고 이즈음에 이미 히틀러는 오스트리아에서 파시즘에 빠져든 상태였다. 여기에 유대인 혐오 사상과 게르만족 우월주의 같은 인종주의가 겹쳐지면서 나치즘이 등장한다. 유럽 전체가 거대한 위기를 향해 돌진 준비를 마친 상태.

독재는 언제나 구체적이다. 1925년 2월 27일, 히틀러는 1923년에 독일국가사회주의당(나치당)의 돌격대를 이끌고 폭동을 일으켰던 그 맥주홀에서 다시금 대중연설을 한다. 이때부터 그는 '개인적 충성'을 요구한다. 나치당의 또 다른 정치가였던 딘터(Artur Dinter)가 히틀러의 권한을 제한하려다 쫓겨났고, 이를 계기로 히틀러는 나치당 지도자들에게 사실상 무제한의 권위를 위임받는다.[6] 이후에도 히틀러는 독재권력을 위해 당내 투쟁을 계속한다.

히틀러가 당내에서 지도력을 확보할 무렵 나치당 역시 집권당으로 나아가는 본격적인 여정에 돌입한다. 투표를 통해 당당히 원내에 진출했는데 당시 독일, 바이마르공화국의 혼란상은 이들이 제1정당으로 성장하는 데 큰 밑거름이 된다. 1933년 선거에서 히틀러와 나치당은 44퍼센트를 득표하며 제1당이 된다. 바야흐로 히틀러와 나치당의 시대가 열린 것이다.

나치당은 일당 통치 체제를 확립하고, 국제연맹을 탈퇴했으며, 히틀러는 기존의 대통령과 총리의 역할을 통합하는 총통(Der Füher)이 된다. 상원이 사라졌고 주 의회의 조례 발의권도 없어졌다. 입법권은 '민족과 국가의 고통을 덜어주기 위한 법(Gesetz zur Behebung der Not von Volk und Reich)', 즉 수권법에 따라 의회에서 정부로 옮겨진다. 수차례 치러진 국민투표에서는 수백만 표의 무효와 기권이 나왔음에도 매번 80퍼센트 이상의 유권자가 참여하여 90퍼센트 이상의 압도적인 찬성표를 던진다. 심지어 1936년 이후에는 아무런 표시가 없는 기표 용지는 히틀러와 나치당을 찬성하는 표로 계산했고, 1938년에는 오스트리아 병합 승인 문제를

두고 반대할 사람만 투표장에 들어갈 것을 요구하기도 했다.[7]

총통 히틀러의 통치는 문자 그대로 '자의적'이다. 처음에는 내각회의에 자주 빠지기 시작하더니 나중에는 소수 각료만의 회의에도 모습을 드러내지 않는다. 자신의 공식 집무실에서 한두 명씩 따로 만나거나 바이에른의 산장에서 식사를 하면서 일을 의논했고, 1936년 이후부터는 대부분 비공식 회의에서 일을 처리한다. 히틀러는 남의 말을 주의 깊게 듣는 습관이 없었고 '갑자기 관심이 가는 주제가 나오면 대화에 몰입'하면서 자신이 하고 싶은 이야기를 끝까지 하는 스타일이었다고 한다.[8]

이런 식이다 보니 자연스럽게 '측근들'에게 힘이 실리기 시작한다. 한때 공식적으로 히틀러의 후계자가 됐던 헤르만 괴링(Hermann Wilhelm Göring)은 정무장관, 항공장관, 독일 공군 최고사령관을 역임한다. 하인리히 힘러(Heinrich Luitpold Himmler)는 경찰은 물론 나치의 보안기구와 친위대를 이끈 인물로, '독일 종족 보호를 위한 특별 위원'이 된 1939년 이후에는 유대인 학살의 집행자 역할을 한다. 제국국민계몽 선전장관 요제프 괴벨스(Paul Joseph Goebbels)는 제국 총력전 전권위원이 되는 등 주로 대중 선동에서 크게 두각을 보인 인물이다.

이들은 제2차 세계대전 이후 독일이 패망의 길에 접어들면서 자살로 생을 마감한다. 물론 사정은 저마다 달랐다. 헤르만 괴링은 뉘른베르크 대재판에서 사형선고를 받은 이후 처형을 피하려고, 하인리히 힘러는 영국군에게 체포된 이후, 요제프 괴벨스는 히틀러 및 그의 가족과 함께 현장에서 자살했다. 죽음의 이유와 과정은 다르더라도 히틀러와 나치당이 이끄는 독일이 붕괴한 자리에서는 자살 외에는 특별한 수단이 없었을 만큼 '측근들'은 히틀러 체제 그 자체였던 것이다.[9]

　　베를린은 언젠가 세계의 수도가 될 것이다.[10]

　히틀러는 보다 크고 높고 아름다운 꿈을 꾼다. 자신의 이상이 구현되는 현실, 그것은 비단 정책을 통해 기존의 독일 사회가 바뀌어가는 것만을 의미하지 않는다. 거대한 상징, 그러니까 히틀러와 나치당이 추구하는 거대한 이상을 단번에 알아볼 정도의 거대한 건축물이 있어야만 했다. 그러기 위해서는 성 베드로 대성당보다 일곱 배나 더 큰 돔, 20만 명을 수용할 수 있는 '민족회관'이 필요하다. 물론 건물 하나로 해결될 성질이 아니다. 수도 베를린의 도시 구조 자체를 바꾸어야 하는 거대한 사업을 해야 한다. 한때는 베를린을 버리고 메클렌부르크에서 완전히 새로운 도시를 설계하려고 했지만 베를린 재조직 사업으로 방향을 잡았다.
　전 유럽에서 가장 웅대하고 가장 거대한 민족회관이 있어야 한다. 너비가 120미터인 도로에 세계 최대 규모의 개선문을 세우고, 그곳에 177미터의 거대한 화강암 벽을 만든 다음에, 제1차 세계대전에서 전사한 독일인 무려 1,800만 명의 이름을 새길 부대시설과 함께 말이다. 둥근 천장은 지름이 250미터이고 높이가 74미터에 이르는 가공할 규모의 민족회관이어야 한다. 중세의 고딕 성당이 그렇듯 서기 2000년이 될 때까지 오랫동안 건설해야 할

것이며 앞으로도 수백 년간 서 있어야 할 거대한 사업의 서막이 시작됐을 뿐이다.[11]

히틀러는 뚜렷한 미적 취향을 가졌다. 기존에 사용하던 총리 공관은 '비누회사'에나 어울릴 법한 건축물이라며 모더니즘적인 건축에 대한 혐오를 드러내기도 했다. 유리와 콘크리트만 사용된, 기능성만 고려한 건물은 그에게는 끔찍한 상상력의 결과로 보였다. 모더니즘 건축의 상징이라고 할 수 있는 바우하우스는 나치의 정보기관 게슈타포에 의해 폐쇄됐고, 히틀러는 매우 '유기적인 공동체 개념'이 들어간 새로운 미학을 지닌 도시를 만들고 싶어 했다. 현대적인 기술이지만 고전적인 형식이 들어가 새로우면서도 예스러운 멋이 나고, 아름다우면서도 나치의 이상이 듬뿍 들어간 새로운 도시. 도시와 농촌이 유기적으로 연결되어 있어야 하며 되도록 한 군락 안에 도시와 농촌의 요소가 섞여야만 하는데 대강 2만 명 이상의 인구가 집중되어 있고 마을마다 공원과 숲이 아름답게 어우러진 공간.[12]

1937년 히틀러는 베를린 재건을 명령했고 미래의 모범도시로 17개 도시를 더 지으라고 명령한다. 뮌헨, 린츠, 함부르크, 뉘른베르크, 볼프스부르크 등은 전원 공업 도시가 되어야 했다. 뮌헨에서는 철도역사의 천장이 민족회관보다 더 크게 설계됐고, 볼프스부르크는 자동차 150만 대를 생산하는 모범노동자 도시로 정해졌다. 그 밖에 나머지 12개 도시는 '대관구(Gau) 수도'가 된다. 아우크스부르크, 바이로이트, 브레슬라우, 드레스덴, 뒤셀도르프, 쾰른, 뮌스터, 슈테틴, 바이마르, 뷔르츠부르크 그리고 그라츠와 잘

츠부르크(마지막 두 도시는 1938년 오스트리아를 병합하며 획득한 곳이다).
각각의 도시는 '로마 제국 스타일'을 갖추어야 한다. 고대 로마는
중앙에 '포룸(forum)'이라고 불리는 광장이 있었고, 이를 각종 공공
건물과 주랑이 둘러쌌으며, 포럼을 중심으로 넓은 대로가 도시를
관통하며 뻗어 나가는 구조였다. 각 도시에는 물론 거대한 회당,
민족회관 또한 있어야 한다. 베를린은 20만 명, 드레스덴은 4만
명, 바이마르는 1만 5,000명을 수용하는 회당을 구비해야 한다.
광장의 수용 능력 또한 엄청나야 하며 베를린은 50만 명, 드레스
덴은 30만 명, 바이마르는 6만 명 식으로 질서정연하게 재조직되
어야만 한다.

어디 그뿐인가. 마을의 구조도 확 바꾸어야 한다. 건물은 단층
주택으로, 농가는 예전 독일의 전통 양식으로 지어야 한다. 그래
야 '흙과 함께' 지낸다는 느낌과 더불어 '공동체 의식'을 불어넣을
수 있기 때문이다.[13]

실현 가능한 계획이 아니었다. 기껏해야 집권한 지 수년 차.
초기에 강력한 통치 전략으로 경제적 혼돈에 빠진 독일 사회에
극적인 안정을 가져왔다고는 하지만 여러 문제가 잠복하고 있었
고, 무엇보다 주변 지역을 파괴적으로 장악하는 과정에서 전쟁
위협이 점증하고 있었다. 하지만 거대한 도시를 계획하는 데 예
산이 무한정, 장기적으로 배정된다. 부지 정리를 비롯한 도시 정
비 사업은 강제수용소에 끌려온 사람들을 동원하면 될 것이고 이
사업을 위해 필요하다면 일정 정도의 사유재단은 국고로 환수할
수도 있을 것이다. 또한 새롭게 건설될 도시로 인하여 생길 투자

이익 또한 재건설 비용으로 충당하면 된다. 불가능한 계획을 구상하고 불가능한 실행 방식을 그럴싸하게 주장하는 모양새다.

히틀러의 구상은 여기서 멈추지 않는다. 이른바 '동부 생활권' 구축.[14] 오스트리아와 체코 같은 동유럽을 넘어 남부 러시아, 우크라이나로 이어지는 지역까지 광범위한 유토피아를 만들겠다는 발상이다. 당연히 전쟁과 침략, 학살과 지배가 따라야만 가능한 일이니 이쯤 되면 과대망상증이라 불러도 무방할 정도다. 무한정한 재원도 없을 뿐더러, 지표면은 평평하고 동일한 땅덩어리가 아니며, 17세기 산업혁명 이후의 세계는 극도의 이동성과 효율성을 추구하는데 어떻게 이런 식의 고착화된 도시를 설계할 수 있단 말인가. 더욱이 전쟁은 모든 확실성을 불확실하게 만드는 작용을 한다. 그런데도 그들의 계획 속에서 전쟁은 목표를 이루는 구체적인 수단에 불과하다. 최소한의 현실성조차 갖추지 못한 것이다. 대체 왜 이런 꿈을 꾼단 말인가.

히틀러판 문화예술계 블랙리스트

결국 히틀러식 건설 사업은 극히 일부의 성과만을 이룬 채 대부분 상상으로 끝나고 만다. 하지만 건설은 어려워도 파괴는 쉬운 법. 그들은 파괴에서만큼은 탁월했다. 숱한 영역에서 거의 모든 것을 새롭게 재조직하고 싶었던 히틀러와 나치당의 역량은 무엇보다 문화예술계에서 강력한 위력을 발휘한다.

예술은 민족적 삶의 작용이다.[15]

예술은 사회주의 리얼리즘처럼 보다 '영웅적이고 낭만적'인 그 무엇인가여야만 한다는 요제프 괴벨스의 주장이다. 영웅적인 것이 무엇이며, 낭만적인 것이 무엇이란 말인가. 이에 대한 예술사적인 개념 규정은 중요하지 않다. 오직 히틀러와 나치당이 생각하는 것에 충족할 때 그것이 곧 '영웅적이고 낭만적'이며, '민족적이며' 가치 있는 문화예술인 것이다.

1937년 독일 예술 전시회를 위해 히틀러와 나치당은 많은 노력을 기울인다. 미술원장 아돌프 치글러(Adolf Ziegler)가 이끄는 심사단이 1만 5,000점의 출품작 중 900여 점의 회화와 조각을 선택했다. 히틀러가 직접 최종 승인 여부를 결정했는데, 일부 작품은 지나치게 모더니즘적이었기 때문에 그를 격분하게 했고 결국 884점이 전시된다. 60만여 명의 독일인이 이 전시회를 보기 위해 참가했다.[16]

위대한 독일 예술(Grosse deutsche Kunstausstellung), 독일 예술의 날(Tag der deutschen Kunst) 등 히틀러와 나치당은 매우 적극적으로 문화예술 사업을 벌였으며 동시에 본격적으로 '문화투쟁'을 도모한다. 집권 이전부터 '게르만의 본질'을 지키기 위해, 독일 사회의 '문화적 퇴폐'와 싸우기 위해 독일문화투쟁동맹을 설립(1928. 5)했으며, 권력을 잡은 이후에는 사실상 모든 문화예술을 일일이 평가하기 시작한다. 당시의 각종 문화예술 장르가 '민족에게 적대적'이라는 평가를 받았고, 특히 표현주의(expressionism) 작품은 '인간 이하', '외국인', '흑인종', '반백치' 같은 온갖 인종학적 모욕으로 점철됐으며 대부분 '퇴폐적'이라는 비판을 받았다. 표준에 부합하지 않으면 간단하게 '문화-볼셰비즘'이라고 규정했으며, 이를 비판하기 위해 '퇴폐 미술 전시회'를 몇 년 동안이나 열었다.

현대 미술은 단지 퇴폐적이다.
미술의 타락은 이전의 잘못된 정치체제 때문이다.

퇴폐 미술 전시회는 요제프 괴벨스가 기획한 것이다. 우선 전국적으로 1만 6,000점에 달하는 그림, 회화, 조각을 몰수해서 그중 650점만을 전시품으로 선정하는데 딕스(Otto Dix), 그로스(George Grosz), 키르히너(Ernst Ludwig Kirchner), 베크만(Max Beckmann), 코코슈카(Oskar Kokoschka), 콜비츠(Kathe Kollwitz), 샤갈(Marc Chagall), 칸딘스키(Wassily Kandinsky) 같은 당대를 대표하는 작가들의 작품이 포함됐다.

여하간 이런 식으로 몰수되고 자의적으로 선정된 작품을 가지고 '퇴폐 미술 전시회'를 열었는데, 작품 옆에 붉은 딱지를 붙이고 '노동하는 독일 국민의 세금으로 구매함'이라는 문구까지 달았다. 전시 작품들의 분류 역시 자의적으로 이뤄졌으며 '무례하게 신을 조롱함', '유대인 영혼의 폭로', '병든 정신에 바치는 자연' 같이 분류 기준 자체가 매우 모욕적이었다. 더구나 이 작품들이 얼마나 쓸모없는가를 보여주기 위해 정신병자들이 그린 그림 같은 것을 뒤섞어서 전시를 했다. 1937년 7월에 개장된 이 전시회를 미술원장 아돌프 치글러는 '광기, 경솔, 부조리, 완전한 타락'으로 불렀고, 뮌헨에서만 200만 명 이상이 몰려들면서 큰 성공을 거둔다.

전시회는 지방 순회를 거치면서 100만 명 이상을 더 끌어모은다. 이런 식의 모욕적인 전시회는 음악 전시회로도 발전하는데, 주로 유대인이 만든 현대 음악, 흑인이 만든 재즈 음악을 비판하는 장이었다.[17]

읽어도 되는 것
읽으면 안 되는 것

문학작품은 단지 두 가지로 나뉘었으며 후자는 당연히 금서로 지정된다. 요제프 괴벨스는 볼프강 헤르만(Wolfgang Herrmann)에게 문학계 블랙리스트 작성을 명령했고, 대학과 고등학교에 금서 목록이 배포된다. 독일학생회(Deutsche Studentenschaft)의 학생 활동가들은 1933년 4월 12일에서 5월 10일까지 4주간의 문화 청소 프로그램을 선언하고 실제로 금서를 모아 대량 소각하는 행사를 치르기도 한다. 대학교 도서관과 서점에서 책이 약탈당했는데 교수들의 저항으로 말릴 수 있는 상황이 아니었다. 베를린, 뮌헨, 브레슬라우, 프랑크푸르트, 드레스덴에서는 금서를 태우는 거대한 화염이 피어올랐으며 학생, 대학 직원, 나치 돌격대원들은 앞다투어 책들을 들고 와서 불길을 더욱 뜨겁게 지폈다. 다음 해인 1934년 초반에는 1,000종의 신문이 폐간됐고 모든 출판물은 제국 문화원이나 나치당 심사위원회로부터 조사를 받게 된다. 뮌헨에 있던 당 본부에는 금지 목록만 정리한 거대한 장서관이 마련됐고 지방에서는 모든 연극, 연주회, 전시회가 감시당했다.

영화도 매한가지였다. 영화를 찍을 때는 승인을 받아야 했으며 촬영하는 날마다 감시를 받았다. 이 과정을 통해 만들어진 영화는 요제프 괴벨스가 모두 봤고, 히틀러가 직접 본 영화도 상당수였다.[18]

그리고 검열도 갈수록 본격화됐다. 히틀러와 나치당이 권력을 잡은 1933년부터 문화예술 분야에 대해 조직적인 감시가 시작됐으며, 1934년 이후부터는 사실상 모든 문화예술 장르가 통제 대상이 된다. 히틀러와 나치당은 단 1년 만에 모든 문화예술 분야를 거머쥐었고, 1930년대 후반이 되면 결국 그들이 원하는 문화만 재생산되는 구조로 바뀐다. 물론 이런 일이 가능했던 건 1920년대 후반부터 이미 그들 나름대로 입장과 조직을 구축했기 때문일 것이다.

이후에는 문화예술에 대한 태도가 매우 '순수'해진다. 예컨대 정기 간행물은 오직 문화예술계의 단순한 '소식'이나 편안한 '감상'만을 실을 수 있었다. 이른바 비판적 평가는 히틀러와 같은 사고를 하는 사람들에게만 허용된 '신성한' 사고방식이 된다.

그리고 문화예술인에게 구체적으로 '충성'을 확인하는 단계로 나아간다.

정부가 주도하는 '민족문화 프로그램'을 위해 일할 준비가 되어 있는가?

프로이센 예술아카데미 원장 명의로 회원들에게 보낸 편지다.

답은 오직 '예'와 '아니요' 중에서 하나를 골라야만 했다. 토마스 만(Thomas Mann), 알프레트 되블린(Alfred Döblin), 아르놀트 쇤베르크(Arnold Schönberg) 등은 이를 거부해 곧장 축출된다.

유대인은 게르만다움의 해석자가 될 수 없다.[19]

관현악단, 극장, 오페라하우스, 미술관 등에서 일하는 유대인 공무원은 대부분 면직됐다. 국가에 등록된 문화예술인의 혈통을 면밀하게 조사하여 1938년 기준으로 음악가 2,310명, 미술가 1,657명, 작가 1,303명, 영화와 연극계 1,285명을 추방한다. 단, 이 과정을 마냥 인종주의로만 해석하면 곤란하다. 히틀러와 나치당이 강력한 인종주의를 표방한 것은 사실이지만 본인들의 취향에 맞지 않는 것을 '유대인적인 것'으로 몰아서 처리한 것들도 많았기 때문이다.

그리고 나니 반대급부 현상도 발생하기 시작한다. 무성영화 시절의 스타이자 유성영화로 넘어오면서도 살아남은 당대의 여배우 예니 유고(Jenny Jugo), <반역자>에 출연한 루이제 울리히(Luise Ulirich), 무용가인 회프너(Höpfner) 자매, 이레네 폰 마이엔도르프(Irene von Meyendorff), 막스 슈멜링(Max Schmeling) 등은 선전장관 요제프 괴벨스와 친밀한 인맥을 형성한다. 요제프 괴벨스는 직접 '영화계 인사들'에게 작업 지침을 제시했고 본인이 높이 평가하는 배우들의 명단을 작성했다. 그중에는 헤니 포르텐(Henny Porten), 릴 다고퍼(Lil Dagover), 오토 게뷔르(Otto Gebühr) 같이 히틀러가 좋아하는 배우들도 있었다. 권력과 문화예술계가 유착 단계에 들어서바, 이쯤 되면 요제프 괴벨스의 '성적 욕구'에 봉사하는 신인 여배우들과 이를 조용히 처리하고자 하는 영화감독 등의 이름이 쉬쉬하며 오르내리지 않았겠는가.[20]

국가는 검열 시스템을 확립했고 동시에 평점 시스템을 도입하며 체계적으로 문화예술계를 통제한다. 평점 1점마다 4퍼센트의 세금 감면 혜택을 주면서 제작사의 재정에 직접 영향을 끼쳤다. 당연히 '면세 대상 특별 상여금', '국가 배우' 등의 각종 혜택을 통해 매우 충직한 문화예술인들을 양성하고자 했다. 감독과 배우를 체계적으로 포섭했고 풍족한 급료는 물론 스타까지 만들어주는 구조였으니 수많은 사람이 배제되는 만큼 수많은 사람이 포섭되는 모양새였다. 동전의 양면처럼 블랙리스트와 화이트리스트가 만들어진 것이다.

체육 분야 역시 마찬가지였다. 1936년 베를린 올림픽 기간에 정부는 보도지침을 내려 유대인 핍박의 흔적을 지웠고 당대의 펜싱 스타이자 유대계 독일인이었던 헬레네 마이어(Helene Mayer)를 올림픽팀에 끌어들이기도 한다. 올림픽 내내 독일 민족을 '평화 애호 민족'으로 홍보하고자 했는데 그리스 아테네에서 채화된 성화를 릴레이 형식으로 스타디움까지 운반하는 퍼포먼스가 이때 처음 시도됐다.[21] 이 기간에 <믿음의 승리>, <의지의 승리> 같은 다큐멘터리를 만들어서 세계적으로 인정받기도 했으니 꽤 대단한 성공을 거둔 것이다.[22]

당시의 독일 영화에는 일종의 공식이 나타난다. 독일 병사와 사랑에 빠진 프랑스 여자가 결국은 사랑과 민족 중에 민족을 선택한다든지, 유대인이나 외국인의 유혹에 넘어간 독일 여성은 모두 죽는다는 식으로 말이다.

국가가 문화예술을 장악한다고 해서 그것이 곧장 문화예술계의 죽음을 의미하지는 않는다. 오히려 국가가 내민 손을 잡은 사람들이 때에 따라 굵직한 성과를 일구어내기도 한다. 히틀러와 나치당을 바라보는 불안불안한 국제적 시선은 정작 아주 작은 노력들에 감동할 뿐이었다. 주체성을 지키고자 했던 인물들의 파멸은 기실 끔찍한 것이었지만, 어디까지나 개인적인 문제로 치부될 수 있을 만큼 국가권력은 강고했으니 말이다.

알베르트 슈페어, 어마어마한 성공을 거두다

수년간의 절망스러운 노력 끝에 나는 뭔가를 미친 듯이 이루고 싶었고, 스물여덟 살의 나이였다. 위대한 건물을 지어달라는 의뢰를 받는다면, 파우스트처럼 영혼이라도 팔았을 것이다.[23]

애초에 인생은 미시적이다. 역사책이라는 것은 결국 제3자의 시점에서 사건이 미치는 사회적 파급력을 기준으로 이야기를 서술할 수밖에 없다. 하지만 현실은 이와 정반대다. 결국 사건은 추상적이고, 눈에 보이는 것은 개인들뿐이다. 각자는 저마다의 입장에서 가까이서든 멀리서든 사회적 여파를 체험하며, 때에 따라 피해를 입을 수도 있고 어마어마한 성공을 누릴 수도 있다.

'히틀러의 건축가'로 불렸던 인물 알베르트 슈페어. 37세의 젊은 나이에 군수장관에 임명될 정도로 히틀러의 총애를 받았고, 제2차 세계대전에서 패배한 이후에는 자신의 죄를 솔직히 인정하는 태도를 보여 A급 전범 중에 유일하게 사형을 면한다. 이후 두꺼운 회고록을 펴내 나치 시대에 대한 구체적인 기억을 세상에 공개했는데, 그로 인해 '세상에서 가장 긴 변명문을 썼다'는 식의 비아냥에 시달리기도 했다. 아마도 히틀러 입장에서 본다면 가장 잔혹한 배신자일지도 모르겠다.

사실상 알베르트 슈페어는 히틀러와 나치당을 만나기 전까지는 무명에 가까운 건축가였고 생계를 걱정할 만큼 뻔한 어려움을 겪던 바이마르공화국의 평범한 인물이었다. 1932년 초, 히틀러와 나치당이 집권하기 직전에는 프로이센주의 긴축 재정 탓에 월급이 깎였기 때문에 대학 조교 일을 관둘 수밖에 없었다.

'독립된 건축가'로서 내가 할 수 있는 일을 설명하는 편지를 셀 수 없이 쓰면서 스물여섯 살짜리 건축학도에게 일을 맡겨주기를 헛되이 기다렸다. (⋯) 대회에 참가해서 사람들의 관심을 조금이나마 모으려고 했지만, 나는 3등 안에 입상하지 못했고 (⋯)[24]

이 시기 그는 나치당의 당원이 됐고 막연하게나마 '히틀러의 승리'를 위해 무언가를 하고자 한다. 그리고 이전에 알고 지내던 나치 당원이자 제분업자였던 카를 한케(Karl Hanke)를 통해 우연한 기회에 요제프 괴벨스를 만난다. 그리고 사실상 무보수로 지역본부를 개조하는 일에 참여했고, 이때 처음으로 슬쩍 히틀러를 만난다. 얼마 후 카를 한케가 요제프 괴벨스의 장관 비서직에 오르자 슈페어가 장관 관저를 개조하는 작업을 맡게 된다. 짧은 기한 내에 만족스러운 결과물을 내놓으면서 이후 요제프 괴벨스는 중요한 작업에 그를 본격적으로 끌어들인다.

1933년 나치당의 첫 전당대회에서 알베르트 슈페어는 현수막 대신 거대한 독수리 장식을 제안한다.

좋아![25]

총리 히틀러가 직접, 짧게 허락한다.

오, 그랬군. 그럼 자네가 뉘른베르크 행사도 맡은 건가? (…) 그게 자네였구만! 나는 자네가 괴벨스의 집을 약속 날짜에 완성하리라고는 생각지도 못했었지.

알베르트 슈페어의 입장에서야 순간순간이 가슴 뛰는 기억이었겠지만, 히틀러가 그를 인지한 것은 조금 뒤이다. 히틀러는 꽤 오랫동안 '나의 건설 계획을 맡길 만한 건축가'를 찾고 있었고 그즈음 알베르트 슈페어가 중요한 작업을 본격적으로 담당했기 때문에 둘의 관계는 급속도로 가까워진다.

적어도 회고록에서 보이는 알베르트 슈페어는 마냥 출세에 굶

주린 무자비한 승냥이는 아니다. 그가 보기에 나치당은 어느 순간부터 자기 책임과 토론을 상실한 집단이 돼버리고 말았다.[26] 같은 생각을 하는 사람들이 모여 같은 주장을 하는 판국이니 당연한 결과 아니겠는가.

공적인 지도자 히틀러와 사적인 인간 히틀러 사이에서 보이는 큰 차이에 대한 회의감이 회고록 곳곳에서 발견된다. 헤르만 괴링이 히틀러에게 허락을 받고 자신의 사저 개조를 위해 끌고 가는 장면에서는 점잖게 역겨움을 표시하기도 한다.

> 나의 의사는 묻지도 않은 채 자신의 리무진에 나를 태워 전리품인 양 운반했다.[27]

그럼 뭐하는가. 그는 이내 히틀러와 같은 풍으로 집을 개조해달라면서 돈 따위는 신경 쓰지 말라는 헤르만 괴링(Hermann Göring)의 요구를 '멋진 임무'라고 느낀다. 그리고 당시에는 귀했던 청동을 사용해 창틀을 만드는 등 멋지게 임무를 수행하여 괴링에게 기쁨을 준다. 헤르만 괴링은 알베르트 슈페어를 만나러 올 때마다 '마치 생일을 맞은 아이처럼 미소를 짓거나 손을 비비며 큰 소리로 웃기도' 했으니 말이다.

히틀러가 직접 '나의 건축가'라고 공인한 이후 알베르트 슈페어는 히틀러와 동행할 일이 많아진다. 오픈카를 타고 돌아다니다 보면 군중이 몰려들었고 '히틀러의 바로 뒷자리에 앉아' 있던 그는 짜릿함을 느꼈을 것이다.

히틀러를 숭배했다.

히틀러가 가는 곳이면 어디든 따를 준비가 되어 있었다.[28]

이 무렵 치명적인 도덕적 위기도 찾아온다. 어차피 사람은 충분히 자기 합리화를 할 수 있는 존재다. 하지만 가장 어려운 부분은 '우리끼리'라는 관계에서 벌어지는 문제다. 1934년 에른스트 룀(Ernst Julius Röhm)과 부하들이 숙청된 것이다. 이른바 '장검의 밤(Nacht der Langen Messer)'으로 불리는, 히틀러가 권력을 완벽하게 독점하기 위해 에른스트 룀과 나치 돌격대를 제거한 사건이다. 일당을 급습한 후 체포했고 재판도 없이 제거했다. 이 사건은 다른 사건과는 차원이 다르다. 에른스트 룀과 돌격대는 그저 그런 나치의 추종자들이 아니다. 숱한 정치적 위기에 맞서 싸우며 주도적이고 능동적으로 나치즘을 구현한 세력이다. 하지만 히틀러와 나치당이 정권을 잡은 후에도 그들에게는 아무것도 주지 않았고 불만을 무마하고자 잔혹한 숙청을 감행한 것이다.

다들 '양심을 누그러뜨렸'고 '진압작전을 정당화'하려 했으며 '변명거리'를 만들기 위해 새로운 일로 분주해졌다. 히틀러는 알베르트 슈페어에게 '보르지히 궁'의 개조를 명령한다. 히틀러는 애초에 까다로운 인물로 설계도를 두고 일일이 간섭하는 성격인데 알베르트 슈페어만큼은 예외로 한다. 능력을 높이 샀고 '자신과 같은' 수준의 건축가로 인정했기 때문에 건축 과정에 일절 개입하지 않았다. 어디 그뿐인가. 당 제복을 손수 챙겨줬고, 그에게 높은 관직을 준 이후에는 당내 서열이 높아진 만큼 특별한 공식

행사에도 초청했다.

　물론 알베르트 슈페어는 적절한 시기에 재능을 십분 발휘한다. 1934년에는 뉘른베르크 체펠린 광장에서의 전당대회 행사를 밤에 개최할 것을 제안하고, 지역 지도자들을 위한 수천 개의 깃발을 준비한다. 참가자들이 10개의 그룹으로 나뉘어서 행진하는데 깃발 꼭대기에는 거대한 독수리를 세우고 조명을 통해 수천 개의 깃발을 환하게 비추는 구조다. 그러려면 방공 탐조등이 필요하다! 슈페어는 하늘 위 몇 킬로미터를 밝게 비출 수 있는 방공 탐조등을 직접 히틀러에게 요청한다.[29]

빛의 성전

　어두운 밤은 지역 지도자들의 남루한 모양새를 감춰주었고 하늘을 향해 쏜 빛은 고대 그리스·로마의 장엄한 기둥과 같은 모습을 연출했으며, 그 사이를 가로지르는 독수리 장식과 수천의 깃발은 압도적인 감동을 불러일으켰다. 슈페어는 스스로 '최초의 조명 건축'이라 지칭했고 행사는 엄청난 성공을 거둔다.

　그는 더 과감한 건축 계획을 감행한다. 40만 석 규모의 뉘른베르크 스타디움, 명예의 뜰과 모자이크 홀 그리고 대리석 갤러리 등이 갖춰진 새 총통청사, 베를린 중심부 개조 계획 등 히틀러와 슈페어의 동행은 남아 있는 사진 자료를 통해서 쉽게 확인할 수 있다.

그런데 슈페어, 다음 달에는 탱크를 몇 대나 인도할 수 있나?[30]

1943년경 군수장관이 된 알베르트 슈페어에게 총통 아돌프 히틀러가 한 얘기다. 그는 정말로 양심의 가책을 적당히 합리화하면서 자기 일에만 집중했던 인물일까?

그렇지 않다. 1942년, 제2차 세계대전이 한창이던 시절에 알베르트 슈페어는 군수장관이 되어 전쟁의 한 축을 담당한다. 방대한 분량의 회고록을 보더라도 젊은 시절 성공한 건축가가 되려고 노력하던 시절, 처음으로 기회를 얻은 이후 차곡차곡 건축가의 재능을 발휘하던 이야기는 3분의 1밖에 안 된다.

그는 나치에 의해 선택됐고 전쟁은 잔혹한 형태로 진행됐다. 동유럽에서 서유럽으로, 그리고 소련으로. 프랑스에서는 레지스탕스와 싸워야 했고, 영국과의 지독한 공중전이 계속됐으며, 레닌그라드와 스탈린그라드에서의 격전은 결국 독일을 회복 불능의 수렁에 빠뜨렸다. 미국이 아프리카와 시칠리아섬을 거쳐 무솔리니의 이탈리아를 점령할 즈음 독일 내에서는 처절한 물자 부족 가운데 오히려 더욱 강력한 형태의 유대인 숙청이 집행되고 있었다. 당시 찍힌 수많은 사진에는 총통 옆에 군수장관이 서 있었으며, 이는 그가 원했건 원하지 않았건 전쟁부터 홀로코스트까지 인류 역사의 가장 극단적인 이야기에 모두 개입했음을 의미한다.

직접 손에 피를 묻혔는가 묻히지 않았는가는 중요하지 않다. 물자를 책임진다는 것은 곧 시스템 전체를 뒷받침한다는 것이다. 심리적으로 적극적이었든 소극적이었든, 양심의 가책을 가졌든

안 가졌든, 그리고 패전 후 판결에서 용서를 받았든 받지 않았든 간에 알베르트 슈페어는 그때 그 시절 잔혹한 전쟁범죄의 책임에서 벗어날 도리가 없다.

히틀러의 시대를 둘러싼 해석은 극히 다양한데도 몇 가지 강렬한 주제에 편중되어 있다. 히틀러 개인 또는 괴벨스를 비롯한 나치 시대 인물들의 광기, 유대인에 대한 강렬한 증오와 집요한 박해, 그리고 패배 이후의 철저한 반성 등이다. 제2차 세계대전의 발발과 유대인 홀로코스트라는 어마어마한 충격이 온 세계를 관통했기 때문에 이는 자연스러운 반응일지도 모른다.

히틀러와 나치의 시대를 살아간 사람들을 바라보는 관점은 어떤 의미에서 보다 강고하다. 자신들의 경제적 어려움을 정치적 극단주의로 풀고자 했던 대중 심리에 대한 보고, 또는 철학자 한나 아렌트(Hannah Arendt)가 나치 관료 아이히만(Adolf Eichmann)을 분석하면서 주창한 '악의 평범성'에 관한 연구,[31] 그것도 아니면 안네 프랑크(Anne Frank)로 상징되는 피해자들의 기억 등이다.

다수 대중을 분석할 때는 주로 무관심, 무책임함, 대중심리, 방관자적 성격 등이 강조된다. 다시 말해 대다수의 사람은 어떤 일이 터질지를 생각하지 않은 상태에서 쉽게 쉽게 선택을 했고, 그러한 파편들이 모여 거대한 지옥을 만들어냈다는 것이다.

헤르만 괴링, 하인리히 힘러, 요제프 괴벨스 그리고 알베르트 슈페어 같은 히틀러 시대의 관료들을 두고 이야기가 벌어지면 의견이 더욱 극단적으로 나뉜다. 히틀러를 두고 온갖 기상천외한 주장이 있듯, 유대인 학살을 주도한 하인리히 힘러는 '악의 화신' 정도로 취급을 받는다.

유대 민족에 관해 이야기할 것이다. 말로는 쉬운 일이다. 당원들이 너도나도 이렇게 말한다. (…) "유대인을 제거하여 멸종시키는 것쯤이야, 뭐 대수로운 일도 아니지."

(…) 현장에서 직접 보며 견뎌본 적이 없는 사람은 이 과업의 의미를 모른다. (…) 100구나 500구 또는 1,000구의 시체가 누워 있을 때의 의미를 모른다.

인간의 나약함을 벗어던진 가운데 인간성을 지키기란 우리로서도 힘든 일이지만 (…) 우리를 죽음으로 내몰 만한 위험분자들을 죽이는 것은 우리의 윤리적 권리이자, 국민에 대한 의무다.[32]

1943년 폴란드에서 행해진 하인리히 힘러의 연설은 매우 강력한 도덕적 확신과 강렬한 국가적 의무를 기초로 매우 논리적이며 의지적인 주장을 담고 있다. 사태의 결과는 감당하기 힘든 학살 그 자체였지만, 적어도 집행자는 할리우드 영화에서 흔히 볼 수 있는 목적 없는 단순한 악의 화신이 아니라는 말이다.

국가의 생존이 큰 위기에 처해 어수선할 때, 바로 그때 남성이든 여성이든 진정한 영웅이 나타납니다. 이제 여성을 나약한 존재로 업신여기는 것은 부당한 일입니다. 남성과 여성 모두가 똑같은 결의와 정신력을 보여주고 있기 때문입니다. 국민은 어떤 일이 닥

치든 준비되어 있습니다. (…) 국민이여 일어나 폭풍우를 일으킵시다![33]

같은 시기 베를린에서 있었던 요제프 괴벨스의 연설 중 일부다. 이들이 얼마나 잘못된 생각을 했고, 얼마나 파멸적이고 모순적인 행보를 했는가를 논하기에 앞서 인정해야 할 부분이 있다.

/ 관료, 관료제도의 인격성

막스 베버(Max Weber)가 사회학을 창안하고 관료제 연구를 수행한 이래 국내외의 수많은 관료제 연구는 대부분 막스 베버가 창안한 학문적 개념에 집중되어 있을 뿐이다. 또한 관료제도의 문제점을 지적할 때도 대부분은 '제도 개선'에 초점이 맞추어져 있을 뿐 관료 집단이 역사성을 가지며 형성되어왔다는 점은 간과한다.

한나 아렌트가 히틀러 시대의 관료 아이히만을 분석하면서 결국 '착한 공무원의 무목적적인 행위가 거대 악의 일부를 이뤘다'라고 한 것 역시 연구의 성과와는 별개로 결국 관료 및 관료제도가 지닌 인격적 요소에 대한 이해를 저하시키는 측면이 있다.

더구나 알베르트 슈페어, 그를 어떻게 해석해야 할까? 냉정히 따져볼 때 그가 바라보고 경험한 세계는 무엇이었을까? 개인적인 욕구와 욕망, 우연한 기회, 그리고 히틀러라는 출셋길. 더구나 건축가로서 그가 초기에 보여준 역량이 당장 누군가를 겨냥하여 직접적인 피해를 일으키진 않았기 때문에 충분히 이것저것 변명할 수 있지 않겠는가.

/　비록 잘못하긴 했지만 나는 직접 범죄에 관여하지는 않았다.
　비록 잘못하긴 했지만 그것은 내 책임과 권능을 벗어나는 일이다.
　비록 잘못하긴 했지만 딱히 내가 할 수 있는 것은 없었고 나는 단지 내가 할 역할만 했을 뿐이다.

아니다.
객관적인 세계에서 존재하는 것은 '행위와 행위로 인한 결과' 밖에 없다. 숱한 변명이 결국 변명에 불과할 수밖에 없다고 간주한다면, 알베르트 슈페어를 비롯한 핵심 참모와 고위 관료 그리고 여러 책임을 떠맡았던 공무원들은 각자의 영역에서 범죄를 저질렀고 책임과 권능을 오용했고 해서는 안 되는 위법한 일을 저지른 것이다. 단지 그 사실만이 남아 있을 뿐이다.

장관 김종덕과 조윤선: 문화예술계라는 진상품

342개 단체, 문화예술인 8,931명, 총 9,273개 블랙리스트(전체 중복 제외)[34]

문화예술계 블랙리스트 진상조사 및 제도개선위원회가 2018년 5월에 발표한 조사 결과다. 이명박 정부를 거쳐 박근혜 정부까지 문화예술계를 향한 검열과 지원 배제는 수년간 점증하는 형태로 이뤄져왔다.[35]

이명박 정부 시절

2008년 8월. 청와대 기획관리실 주도로 〈문화권력 균형화 전략〉 작성

2009년 2월. 국가정보원 주도로 〈문화·연예계 정부 비판 세력〉 작성

/ 박근혜 정부 시절

2013년 3월. 민정수석실 주도로 〈문화예술계 건전화로 문화융
성 기반정비〉 작성

2014년 3월. 국가정보원 주도로 〈'좌성향' 문화예술단체 인물
현황〉 작성

2014년 5월. 민정수석실 주도로 〈문제단체 조치 내역 및 관리
방안〉 작성

2014년 2월부터 2016년 9월. 국가정보원과 문화체육관광부 주
도로 〈문체부에 선별·통보할 인물 현황〉 작성

2014년 2월부터 2016년 9월. 문화체육관광부 주도로 '문체부 예
술정책과 관리 리스트(2014~2016)' 작성

2015년 5월. 교문수석실 중심으로 '9,473명 시국선언명단' 작성

2015년 7월. 정무수석실 중심으로 '정무 리스트 113명' 작성[36]

숫자가 급격하게 늘어난 것은 2015년 '9,473명의 시국선언명
단' 작성의 영향이 크다. 이명박 정부 초기의 명단에는 기껏해야
두 개 단체와 세 명의 인물이 등장했던 데 비해 박근혜 정부로 들
어오면서 숫자가 비약적으로 늘어난다. 특히 '문체부 예술정책과
관리 리스트'에는 281개의 단체와 622명의 개인이 정리될 만큼
수년 만에 정부는 이른바 블랙리스트 명단 작성에 혈안이 된다.

장르별로 봤을 때 영화 분야가 2,468명(27.1%), 문학 분야가
1,707명(18.8%), 공연(연극, 무용, 뮤지컬) 분야가 1,593명(17.5%)으로 압
도적이며 시각(미술, 건축, 사진, 만화 등) 분야가 824명(9.1%), 전통 분

야가 762명(8.4%)으로 뒤를 잇는다. 이 외에도 음악 분야 574명 (6.3%), 방송 분야 313명(3.4%) 그 밖에 패션, 게임 등 각종 분야에 859명(9.4%)이 산재해 있다.[37] 일반적으로 상상할 수 있는 문화예술계 전 분야가 감찰과 검열의 대상이 됐다고 봐도 무방하다.[38]

그런데 블랙리스트 수집 대상을 살펴보면 의아하기 짝이 없다. <문화예술계 531인 민주노동당 지지선언>(2006), <젊은 문인 188명 MB 정부 비판 6.9 작가선언>(2009), <문화예술종교인 102명 야권 단일화 촉구 시민운동>(2012), <문화예술인 269인 진보신당 지지선언>(2012), <건국대 교수 이명박 정부 규탄 시국선언>(2009), <동아대 교수 이명박 정부 규탄 시국선언(2009)> 등이기 때문이다. 더불어 다음과 같은 내용도 포함되어 있다. <부산·경남 지역 문인 121명 야권 단일후보 지지성명>(2012), <문재인 멘토단(문화예술)>(2012), <문화예술종교인 102명 야권 단일화 촉구 시민운동>(2012), <연극인 1000명 문재인 지지선언>(2012), <정권교체를 바라는 시인 소설가 137명 시국선언(2012)>, <출판인 516명 문재인 후보 지지선언(2012)>, <어린이책을 쓰고 만드는 사람들의 문재인 지지선언>(2012), <경남 지역 문화예술인 869명 문재인 지지선언>(2012), <연극인 513명 문재인 지지>(2012), <부산 지역 지식인 문재인 지지>(2012), <문재인 지지 1만 명 예술인>(2012), <문재인과 안철수의 아름다운 동행을 지지하는 전국 교수 1000명>(2012) 등이다. 여기에 '안철수 팬클럽 소속 작가 74명'도 리스트에 포함되어 있다. 이는 한국 사회에서 흔히 볼 수 있는 일반적인 정치 성향 자체를 문제 삼고 있다고밖에 볼 수 없다.

더구나 <쌍용자동차 국정조사 촉구선언>, <용산 참사 해결 시국선언>, <서울대 교수 128명 국정원 시국선언>, <연세대 교수 131명 세월호 참사 정부 대책촉구 시국선언>, <강원대 교수 107명 세월호 참사 대통령 책임 시국선언> 그리고 '안티조선 지식인 선언 명단'과 '밀양 희망버스 참가자'까지 활용됐다.[39] 이를 고려하면 사실상 블랙리스트 명단은 문화예술에 대한 좌파적 상상력이라기보다는 정권의 입장에 반대하는 의견을 표명한 적극적 저항 계층에 대한 감찰 및 검열 리스트라고 봐도 무방하다.

이러한 자료를 두고 '문화예술계 블랙리스트'라고 명명하는 것 자체가 어떤 의미에서는 극히 허황되다. 애초에 숱한 정부 문건과 김기춘의 실행 전략에서 누누이 강조된 것은 '좌파적인 문화를 양산하는 근거를 파괴하자'라는 발상인데 사실상 실행 단계에서는 범위를 가리지 않고 있다. 이미 변해버린 대한민국의 정체성 자체에 대한 문제제기 그리고 도무지 문화예술계라고 부를 수 없을 만큼 일반적인 사회문화적 반응에까지 이르러 있으니, 문화예술계를 감찰하고 검열하며 지원을 배제한다고 해결될 성질을 훌쩍 넘어선 것이다.

여하간 실행은 단계적이고 구체적이었다. 이명박 정부가 출범하고 약 1년간 문화예술 관련 기관장 25명이 표적감사를 당했고, 사퇴 압박 등으로 해임 또는 직권면직 형태로 교체됐다. 해임된 사람만 20명이다.[40] 이 시기에는 기껏해야 <문화권력 균형화 전략> 문건을 작성하여 민예총, 문화연대 등 두 곳의 문화예술단체와 명계남, 문성근, 이창동 등 세 명의 문화예술인을 직접 거론한 정도였기 때문에 체계적으로 블랙리스트 사업이 시행됐다고 보기 어렵다. 그럼에도 집권 초기 대통령의 영향력이 당장에 발휘될 수 있는 기관을 대상으로 대대적인 숙정 작업에 들어갔다는 건 경악할 일이다.

본격적인 블랙리스트 사업은 박근혜 정부 들어서 이뤄진다.[41] 집권 초인 2013년에 만들어진 <문화예술계 건전화로 문화융성 기반정비> 문건에서 이미 12곳의 문화예술단체, 17명의 문화예술인이 언급될 정도로 기획이 보다 구체화된다. 특히 국민TV, 한국독립영화협회, 김제동, 탁현민, 김용민, 정봉주 등이 추가됐다는 것은 문화예술을 이해하는 범위가 기존의 기관 수준에서 팟캐스트, SNS, 독립영화 등으로까지 넓어졌다는 것을 의미한다. 물론 2000년대 이후 인터넷 기술이 급속도로 발달하면서 이명박 정권 수립 전후로 진보진영의 매체 활용이 재편됐다는 점도 작용했을 것이다.

무엇보다 특기할 점은 국가정보원이 블랙리스트를 실행하는 데 '궁극의 주체'였다는 점이다.[42] 이명박 정권 시절에는 사실상 블랙리스트에 문화체육관광부는 거의 관여하지 않았고, 박근혜 정부 들어서도 문화체육관광부는 중요 지점에서 국가정보원의 도움을 받아 일을 진척시킨다. 2017년 국정원 개혁위원회의 보도자료에 따르면 이명박 정권 때는 청와대 민정수석과 기획관리비서관의 지시로 국정원 좌파연예인 대응TF, 국정원 심리전단, 국정원 문화연예 담당 수집관이 약 82명의 블랙리스트 명단을 작성했다. 2009년 원세훈 국정원장의 주도로 진행된 프로젝트인데

홍미로운 점은 '강성 성향(69명)', '온건 성향(13명)'으로 분류했다는
점이다.

강성	온건
권해효·문소리·이창동·박찬욱 봉준호·김미화·윤도현·신해철 등	김민선·이준기·유준상·김구라 김제동·박미선·배칠수 등[43]

이명박 정권은 이 블랙리스트를 대상으로 각종 외압을 시도했
다. 특정 연예인이 소속된 기획사의 세무조사를 유도(2009. 10)했
으며, 다음 아고라에 특정 연예인 교체는 인기 하락에 따른 당연
한 조치라는 500여 건의 토론 글과 댓글을 게재(2009. 10)하기도
했다. 국정원장의 지시에 따라 'MBC 정상화 전략 및 추진 방안'이
만들어졌고(2010. 3), 김제동이 출연하는 MBC <환상의 짝꿍> 폐지
를 유도(2010. 4)했으며, 특정 PD가 제작한 다큐멘터리를 수상작
에서 탈락시키라고 요청(2010. 3)했고, MBC 특정 라디오 진행자의
퇴출을 유도(2011. 4)했다. 또한 2009년부터 2011년까지 연예계
좌파 성향 방송인의 활동 배제를 위한 문건을 꾸준히 제작했으며
'VIP(대통령) 일일보고', 'BH(청와대) 요청 자료' 형식으로 수시로 청
와대에 보고했다.[44]

박근혜 정부 당시 국가정보원이 자체적으로 작성한 명단에는
아예 등급까지 매겨져 있다. <문예계 주요 左 성향 인물 현황(249
명)>을 보면 '강내희 문화연대 대표 등급 A, 고영범 서울예대 영화
과 겸임교수 C, 고은 한국작가회의 상임고문 B, 공선옥 민족문학

작가회의 회원 C' 식으로 쓰여 있다.[45]

　이 시기 문화체육관광부는 해마다 국가정보원에 문화예술계 인사에 대한 검증을 요청하고 국가정보원에서는 선별한 인원을 통보했다. 2014년에는 1,400명의 인원 중에 102명, 2015년에는 3,700명 중 177명, 2016년에는 3,400명 중 69명 식으로 일종의 '국정원 선별·통보 블랙리스트'가 약 2년 5개월간 작성된 것이다. 이 와중에 증거를 남기지 않기 위해 명단을 전화로 불러준다든지 실명 자료를 보존하지 않는 등의 주도면밀함을 보이기도 한다.[46]

　사실 박근혜 정권 들어 블랙리스트 사업은 문화체육관광부를 넘어 전염병처럼 번진다. 각 부처에서 독자적인 블랙리스트를 보유했던 셈이다.

교육부	민족문제연구소, 교육부 각종 위원회 위원, 전형수 대구대 교수, 이상진 민주노총 부위원장, 하연섭 연세대 교수 등
통일부	어린이어깨동무, 평화를 만드는 여성회, 흥사단 민족통일운동본부, 통일부 각종 위원회 위원, 백준기 한신대 교수 등
환경부	녹색소비자연대 전국협의회 김재기 대구대 교수, 김홍균 한양대 교수, 박용신 환경정의 사무처장, 박시원 강원대 교수, 백도명 서울대 보건대학원 교수, 안병옥 기후변화행동연구소장, 유순진 서울대 교수, 정연숙 강원대 교수, 조우 상지대 교수 등

그 밖에도 고용노동부, 농림축산식품부, 보건복지부, 기획재정부, 미래창조과학부, 법무부, 안전행정부, 산업통상자원부, 여성가족부, 국토교통부, 해양수산부, 법제처, 국가보훈처, 식약처, 농촌진흥청, 산림청, 소방방재청, 공정거래위원회, 국가위원회 등 14개 부, 3개 처, 3개 청, 2개 위원회에서 35곳의 단체와 88명의 개인을 관리했다. 이 밖에도 폭로는 당분간 계속될 전망이다.[47]

블랙리스트 사업 집행: 검열과 배제

수년간의 과정을 거쳐 이른바 문화예술의 '건전화' 기획이 구체화되고 이를 실행할 블랙리스트 작업이 방대하게 이루어지면서 구체적인 사건이 발생하기 시작한다.

우선 연극 분야부터 보자. 국립극단 기획공연 <개구리>(2013. 9. 3~15)가 노무현 전 대통령과 박정희 전 대통령을 다루자 청와대의 지시에 따라 문화체육관광부는 국립극단 예술감독을 면담하여 문제를 지적한다. 그리고 이후 작품에서 정치적 성격을 배제하는 것은 물론이고 예술감독 교체까지 추진하는 계획을 세운다.[48] 백성희장민호극장에서 <망루의 햄릿>(2015. 6. 26~7. 5)이 공연됐는데 문화체육관광부 공연전통예술과에서 온라인 포스터 삭제와 포스터 이미지 교체를 지시했다. 광화문 광장을 연상시킨다는 보수단체의 민원이 이유였다.[49] 이어서 <조치원 해문이>(2015. 8. 28~9. 13)가 공연될 때는 공연 홍보물에서 윤한솔, 그린피그 등의 명칭을 삭제하라고 지시했다. 그린피그라는 극단을 이끄는 윤한솔 감독이 세월호 추모 공연을 기획한 경력이 있기 때문이다.[50] 심지어

팝업씨어터, 즉 공연을 전문으로 하는 극장이 아니라 카페 같은 공간에서 15분 안팎으로 진행하는 작품에 대한 방해 사건도 일어난다. 대학로 씨어터카페에서 진행된 <이 아이>(2015. 10. 17~18)라는 작품인데 '수학여행', '노스페이스' 등이 세월호에서 죽은 학생들을 연상시킨다는 것이 문제가 됐고 공연을 방해하기 위해 한국문화예술위원회 간부들이 직접 찾아온 것이다. 자리를 선점한 후 '카페 영업을 정상적으로 해야 한다'라는 이유로 카페 의자, 테이블 등을 못 움직이게 하는 방식으로 공연을 방해한 것이다.

> 손님들 무리에 섞여 있던 여자분이 뭐 하는 짓이냐며 큰소리를 내기 시작했습니다.
> 그 여자분은
> '이게 무슨 짓이죠?
> 왜 영업하는데 테이블을 옮기세요? 테이블 옮기지 마세요!
> 다른 카페 가서도 이렇게 맘대로 테이블 옮기나요?
> 영업 방해하지 마시고 이대로 하세요!'
> 라는 말들로 언성을 높이고 있었고 점점 공연 시간은 지연되고 관객 분위기는 엉망이 됐습니다.[51]

당일 공연은 강행됐으나 후속 작품인 <후시기나 포켓또>, <불신의 힘>에 대해 한국문화예술위원회에서 대본을 요구했고 문화체육관광부에 섭외 대상자 명단을 보내기도 한다.[52]

이즈음 문화예술계 곳곳에서 각종 사건이 발생한다. 한국공연예술센터 정기대관 공모 사업에서는 서울연극협회가 대관을 배제당한다. 서울연극협회 등 19개 단체를 배제하라는 청와대 지시가 있었기 때문이다.

/

> 검찰: 서울연극협회가 박원순이 시장인 서울시에 등록된 협회고 협회장 박장렬이 좌파 성향인 점이 영향을 미쳤는가?
> 김상욱 문화체육관광부 예술정책관: 그런 것이 영향을 미쳤다.[53]

한국문화예술위원회는 심사 방법을 바꾸었으며 '대관 신청서 미비', '과거 3년간 대관 후 실적' 등 배제 근거 사유를 심사 과정에서 심의위원들에게 언급하는 방식을 통해 배제 조치를 하는 기민함을 보인다.[54]

11월 공연을 불과 2주 앞둔 시점에서 전화 한 통이 왔다. 당시 박근형 연출과 연극과 음악 간의 융합을 보여주는 공연을 준비 중이었는데 연극적인 요소를 빼라는 것. 이유는 들을수록 이상했다. 연극적인 요소가 들어가면 음악이 들리지 않는다고, 또는 배우들의 가사가 묻힐 수도 있다는 것이었다. 그래서 신 대표는 "직접 와서 리허설을 보고 판단하라"라고 했지만 지시를 내린 관계자들은 한 번도 공연장을 찾지 않았다.[55]

극단 골목길의 <모든 군인은 불쌍하다>는 연극 창작산실 우수작품제작공연 지원사업에 선정(2015. 4. 11)됐다. 하지만 청와대에서 이미 <모든 군인은 불쌍하다>뿐 아니라 극단 돌파구의 <고제>, 극단 뭐뭐의 <떠도는 땅>을 배제하라는 지시가 내려왔기 때문에 한국문화예술위원회 직원들은 심사위원들을 다시 불러 모은 후 두 가지 제안을 한다.

자칫하면 지원사업 자체가 폐지될 수 있다.
그러니 <모든 군인은 불쌍하다>를 제외하자. 그러면 나머지 두 작품은 살려보겠다.

심사위원들이 동의하지 않자 한국문화예술위원회 직원들은 <모든 군인은 불쌍하다>의 작가를 직접 만나서 '포기 종용'을 하겠다며 동의를 구했고 심사위원들은 이를 받아들인다. 실제로 그들은 작가를 직접 만나서 '포기 의사'를 확인했고, 다시 권영빈 예술위원장의 지시로 '포기 각서'를 받아낸 후, 행정 시스템에 접속해서 '포기 신청서를 처리'하는 위법 행위를 저지른다.[56]
이 시기 문화체육관광부는 당시 서울연극협회장인 박장렬과 이른바 '보수진영 후보'인 OOO 당시 예술위원이 출마한다는 사실을 알고 청와대에 '연극계 우호세력화 추진', '각종 선거를 통해 연극계 주도세력 교체' 등의 대응 방안을 보고하기도 한다.[57]
적극적인 방해 행위를 포함한 검열, 위법 행위도 불사한 배제, 그리고 세대교체까지 꿈꾸는 구체적인 대응책 등은 유사 결과를 끊임없이 양산한다. 경비를 최대 2000만 원까지 직접 지원하는 총 1억 2000만 원 규모의 사업인 한국연극인복지재단의 '2015 찾아가는 연극' 사업에서는 여섯 개 단체가 부당하게 탈락됐고, 한국예술인복지재단의 '2015 현장예술인 교육 지원사업'에서는 이른바 '좌성향 단체'들이 대거 선정되자 '예술인 생계 지원'을 명목으로 교육 지원사업을 폐지한다. 예술활동증명심의위원과 비상임이사들의 경우는 국가정보원에서 인사를 검증하여 박태순, 오세곤 등을 배제했으며, 예술경영지원센터는 '2015 우수 프로그램 문화원 순회 사업'으로 극단 마실을 최종 선정했으나 다시 '예산 배정의 실수였다'라는 변명과 함께 사업 자체의 폐지를 통보한다. 문화체육관광부에서 8000만 원을 지원하는 '방방곡곡 문화공감 사업'에서는 청와대가 두 개 단체, 국가정보원이 열 개 단체의 배제를 지시했다. '2016 문화파출소 운영 지원사업'에서도 문화체육관광부 예술정책과에서 군포 문화대전 예술진행본부장 서강석의 배제를 지시했다.

　그 밖에 국립국악원 <소월산천> 공연 취소 사건, 국립중앙극장 <춘향이 온다> 손진책 연출 교체 지시 사건, 국립무용단 <향연>의 예술위 예산 전용 사건, 문화창조융합센터 '융복합 콘텐츠 공모전 장관상' 취소 사건, 평창동계올림픽 안무 감독 교체 사건 역시 모두 비슷한 방식으로 이루어졌다. '2016 문화예술 명예교사' 관련 문건에서 볼 수 있듯 블랙리스트에 있는 명단이 사업 지원에서 명확하게 배제되는 등 2015년 이후 문화예술계 블랙리스트 사업은 매우 정력적으로 추진되었다.[58]

<다이빙벨>을 상영한 영화관들에 대해 앞으로 지원이 없어질 것이다. 아무리 투쟁해도 바뀔 수 있는 내용이 아니니까 자구책을 모색해야 될 것 같다.[59]

문화체육관광부 직원들이 독립영화인들을 직접 찾아와서 한 말이다. 연극 분야가 상대적으로 대중적인 영향력이 약하고 정부 지원에 의존하는 경향이 강한 데 비해 영화 분야는 국민적 관심도 크고 흥행에 성공할 경우 정치적인 여론에 미치는 영향도 크기 때문에 박근혜 정부 입장에서는 관심이 클 수밖에 없었을 것이다. <천안함 프로젝트> 상영 문제로 예술영화 전용관 동성아트홀을 지원에서 배제하고, <다이빙벨> 상영 문제로 제19회 부산국제영화제 지원금을 축소한 사건을 비롯하여 독립영화 전용관 인디플러스 등의 지원배제 문제는 널리 알려졌다.

그런데 영화 분야에서 흥미로운 점은 블랙리스트 실행이 화이트리스트 작동과 연계됐다는 점이다.[60] 일명 '모태펀드'다. 2006년 중소기업청 산하에 한국벤처투자㈜가 설립되는데 정부기금으로 투자펀드를 마련하되 외부 전문가를 참여시킨 출자심의위원회를 만든다. 즉, 문화체육관광부의 문화예술진흥기금과 영화진흥위원회의 영화발전기금에서 출자된 예산을 한국벤처투자에서 민간투자금과 함께 관리하면서 영화 제작사나 작품에 직접 투자하겠다는 발상이다. 영화 제작의 특성상 집중적인 투자가 필요하고 한류를 비롯한 문화상품의 수출을 중요한 국가 정책으로 삼고 있기에 이런 기금 운용 자체를 문제 삼을 수는 없을 것이다.

문제는 2013년 영화 <변호인>이 흥행에 성공하면서 드러났다.

/
CJ에 대한 제재 방안을 찾아보라.[61]

김기춘 비서실장, 모철민 교문수석, 신동철 소통비서관 그리고 김소영 비서관 등은 영화 <변호인>을 배급한 CJ를 필두로 이런 형태의 반정부적인 영화를 규제할 수 있는 대책을 강구한다.

/
㈜캐피탈원, HQ인베스트먼트, 일신창투, 유니온투자파트너스, 타임와이즈인베스트먼트, GB보스턴, 미시간벤처캐피탈 등은 모태펀드 운용사로서 부적격하다.

문화체육관광부가 교문수석실 김소영 비서관을 통해 제시한 내용이다. 그리고 실제로 2014년부터 2016년까지 영화 <변호인>에 투자한 '㈜캐피탈원'은 모태펀드 투자조합에 참여하지 못했으며 배급사 'NEW'는 세무조사를 받았다. 또한 이 시기 문화체육관광부 정책보좌관 박철호 주도로 '외부 전문가 풀' 제도에 개입해서 친정부 성향의 인사들을 투자심의위원회에 대거 등용한다. 같은 시기 한국벤처투자㈜ 역시 조직 개편을 단행(2014. 10. 23)하면서 투자관리본부장, 글로벌본부장, 엔젤투자본부장 등을 새로 임명하는 등 문화체육관광부와 보조를 같이한다.[62] 2015년에는 문화콘텐츠를 전담하는 전문위원제도를 신설하여 한국벤처투자㈜가 작품을 선정하는 등에 강력한 영향력을 행사하기 시작한다.

영화 〈연평해전〉 지원

영화 〈인천상륙작전〉 지원

영화 〈부메랑〉 지원

영화 〈왕은 사랑한다〉 지원

〈연평해전〉에는 청와대와 문화체육관광부가 개입했으며 나머지 작품들은 한국벤처투자(주)가 지시하여 특혜성 지원이 이루어졌다.

영화 〈판도라〉 배제

영화 〈덕혜옹주〉 배제

영화 〈아가씨〉 배제

이들 작품의 배제 결정은 한국벤처투자(주)가 주도했다. 영화 〈판도라〉는 청와대, 국가정보원, 산업자원부, 문화체육관광부가 개입했는데 배제 이유는 원자력발전의 부정적인 측면을 부각했다는 점이다. 국가정보원은 원자력발전의 안전성을 홍보할 필요가 있다면서 영화 제작 현장까지 찾아가기도 했다. 이에 앞서 국가정보원은 청와대에 보고했는데 청와대가 산업자원부에 지시했고, 다시 산업자원부 원자력 정책과에서 문화체육관광부에 모태펀드 배제를 요청했다. 그리고 〈덕혜옹주〉는 국가정보원에서 시나리오를 검열했는데 '박정희 전 대통령의 분량을 대폭 축소'하는 것이 목적이었다고 한다.[63]

영화 분야의 블랙리스트 실행 작업은 영화진흥위원회가 앞장선다. 영화진흥위원회는 국가정보원 I/O(정보관)와 상시적으로 정보를 공유한다. 특히 독립영화나 다큐멘터리 등은 영화진흥위원회를 통한 사업 지원이 중요하기 때문에 이 특성을 역으로 이용한 것이다.

영화진흥위원회는 '독립영화 제작 지원', '다양성 영화 개봉 지원' 사업을 수행할 때 신청자, 시놉시스를 비롯한 작품 내용 등을 사전에 검열한다. 국가정보원과 문화체육관광부가 '배제 키워드'를 하달했는데 아래와 같다.

국가수반의 명예 훼손
4대강 등 정부 정책이나 시책 비판
강정 해군기지 반대나 용산 철거민 투쟁
노동자 투쟁 문제
세월호 문제
국정원 비판
국가보안법 비판
북한 관련 소재[64]

역시 앞뒤가 안 맞는 키워드들이다. 배제의 기준이 창작의 자유를 확대하고, 독립영화 고유의 가치와 기능 그리고 문화 다양성을 증진하는 데 도움이 되는 것과는 전혀 무관하지 않은가. 하기야 애초에 문화예술계 블랙리스트 명단을 작성할 때 '시국선언'

을 근거 자료에 포함시켰다는 것부터 문제였다. 문화예술이라는 고유의 영역보다는 문화예술인의 정치적 성향 또는 정치사회적인 문제에 문화예술계의 창작 활동이 영향을 주는 것에 대한 두려움이 모든 것을 결정했던 것이다.

문제가 생기면 '절차'만 그럴듯하게 조정하면 된다. 2010년에는 당시 영화진흥위원회 조희문 위원장이 독립영화 제작 지원사업 심사위원들에게 영향력을 행사한 것이 문제가 되자, 심사의 공정성을 위해 무작위 추첨 방식으로 심사위원을 선정하는 등의 개선안이 확인된다. 하지만 이러한 절차는 생략되기 일쑤거나, 외양만 갖추어서 진행하거나, 심지어 근거 서류를 조작하는 일까지 벌어진다. 때에 따라서는 '예술영화 전용관 지원사업'을 '예술영화 유통배급 사업'으로 변경하는데 이 역시 본인들의 목적을 관철하기 위해 적당한 이유를 들어서 절차를 개정하는 식이었다.

저 쓰레기 범죄자 때문에 밤새워 성명서 쓰고 땡볕에 항의 시위하면서 아까운 시간을 보냈던 영화인들의 얼굴이 주마등처럼 스치는 게 참 허탈하다.　　　　　　　　　　- 명필름 심재명 대표

채용 비리로 구속된 조희문의 진짜 죄는 독립영화협회 탄압, 미디액트 공공미디어센터 탄압, 영진위 독립영화 제작지원 파행 등 독립영화 죽이기 (…) 구속은 당연하지만 살인자가 사기죄로 잡힌 것 같아 분하기만 하다.　　　　　- 곡사필름 김선·김곡 감독[65]

2014년 영화진흥위원회 위원장 조희문이 한국예술종합학교 부정 청탁과 관련하여 구속되자 쏟아져 나온 발언 중 일부다. 문제는 영화진흥위원회가 벌인 사건이 너무나 많았다는 점이다. 2009년 인디포럼, 서울인권영화제, 서울국제노동영화제, 전북 독립영화제 등의 지원을 배제한 것을 시작으로 2010년, 2011년, 2015년에도 유사한 일이 반복된다. 영상미디어센터, 독립영화 전용관 운영 등에서는 지원배제를 위해 '지정위탁제'를 '공모제'로 전환하기도 했고 2013년부터 2016년 하반기까지 <모래가 흐르는 강>, <구럼비-바람이 분다>, <그림자들의 섬>을 비롯하여 여러 작품[66]이 다양성 영화 개봉 지원, 독립영화 제작 지원 등에서 배제된다.

박근혜 정부의 의지는 결코 국내로 한정되지 않는다. 해외에서 열리는 한국영화제를 문화체육관광부가 직접 지원했다. 영화진흥위원회 역시 연초 심사를 통해 8억 원 규모로 지원해왔는데, 이를 이용해서 해외 한국영화제에서 특정 영화가 상영되는 걸 막기까지 했다.

영화 <변호인>은 'LA 샌디에이고 한국영화제(2014)'를 제외하곤 2014년부터 2016년까지 해외 한국영화제에서 한 번도 상영되지 못했다. 영화 <화려한 휴가>는 박근혜 정부 때에 해외영화제에서 상영되지 못했으며 <지슬>, <부러진 화살>, <효자동 이발사> 역시 마찬가지다. <남영동 1985>, <26년>, <다이빙벨>, <자가당착> 역시 상영이 가로막혔으며,[67] 2015~2016 한·불 상호교류의 해 당시에도 <난장이가 쏘아 올린 작은 공>, <상계동 올림픽>,

<아름다운 청년 전태일>, <그때 그 사람들>, <변호인> 등이 검열 대상이 되어 상영되지 못했다.[68]

영화 <살인의 추억>, <공공의 적>, <도가니>는 공무원과 경찰을 부패하고 무능한 비리집단으로 묘사했다.

영화 <공동경비구역 JSA>, <베를린>은 북한의 군인과 첩보원 등을 동지 또는 착한 친구로 묘사했고 종북세력을 친근한 이미지로 오도했다.

영화 <설국열차>는 시장경제를 부정하며 사회저항운동을 부추겼다.

영화 <광해>는 노무현 전 대통령을 연상토록 해서 지난 대선 당시 문재인 후보를 간접 지원한 의혹이 있다.

2013년에 국정원에서 만든 'CJ의 좌편향 문화사업 확장 및 인물 영입 여론 제하 BH 보고서'(2013. 8. 27)에 나오는 내용이다.

사건에 따라 차이가 좀 있지만 구조는 이미 확실하게 정립됐다. 블랙리스트 문건을 통해 배제 단체, 배제 인물, 배제 기준, 배제 키워드가 정리됐고, 청와대·국정원·문화체육관광부가 주도하는 가운데 한국문화예술위원회, 영화진흥위원회 같은 하부 조직에서 검열, 지원배제 등의 사업을 실행한다. 만약 절차상 문제가 있거나 명분이 부족하거나 딱히 적당한 이유를 대지 못한다면 절차를 적절히 수정하거나 명분을 만들거나 적당히 설득하면 된다.

방식이 이렇다 보니 출판, 시각예술 등 각종 분야에서도 연극, 영화 분야에서 벌어진 일과 같은 방식의 사건이 터진다. 창작에 전념할 수 있도록 100명의 문인에게 연간 1000만 원씩 지원하는 10억 규모의 창작 지원사업인 '아르코문학창작기금'은 대규모의 블랙리스트가 하달되는 바람에 심의가 5개월간 지연됐다. 2014년 10월 말 공모 당시 959명이 신청을 했는데 76명에 대한 배제 지시가 내려왔다. 2015년 1월 말 198명이 통과됐는데 이 중 16명에 대한 배제 지시가 내려왔고, 2015년 3월 말 2차 심의 당시에는 102명이 통과됐는데 두 차례에 걸쳐 14명에 대한 배제 지시가 하달됐다. 2015년 6월 말에 벌어진 3차 심의에서는 심의위원들의 저항이 있었음에도 이후 선정 인원을 축소하면서 다시 다섯 명을 배제했다.[69] 박석근 작가를 배제하기 위해 시와 소설 분야의 지원 내용까지 수정했다. 여기서 생겨난 잔여 예산을 처리하기 위해 '주목할 만한 작가상' 사업을 진행했는데 또 비슷한 일이 발생한다.

(문화체육관광부가) '창작과 비평(창비)' '문학동네' 등의 좌파 문예지만 지원하고, 건전 문예지에는 지원을 안 한다. 건전 세력이 불만이 많다.[70]

박근혜 대통령이 2015년 초 김상률 당시 대통령교육문화수석비서관에게 한 말이란다. 2015년 우수문예지발간 지원사업을 두고 창비, 실천문학, 문학동네 등 11개 문예지가 정무수석실에서 배제 대상으로 하달되는데 문화체육관광부와 한국문화예술위원회는 실천문학과 문학동네마저 배제하면 심사 자체가 불가능하다는 이유를 들면서 양해를 받는다. 우선 창비를 선택적으로 배제한 것이다.

더구나 이 시기 박근혜 대통령은 편지 한 통을 받는다. 편지를 쓴 이는 '한국문화비평가협회 고문 OOO'인데 개인적으로 박근혜 대통령의 학교 은사이기도 하다.

/

'창비'나 그 아류인 '문학동네' 등은 '반체제', '반정부' 단체이기 때문에 국비지원은 필요 없다.
한국소설가협회, 국제펜클럽한국본부 등 보수적인 문인단체에 대한 지원을 해달라.

이후 해당 사업이 수정 과정을 거쳤고, 국제펜클럽한국본부 문예지 <PEN문학>에 대해 우수콘텐츠 디지털 아카이빙 사업 (2015. 7. 30) 1차 심의 결과 2000만 원을 지원하기로 결정한다.[71]

한국문학의 세계화를 담당하는 한국문학번역원 역시 마찬가지다. 미국 동부 한국문학 행사(2015. 11. 11~16)에서는 김애란과 김연수에 대한 배제 지시, 프랑스 파리도서전(2016. 3. 16~20)에서는 황석영·한강·김영하·김애란·은희경·임철우·김혜순에 대한 배제 지시, 슬로베니아 시 축제(2016. 8. 23~28)에서는 고은에 대한 배제 지시, 중국 항주 문학 행사(2016. 9. 8~12)에서는 신경림·정끝별·박범신에 대한 배제 지시 등 지속적인 블랙리스트 하달 사업이 진행된다.

한국출판문화산업진흥원은 <뉴포커스>, <뉴데일리>, <미래한국> 등 이른바 보수 인터넷 매체의 보도에 영향을 받아 우수도서 선정을 취소하는 행태를 보였다. 매년 1,200여 종의 도서를 선정해 각 1000만 원 상당의 도서를 구매하여 공공도서를 보급하는 사업 역시 사업 명칭을 '세종도서'로 변경한 후 이념 편향적 도서를 제거하기 위해 각종 시도를 한다.[72]

그 밖에도 2014년 광주 비엔날레 <세월오월> 전시 취소 외압 의혹, 2015년 (사)우리만화연대의 연재만화 제작 지원사업 배제 의혹, 운송 업체까지 동원한 작가 홍성담 전시회 무산 사건, 한국문화예술위원회 책임심의위원 김장언 선정 배제 사건, 문화재청 문화재위원 김규호 위촉 취소 사건, 한국예술종합학교 국가권력 개입 사건 등이 있다. 박근혜 정권 내내 사실상 국가가 대한민국 전체의 문화예술 분야를 대상으로 가공할 수준의 파괴적 사업을 진행한 것이다.

이토록 순응적인 관료들

상황을 해석하는 가장 편한 방법은 인물 중심으로 살펴보는 것이다. 대통령 박근혜, 비서실장 김기춘 그리고 이들을 뒷받침하는 국가정보원과 문화체육관광부의 만행 식으로 말이다. 하지만 문화체육관광부 같은 조직은 단지 5년간의 임기를 보장받은 대통령이나 2년여를 머물다 간 비서실장과는 비교할 수 없는, 퇴직이 거의 보장된 관료들이자 공무원 집단이다. 아무리 몇몇 인사가 경질되고 청와대가 강력한 의지를 보이고 국가정보원의 지원이 있었다손 치더라도, 그처럼 거대한 조직과 엄청난 숫자의 관료들이 어떻게 그토록 손쉽게 블랙리스트 실행 사업의 수족이 될 수 있었을까. 또한 그 짧은 기간에 어떻게 그토록 많은 사업을 진행할 수 있었을까.

기관장, 위원들, 모든 분들에 대한 인사권을 정부가 가지고 있고, 문예진흥기금 사업을 하려면 정부와 갈등하거나 정부 지시를 전면적으로 배제하는 또는 거부하는 상태에서 일을 하기는 쉽지 않고요. (…) 대통령부터 장관 그리고 위원회 위원장, 위원님들, 이러한 의사결정 구조에 대해서 직원 한두 명이 거부하거나 양심선언을 하기에는 굉장히 어려운 측면이 있습니다.

― 예술위 예술진흥본부장 이한신 법정증언(2017. 5. 15)

산하기관이 정부의 지시를 거부한다는 건 쉽지는 않은 일입니다. (…) 우리 기관의 예산, 그리고 인사, 조직, 위원장 임명권 등을 다 쥐고 있기 때문에 산하기관이 정부의 의견에 반해서 반대로 간다는 건 사실 있기 어려운 일이라고 생각됩니다.

― 장용석 법정증언(2017. 5. 12)

정부가 각 기관과 위원회의 인사권을 독점하고 있는 구조를 지적하는 증언이다. 한국문화예술위원회, 영화진흥위원회 같은 각종 기관과 기관장 그리고 심사를 담당하는 심의위원 같은 핵심

인사들이 모두 정부에서 지명되기 때문에 사실상 각 기관에 속한 관료나 공무원 입장에서는 명령을 따를 수밖에 없는 구조라는 말이다.

> 출판진흥원은 문화부로부터 사업 인건비를 비롯해서 사업 운영에 관한 모든 예산을 교부받고 있습니다. 진흥원 자체 예산이 없습니다. 즉, 문체부 산하의 공공기관이고, 특히 세종도서 사업은 문체부의 위탁 사업입니다. 저희에게 자율성이 있지도 않고 사업계획을 송부하고 계획을 승인받은 대로 사업을 추진하고 있습니다.
>
> — 유신영 법정증언(2017. 4. 27)

> 위원회의 자율성은 거의 없었다고 보여지고요. (⋯) 개인이나 부서 차원에서 그다음에 저희 위원회 직원 차원에서 이거를 거부할 수 있는 그런 환경은 전혀 돼 있지 않았습니다.
>
> — 문봉환 법정증언(2017. 5. 19)

비슷한 주장이다. 차이가 있다면 '예산권'이 상급 부서에 있다는 점 그리고 '위탁 사업'의 형태, 실행기관은 상급기관의 지휘 감독만 받을 뿐이라는 점에서 좀 더 구체적이다. 기관명만 보자면 실행기관처럼 보이지만 모든 면에서 단지 하급 집행기관에 불과하다는 말이다. 구조적인 개선이 필요한 지점이기도 하다.

문: 청와대의 배제 지시를 거부할 수 없었던 이유는 무엇입니까?

답: 저는 심사위원회에 있는데 심사위원회하고 좀 무관한 한국 출판문학진흥원장을 사표를 받으려고 하는 걸 보고 이게 보통 심각한 문제가 아니겠구나, 그런 생각을 하게 됐고요. 그런 상황 속에서 사실 이거를 거부하거나 그럴 수 있는 위치는 아니었습니다.

- 이승재 법정증언(2017. 5. 10)

저도 이런 일을 거부하고 싶었지만 불이익이 두려워 부끄럽게도 용기를 낼 수가 없었습니다. 죄송합니다.[73]

- 문화체육관광부 사무관 오진숙

두 증언은 좀 더 솔직하다. 앞의 이야기들이 주로 본인들이 '부끄러운 사업을 진행할 수밖에 없었던 외적인 이유'를 설명했다면 이승재와 오진숙의 고백에는 '개인적인 판단'이 있기 때문이다. 정확히 말하면 개인적인 판단이라기보다는 관료, 공무원의 입장일 것이다. '돌아가는 분위기'를 보니 상황이 심각하고 그러니 '몸을 낮추는 것'이 낫다는 판단이었을 것이다. 아마도 이런 결정에는 지금까지 해왔던 대로 몇 년 버티다 보면 또 바뀌겠지 하는 보신주의적 발상이 깔려 있을지도 모른다.

이쯤 되면 한국 사회에 만연한 '공무원 불신주의'가 고개를 들게 된다. 무책임하며 시키는 일만 하는 집단이라는 이미지다. 만약 그런 집단이라면 왜 그렇게 됐는가를 고민해보아야만 한다. 실제로 한국의 관료제, 공무원 시스템은 오랜 기간을 거쳐 형성·발전해왔으며 그 자체로 고유성을 지닌다.

박정희 정권기 한국형 관료제 시스템의 형성
김대중·노무현 정권기 관료제 개혁 시도

크게 봤을 때 두 단계로 나뉘는데 이 과정이 자못 의미심장하다.

> 제28조 (신규채용) ① 공무원의 채용은 공개경쟁시험에 의한다.
> 제35조 (평등의 원칙) 공개경쟁에 의한 채용시험은 동일한 자격을 가진 모든 국민에게 평등하게 공개하여야 하며 시험의 시기 및 장소는 응시자의 편의를 고려하여 결정한다.[74]

1963년 전면적으로 개정된 국가공무원법에 나오는 내용이다. 이전까지의 공무원법, 즉 이승만 정권기 '고시 또는 전형에 의한다', '자격이 있다고 인정되는 자 중에서 임명한다' 식의 규정과는 상반되는 내용이다. 박정희 정권 당시 공무원임용령 중 '시험'에 관한 주요 조항을 보면 '제20조 (시험실시의 원칙) 공무원의 임용을 위한 시험은 직급별로 실시한다'라고 되어 있다. 관료 충원 방식에서 '공개채용시험'이 주요 수단이 된 것이다. 1965년부터는 4급 공무원에 대한 채용시험이 이루어졌으며, 3급 이상의 고급 공무원에 대해서도 행정고시·외무고시 같은 시험 체제가 도입됐다. 이전에는 볼 수 없던 새로운 선출 방식이 박정희 정권의 성숙과 더불어 정착되어간 것이다.[75]

같은 시기 박정희 정권은 경제기획원, 한국개발연구원(KDI) 등을 설립하면서 경제개발 5개년 계획을 비롯하여 정부 주도의 경제개발에 앞장선다. 경제기획원장이 부총리의 지위를 인정받았으며 대통령이 직접 지도하는 형태를 갖췄다.[76]

이런 식의 변화는 두 가지 중요한 의미를 지닌다. 첫 번째는 관료들이 상대적으로 정치적 자율성을 보장받게 된다는 점이다. 이승만 정권은 '관료와 경찰'에 의존한 통치를 했고 그만큼 정치 상황과 관료제가 깊은 의존 관계를 이룰 수밖에 없었다. 하지만 이에 비해 박정희 정권기에 와서는 대통령이 직접 관료 조직을 이끌면서 산업화를 주도했고 동시에 경제가 발전하는 과정에 관료가 대거 충원된다. '대통령-경제 성장-관료제 확장'[77]이라는 박정희 정권의 독특한 구조는 그만큼 비정치적인 통제하에서의 성장이라는 특징을 보인다.

하지만 '대통령이 산업화를 주도한다'라는 특성으로 인해 관료제가 대통령에게 종속되는 특징 또한 가지게 된다. 이것이 두 번째 의미다.

박정희 정권 기간 내내 주요 정책은 사회운동의 형식을 통해 구현된다. 5·16군사쿠데타 이후 만들어진 '재건국민본부'가 의복 간소화운동, 의식간소화운동을 비롯하여 재건근로정신발휘운동, 저축장려운동, 기일내납세운동, 가족계획운동 등을 발표한 것이 쉬운 예다. 박정희 정부가 수립된 이후에도 같은 방식의 운동이 활성화된다.[78] 예를 들어 1960년대 초반 저축운동을 실시하면서 '경제개발 5개년 계획'을 위해 '민간자금 2309억 환'을 마련하려고 한다. 정부는 저축조합법을 제정했고 재무부 내에 저축과를 신설하는 등 예금을 장려하기 위해 관련 법률을 재조정한다. 동시에 대학생은 1인당 월 100환, 고교생은 50환, 중학생은 40환, 아동은 20환 이상 등으로 매우 구체적인 창달액을 제시한다.[79]

같은 시기의 가족계획운동도 비슷하게 추진된다. 인구증가율을 낮추기 위해 모자보건과를 설치하고 각 시·도에는 전임 직원, 읍·면·동에는 계몽원을 배치하며 이·동·통에는 자원 지도자를 둔다. 1970년대 후반에 실시한 자연보호운동도 마찬가지였다. 내무부에서 전국지방장관회의를 소집하여 중요 시책을 시달했으며 관계부처 장관과 전문가들로 구성된 중앙자연보호위원회를 만들었고 대통령이 명예총재, 국무총리가 위원장이 됐다.[80] 사실 오늘날에도 흔히 볼 수 있는 정부 주도형 위원회 설치와 사업 진행 방식이다.

그렇다면 이런 사회운동 또는 사회사업의 실행 주체는 누구인가. 결국 각부 장관부터 말단 행정기관까지 관료들이 떠맡게 된다. 대통령의 의지에 직접적으로 지배받는 집단이 탄생하는 것이다. 대통령에게 종속적이며 권력자의 의지를 고스란히 구현하는 한국형 관료제의 독특한 문화와 관습, 조금 과장하자면 한국형 관료제의 도덕과 윤리가 생겨난 것이다.

실상 권력자의 적극성이 고스란히 반영되는 한국형 관료제에 대해 그간 문제의식이 충분했다고 보기 어렵다. 김대중 정부의 행정개혁을 보더라도 ① 고객우선의 성과주의, ② 기업가적 정부 운영, ③ 유연하고 투명한 행정, ④ 조직원의 창의성 극대화 등이 핵심 목표였다. 구체적인 실천 방안에서 '새로운 조직문화를 창출'한다는 전략을 수립했다고는 하지만 개혁의 구체적인 목표는 주로 '연봉제', '개방형 임용', '인센티브제', '민간위탁' 식으로 관료제의 비능률을 개선하거나 성과를 지향하는 형태를 목표로 삼았을 뿐이다. 즉, 권력자의 의지보다는 법을 집행하는 관료제, 권력자보다는 가치 중심의 자율적 구조를 형성하는 데 대한 노력이 매우 부족했던 것이다.[81] 행정개혁의 목표가 '경쟁과 개방'을 통해 공무원의 '역량을 강화'하는 것이고 그러한 경쟁력 있는 공무원 집단을 대통령이 주도하는 행태는 사실상 노무현 정부 때도 고스란히 계승된다.[82]

이런 특성을 두고 애초에 미국의 영향을 받은 능률주의 행정 전통,[83] 유능한 국왕이 관료의 부정부패와 전횡을 막아야 한다는 특유의 왕조적 전통 때문이라는 지적도 있다. 여하간 중요한 사실은 대한민국의 역사에서 대통령이 막강한 우위를 점하며 관료들에게 자신의 의지를 관철하려는 과정 자체가 문제시된 적이 없다는 것이다. 어떤 면에서 문화예술계 블랙리스트 사업은 예정되어 있었는지도 모른다.

이해하기 힘든 그와 그녀의 선택

내가 좋아서 이 일을 하는 줄 아느냐, 위에서 시키니까 어쩔 수 없이 하는 거다.[84]

김종덕 장관이 김상욱 예술정책관에게 한 말이라고 한다.

솔직히 김종덕 장관님 오신 이후 인사에 대하여는 너무나도 말이 안 되는 일이 많았습니다. 김종덕 장관 본인도 내가 어떻게 할 수 없는 거라고 말씀을 하셔서 더 이상 물어보지 못했습니다.[85]
- 문화체육관광부 기획조정실장 송수근

2014년 8월부터 2016년 9월까지 문화체육관광부 장관 김종 덕 그리고 2016년 9월부터 2017년 1월까지 문화체육관광부 장관 조윤선. 유진룡 장관 이후에 문화체육관광부 장관이 되어 문화예 술계 블랙리스트 사업을 주도한 인물들이다.

우선 김종덕. 애초에 그가 장관으로 선임될 때만 하더라도 그 다지 세간의 주목을 받는 인물은 아니었던 듯하다.

홍익대 시각디자인과 교수, 박 대통령과 특별인연 없어[86]

홍익대학교를 거쳐 미국 아트센터 디자인대학과 서울대에서 학위를 받았고 미국 NBC 영상감독, 광고제작사 선우프로덕션에 서 감독을 했으며 애니메이션 <원더풀데이즈>를 제작하기도 했 다. 이후 모교인 홍익대학교에 정착한 후부터는 홍익대학교 광고 홍보대학원 원장, 영상대학원 원장 등을 지내면서 한국데이터방 송협회 회장, 한국디자인학회 회장 등을 역임한다. 관련 분야의 전형적인 전문가라 할 수 있다. 언론이 특별히 관심을 가진 인물 이 아니었기 때문에 처음 그가 장관으로 내정됐을 때는 1990년 대 금강제화 광고모델을 한 경험까지 보도된다.

우리 미술가들이 해외 나가서 관장하는 건 쾌거고 외국인이 관장이 되는 건 나라 팔아먹는 짓이고, 이렇게 생각하면 안 될 것 같습니다. (…) 싱가포르나 홍콩, 또 이탈리아 막시 미술관 같은 경우도 관장은 외국인이에요. (…) 저는 디자인하던 사람이라 세계하고 경쟁한다는 생각이 있는 거 같아요.[87]

한류가 연예인이나 KPOP 중심으로만 간다면 더 큰 어려움을 겪게 될 거다.[88]

'정치색 없는 전문가' 출신의 장관은 주요 언론을 통해 소신을 드러낸다. 협애한 자민족 중심주의 또는 특정 인기 있는 콘텐츠에 의존한 문화 정책에서 벗어나야 한다는 것이다. '현 정부에는 아는 분이 없'고 '(정치) 캠프에서 일한 것도 아니'었기 때문에 문화체육관광부의 역할은 말 그대로 문화적인 분야에서의 선진화가 목표라고 했다. 그러면서 영화계에서의 공정계약을 강조했고 관료의 부정부패 현상을 비판했다. 그러나.

이렇게 소신 없는 분이 어떻게 장관 하겠나.[89]

인사청문회 도중 야당 의원들이 한결같이 비판한 부분이다. 김종덕은 문화체육관광부 장관 후보자 시절부터 모호한 태도, 보다 정확히 말하면 '의견 없는' 태도를 유지하려 한다. 작품 <세월오월>을 두고 벌어진 광주 비엔날레 파행에 대해 어떻게 생각하느냐고 물으니 '표현의 자유는 당연히 보장되어야 하지만 저 작품 (세월오월)의 전시 문제는 문화체육관광부 소관이 아니다'라고 답변한다. 새정치민주연합 유은혜 의원이 다시 한번 개인적인 의견을 묻자 '답변하기 곤란하다'라며 끝내 답변을 피한다. 자니윤 씨의 한국관광공사 감사 임명 논란에 대한 의견을 묻자 '의견을 낼 처지가 아니다'라고 말했으며, 세월호 참사를 놓고 벌어진 황우여 교육부 장관의 문제 발언('세월호 참사는 넓은 의미에서 교통사고에 속한다')에 대한 의견을 묻자 '제가 답변하는 건 적절치 않다'라고 대답한다. 장관이 된 이후에도 마찬가지다. 교육문화체육관광위원회 전체회의에서 '정윤회 인사개입 의혹'을 두고 논란이 계속될 때도 '모른다', '파악 중이다'를 반복했을 뿐이다. 그랬던 그가 당일 오후 청와대에서 발표가 있자마자 청와대의 브리핑 내용을 그대로 반복해 의원들의 빈축을 사기도 한다.[90] 문화예술 전반에 대한 정책 변화에 대해 이야기를 할 때와는 완전히 상반된 모습이다.

이후 그를 따라다닌 몇몇 의혹 기사는 주로 '홍대 출신 낙하산 인사'에 대한 우려 정도였다.[91] 하지만 뒤늦게 어마어마한 규모의 문화예술계 블랙리스트 사업이 드러났다. 더욱 놀라운 사실은 그가 그저 대통령의 의지에 '떠밀려서' 어쩔 수 없이 일을 진행해나 갔다기보다는, 아랫사람들을 적극적으로 압박하면서 매우 성실하게 블랙리스트 사업을 실행해갔다는 점이다. 그렇게 판단하지 않고는 감당할 수 없는 사업 규모이다. 대체 그를 어떻게 이해해야 할까.

조윤선 수석도 웃으면서 이야기를 듣다가 나중에는 표정이 어두워졌던 기억이 있습니다. 이런 일들을 다 해야 하냐고 되물어 제가 '대통령께서 여러 가지 것들을 직접 챙기십니다'라고 말씀드렸습니다.[92]

어이구, 이 정도였느냐.[93]

문화체육관광부 장관이 된 이후 문화계 블랙리스트 관련 업무를 접하면서 나온 그녀의 반응이란다. 김종덕에게서 나타나는 해결되지 않는 이중성은 조윤선을 통해 한층 면밀하게 살펴볼 수 있다. 훨씬 이른 시점부터 정치에 투신했으며 다양한 공직에서 활동했기 때문이다.

조윤선은 '여성 법조인'으로 이른 시점부터 주목을 받았다. 이미 2000년대 초반 최초의 여성검사 조배숙, 방송과 공익소송을 통해 널리 알려진 변호사 배금자, 금융변호사 이미현, 지식재산권 전문변호사 황보영 등과 함께 언급됐고[94] 2008년 국내 여성 변호사가 1,000명을 돌파할 때도 강금실, 나경원, 추미애 등과 이름을 나란히 했다.[95]

서울지검 강력부에서 검사 시보를 했는데 피의자들이 저를 보고는 피식 웃더군요.[96]

서울대학교 외교학과를 나와 미국 컬럼비아 대학 로스쿨에서 수학한 전도유망한 여성 인재 조윤선은 1994년 국내 최대 로 펌인 김앤장의 '1호 여성 변호사'로 입사한 이후 각종 1호 타이틀 을 거머쥔다. 그리고 2002년 당시 한나라당 총재 이회창의 선거 대책위원회 공동대변인으로 정치권에 등장한다. 16대 대통령 선 거를 앞두고 '남경필 대변인에 이어 30대 여성 대변인'으로 발탁 되면서 주로 '20~30대 젊은 층과 여성층 공략'을 목표로 활동한 다.[97] 연이어 한나라당은 이회창 후보 법률특보로 30대 여성인 서 울행정법원 판사 나경원을 영입하면서 이른바 '젊은 여성 인재 영입'에 열을 올린다.[98] 하지만 이회창 후보의 대선 패배 여파였는 지 이듬해 조윤선은 김앤장법률사무소로 돌아간다. 이후 2007년 부터 1년여 동안 씨티은행 부행장을 역임한 후 2008년에 한나라 당 대변인, 비례대표 국회의원의 자리로 돌아온다. 똑같다고 할 수는 없겠지만 김기춘이 법조계와 경제계, 정치계를 넘나든 것과 유사한 패턴이다.

　　씨티라는 글로벌 조직에 있어 보니 홍콩·싱가포르·영국에서는 되는 게 우리나라에는 안 되는 게 너무 많아요. (⋯) 정말이지 금융 시장을 빨리 확 뜯어고치는 게 너무너무 시급해요.

정치권으로 돌아온 그녀는 사실상 모든 인터뷰에서 겸손한 태 도를 유지하면서도 본인이 경험한 글로벌한 경영 세계 그리고 온 건한 정치적 입장을 차분하고 꾸준하게 드러낸다.[99] 당시의 언론 역시 여성 의원의 '전문직 파워'[100]라는 관점에서 관심을 보였고 심지어 '미녀 대변인 계보 승계'[101] 식의 매우 조잡한 관점으로 그녀를 다루기도 한다.

> 대학 1학년 때 MT나 학회에 가 운동권 선배들의 얘기를 많이 들어봤지만 너무 과격하고 한쪽으로 치우쳤다는 생각이 들더군요. 보수적인 학생은 입도 뻥끗할 수 없는 상황이었고, 자유로운 토론과 반론이 용납되지 않는 분위기가 안 맞았죠.

1984년에 대학에 입학한 그녀는 격렬한 민주화운동의 열정을 대신하여 '김병종 교수의 미술의 이해 강의를 홀로 수강하며' 안식을 누린다.

> 케임브리지 대학에 단기간 교환학생으로 등록해놓고 미술관을 열심히 찾아다녔다. (…) 여행을 갈 기회가 생기면 이탈리아의 '메디치 가문 컬렉션' 등은 빼놓지 않고 챙긴다. 물론 국립, 시립 미술관도 필수코스다.[102]

실제로 그녀는 《미술관에서 오페라를 만나다》, 《문화가 답이다》를 출간하면서 문화예술에 대한 열정을 드러낸다. 그리고 이 시점에 '문화예술에 대한 조예가 깊고 동시에 경제경영에 대한 이해도가 높은 정치인'이라는 보다 세련되고 전문적인 이미지를 구축하기 위해 많은 노력을 기울인다. 여러 인터뷰에서 문화예술에 대한 높은 자부심을 드러내는 동시에 문화산업에 대한 본인의 관점을 피력했으니 말이다. 2010년 1월 24일 대변인직을 그만둔 당시에는 검은색 드레스 차림으로 한국 전통음악 사회자 겸 해설자로 무대에 선 것이 기사화되기도 한다.

프랑스는 미테랑 전 대통령 시절에 문화산업 인프라를 잘 만들어서 지금도 그걸로 먹고 살아요. (…) 일본 벳푸 페스티벌처럼 작지만 알찬 음악제가 좋은 예죠. 영국에도 글라인드본이라는 작은 도시가 있는데 축제를 보려고 얼마나 많은 사람이 찾는지 몰라요. 우리나라야말로 건물보다는 콘셉트가 필요한데 아직은 외형에 치우친 것 같아요. (…) 문화가 국내총생산(GDP)의 큰 부분이 될 수 있으니까요.[103]

하지만 박근혜 정권이 들어설 때까지 국회의원과 대변인 등을 역임하고 몇몇 자문과 홍보대사, 위원회 위원 등이 되긴 했지만 단지 그 정도였을 뿐이다. 국회의원으로서의 여러 인터뷰를 보더라도 특별히 눈길을 끌 만한 발언을 찾기조차 쉽지 않다. 적당히 보수적인 입장, 적당히 자당의 입장을 드러내는 수준인 데다 몇몇 격한 이슈에서조차 통상의 국회의원이라면 응당 할 만한 발언 정도에서 그친다.

그럼에도 2013년부터 정점을 향해 나아가기 시작한다. 2013년 박근혜 정부가 들어서면서 여성가족부 장관이 됐고 2014년에는 정무수석, 2015년 성신여자대학교 법과대학 석좌교수를 거쳐 2016년에는 문화체육관광부 장관이 된다.

카페에 들를 때마다 팥빙수를 시켜줄 정도로 주변 사람을 챙긴다. 또 2007년 경선 때 입던 옷을 여전히 입고 다닐 정도로 검소하다. 같은 여자로서, 정치 선배로서, 배울 만한 점이 많다. 여자 대통령이 나오면 사회 활동 전반에 양성화가 자연스럽게 진행될 거다. '여자 대통령'이란 상징성 자체에 의미가 있다.[104]

'박근혜 후보는 어떤가'라는 질문에 대한 박근혜 캠프 조윤선 대변인의 답변이다. '같은 여자', '여자 대통령' 등 '여성'을 강조하기 시작한다. 그리고 박근혜 정부가 들어서자 여성가족부 장관으로 임명된다.

/

실세 장관의 등장 vs 전문성이 없는 장관

인사청문회장에서 남윤인순 의원이 위드(WID, Women in Development 여성개발) 전략과 개드(GAD, Gender and Denelopment 성주류화) 전략의 차이를 물으면서[105] 그녀의 전문성을 공박했는데, 사실 취임 이후 여성가족부 장관으로서 특별함을 찾아보기란 쉽지 않다. '여가부는 꼭 필요한 부처라는 사실을 알리는 장관이 되겠다', '일하는 엄마 대신 국가가 엄마가 되어야 한다'[106] 식의 매우 식상한 수사만 반복했을 뿐이다. 언론의 관심 역시 '예쁘고 머리 좋고 유능한 데다 성격까지 좋은 스타 각료',[107] '문화계와 금융계, 법조계 등 사회 전반에 걸쳐 폭넓은 인맥을 자랑하는 항상 긍정적이며 거절을 잘 못 하는 성격'의 '최장수 여성 대변인' 출신의 장관,[108] 장관의 '솔선수범에 점점 낮아지는 부처 간 칸막이'[109] 등으로 부질없는 이야기만 쏟아낸다.

> 대한민국은 세계가 괄목하는 한강의 기적을 이뤘습니다. (…) 제2의 한강의 기적을 이루는 데 대한민국 여성이 함께하겠습니다.

여성가족부 장관 조윤선 취임사의 일부다. 그녀는 박근혜를 이야기할 때 유독 구체적이 된다. 물론 박근혜 정부의 여성가족부 장관이기 때문에, 박근혜 캠프의 대변인이자 최측근이었기 때문이었을지 모르겠지만 '별것 아닌 것'을 두고 쏟아내는 찬사가 여러 언론에서 반복된다.

> (박근혜는) 정말 애국심이 몸에 배었다는 걸 느꼈다. (…) 관계자가 한라봉을 하나씩 나눠줬다. 박 후보는 '누가 이렇게 귀한 걸 보내주셨느냐'며 고마워했다. 그 진심 어린 표정과 말투가 지금도 생생하다.[110]

> 한 번은 (박근혜) 후보가 화장실에 가서 손을 씻는데 손수건이 없었다. 내 손수건을 건네자 극구 사양했다. 몹시 미안한 표정을 지으면서. 이런 면을 사람들이 정말 모른다.[111]

적어도 조윤선에게 대통령 박근혜에 관해서만큼은 다른 어떤 주제보다 구체적이다. 그리고 이 지점에서 그는 심각한 문제를 일으킨다.

> (세월호 사건 당시) 대통령께 보고한 전화보다 대통령으로부터 받
> 은 전화가 많았다. 거의 20분 간격으로 상황을 확인하고 지시한
> 것이다. 그날 점심식사 끝날 때까지 다들 '전원 구조'로 알았다. (…)
> 밑에서 허위보도가 올라온 탓이다.[112]

심각한 문제가 발생하면 거짓말을 해서라도 대통령 박근혜의
편을 들고 나선 것이다. 여성가족부 장관 인사청문회장에서 수차
례에 걸쳐 '여성 각료가 더 들어가도록' 노력하겠으며 박근혜 대
통령에게도 '여성 인재를 조금 더 채용해주십사' 노력하겠다는
이야기를 강조했다.[113] 민주통합당 후보 김용민의 '콘돌리자 라이
스 전 미국 국무장관 강간' 발언에 관해서는 맹비난하면서도 박
근혜 정부 대변인 '윤창중 성추행 사건'에 관해서는 아무런 논평
도 하지 않았다. '4대 사회악인 성폭력 척결'에 앞장서기 위해 예
방교육을 비롯한 각종 활동에 관해서는 의지를 드러냈음에도 말
이다.[114] 장관이 감당해야 할 일반적인 일에 관해서는 일반적인 태
도를 보이지만, 비상한 상황에서는 결국 원칙보다는 권력을 좇는
자취가 나타난 것이다.

> 나는 달항아리처럼 균형 잡힌 사회를 위해 '문화 정치'를 계속
> 할 것이다.[115]

대통령 박근혜의 신데렐라, 박근혜가 유독 편안하게 여기는 인물, 박근혜가 패션에 대한 조언을 자주 구하는 사람. 이른바 '문화 정치인' 조윤선은 기어코 문화체육관광부 장관이 된다. 오페라 동호회 '돌체비타' 회장이자 저명한 문화잡지 월간 <객석>에 2년간 '오페라가 있는 명화'라는 칼럼을 썼으며 주변 사람들에게 미술책이나 화집을 스스럼없이 선물로 건넸던 장관 조윤선의 시대[116]가 열린 것이다. 하지만 이 시기는 결국 문화예술계 블랙리스트 '집행'으로 점철된 기간이 되고 만다.

문화예술계 블랙리스트 문제가 수면으로 떠오르자 문화체육관광부 장관 조윤선은 지난한 공방을 일으켜 문제를 회피하고자 한다. 더불어민주당 김민기 의원이 블랙리스트에 대해 알았냐고 다그치자 '문체부에 온 이후 본 적도 없고, 사실 확인에 어려움이 있었고, 그 점은 특검이 조사하는 부분이니 밝혀질 문제다'라는 식으로 이야기를 끌었다. 다시 더불어민주당 도종환 의원이 관련 녹취록 등의 자료를 제시하자 '혼란스럽고, 사실관계가 너무 많아서 현장에서 제대로 확인하기 어려우며, 원론적으로 제도적 문제에 관한 보고를 받았다'라며 다시금 이야기를 끈다.[117] 이후 증거가 드러나고 상황이 심각해지자 '블랙리스트가 있었다는 것은 알았지만 관여하지 않았다'라고 말을 바꾼다.[118]

언론에서는 '김기춘과 조윤선' 식의 묶음 형태로 보도가 됐지만 자세히 살펴보면 둘과 관련된 논란은 전혀 다른 방향성을 띤다. 김기춘은 자신의 행동이 정당하며 불법이 아니라는 강변으로 일관했으며, 수많은 증언이 그의 적극성을 입증한다. 이에 반해 조윤선은 블랙리스트에 관해 알았는가 몰랐는가가 핵심 쟁점으로 부상한다. 또한 여러 결정적 증언이 있었음에도 단지 정무수석으로 또는 문화체육관광부 장관으로 문화예술계 블랙리스트 사업에서의 역할이 입증됐을 뿐이다. 즉, 김기춘처럼 반드시 해야 한다는 적극성은 조금도 발견할 수 없었다. 적어도 이 부분에서는 김종덕 장관의 태도와 완벽할 정도로 일치한다.

/ 어쩔 수 없었다?

무엇이, 그리고 왜 그들을 어쩔 수 없게 만들었을까. 사실 조윤선을 둘러싼 위법 사항은 문화예술계 블랙리스트의 범위를 넘는다. 정무수석 당시 해양수산부에 '4·16 세월호 참사 특별조사위원회' 축소 및 통제를 지시했으며,[119] 국가정보원 특수 활동비를 전용한 뇌물 수수에서도 그녀의 이름을 찾아볼 수 있다.[120] 이병기 국정원장 시절 매달 500만 원씩 4500만 원을 받은 혐의다.[121] 또한 2014년부터 2016년까지 어버이연합 등 33개 보수단체에 69억 원을 불법으로 지원하도록 전국경제인연합회를 압박한 혐의로도 기소됐다.[122]

그리고 문화예술계 블랙리스트 문제가 있다. 김기춘이 법리전쟁을 벌이던 즈음 조윤선 역시 유사한 과정을 거친다. 화이트리스트 지원 문제에 관해서는 '일반적인 협조를 요청한 것으로 범죄가 되지 않는다',[123] 국정감사 위증 혐의에 관해선 '증언할 당시 선서하지 않았기 때문에 무죄'[124]라는 식이었다. 남편 박성엽을 중심으로 한 법무법인 김앤장 소속의 초호화 변호인단[125]이 등장하여 그녀를 무죄로 만들기 위해 안간힘을 쓴다. 특히 남편의 카톡 조언과 법정에서 부부가 울고불고한 모습[126]이 화제가 되기도 했다.

어디 그뿐인가. 문화체육관광부 장관 인사청문회 당시에는 '화수분 재산'이 논란이 됐다. 여성가족부 장관 청문회 때보다 재산이 5억 1000만 원 늘어났는데, 문제는 이 기간에 조윤선 후보자 부부의 세후 수입 총액이 23억 4000만 원이라는 것이다. 즉, 의도적으로 재산신고를 누락하지 않았다면 약 3년 8개월 동안 18억 3000만 원을 소비했다는 얘기가 된다. 그렇다면 1년 생활비가 5억 원이라는 건가? 본인은 '부부의 한 달 소비가 약 2000만 원' 정도라면서도 구체적인 자료 제출은 거부했다.[127]

한 번도 거주하지 않았던 반포 재건축 아파트 매매로 5억 원의 차익을 봤던 것이 문제가 됐고,[128] 한국씨티은행 부행장 시절에는 '공무원 행동강령'에 위배되는 접대, 즉 입법 로비를 위해 관계부처 공무원과 수시로 만난 것 또한 문제가 된다. 특히 재정경제부 최OO 금융 정책과장과는 2007년 2월부터 9개월간 여덟 차례나 만났음을 민주통합당 전병헌 의원이 공개했다. 조윤선 후보자는 만난 사실은 인정하되 '금융지주 회사법에 대한 씨티은행의 향후 대응 방안' 때문이었다고 해명했는데 실제로 금융지주 회사법 개정과 한국씨티은행의 지주 회사로의 전환은 맞물려 돌아갔다.[129]

그리고 2017년 문화체육관광부 장관 재임 당시 출장 때문에 잠시 머무는 서울사무소에 '장관 전용 화장실을 설치'하는 기행을 벌이기도 한다. 취임한 지 열흘 만에 이루어진 조치다.[130] 이런 무수한 일들이 도대체 '오페라와 미술을 사랑하는 실세 장관'과 무슨 관련이 있을까?

조윤선은 김기춘과 묘한 공통점을 보인다. 법조계 엘리트가 얼마만큼 출세할 수 있을까에 관해 시대를 넘어선 성취를 입증했다는 점에서다. 성공의 범위는 정치, 경제, 사회를 아우른다. 좋은 대학, 좋은 집안 배경, 거기에 여성 엘리트이기 때문에 발휘할 수 있는 특유의 매력까지 더한다면 조윤선을 김기춘의 단순한 복제품이라 보기는 힘들다.

조윤선은 김종덕과도 묘한 공통점을 보인다. 해외 사례를 끄집어내며 선진적인 변화를 역설한다. 그러면서도 관료사회에서 반드시 극복되어야 하는 부정부패나 잘못된 관행 앞에서는 침묵한다. 더구나 대통령이라는 절대 권력자를 위해서라면 조윤선은 김종덕보다 조금 더 적극적인 모습을 보인다. 그래서 이들이 집권한 기간에 문화예술계의 선진적인 변화는 나타났는가?

물어보아야 할 것들이 한없이 많다. 엘리트는 이런 식으로 출세를 하는 것인가? 이것이 한국 사회에서의 출세란 말인가? 1심에서 무죄로 풀려난 후 2심에서는 이른바 '캐비닛 문건'으로 유죄 판결을 받았는데 이는 어느 출세지향 관료의 처절한 실패인 건가, 아니면 김기춘이 초원복집 사건에서 보여줬듯 이겨내야만 하는 잠깐의 역경에 불과한 건가.[131]

개인에 대한 비판이나 비난이 아니라 한국 사회가 기어코 양

산하고 마는 엘리트 구조 또는 한국의 엘리트라면 두 눈 감고 따라야 하는 현실에 대한 성찰이 필요하다. 알베르트 슈페어와 김종덕, 조윤선. 시공간상으로 엄청난 차이가 있음에도 이들은 지도자에게 자발적으로 복종했다는 공통점을 보인다. 어느 정도의 양심적 가책을 견뎌내야 했지만, 그로 인해 자신들이 꿈꾸었던 것 이상의 어마어마한 개인적 성공을 거둔다. 그 과정에서 가공할 위법 행위를 저질렀는데 그렇다면 이것은 역사적으로 입증된 출세의 방식인가, 아니면 반드시 고쳐야 하는 사회적 병리인가.

[철학의 어깨 위에서]

타당하지 않은 신념 유지하기:
레온 페스팅거Leon Festinger
《인지부조화 이론A Theory of Cognitive Dissonance》

부조화의 존재는 심리적 불편함을 느끼게 하기 때문에 부조화를 감소시켜 조화를 달성하려는 동기를 유발할 것이다.

부조화가 발생하면 그것을 감소시키려 할 뿐만 아니라, 부조화를 증가시킬 가능성이 있는 상황이나 정보를 적극적으로 회피하고자 할 것이다.[132]

우리는 일상적인 대화에서나 텔레비전 드라마 등에서 통상 이해할 수 없는 비합리적인 일을 두고 기가 막혀 하면서 '이해할 수가 없다'고 발언하는 경우를 종종 볼 수 있다. 그러나 '정상적인 사람이라면 말이지'로 시작되는 가정법은 결코 타당하지 않다.

인간은 이진법에 따라 정교하게 돌아가는 컴퓨터 같은 존재가 아니다. 컴퓨터의 세계는 정교하고 정확하며 예측 가능하고 예상 가능하다. 설계된 그대로 돌아가기 때문인데 만약 그러지 않을 경우는 '오류'를 일으켜 제대로 된 기능을 하지 못한다. 이런 식의 설명은 즉각 공학도들의 비판을 받을지도 모른다. 오류는 끊임없이 발생하고 이른바 버그 수정과 업데이트 과정, 새로운 프로그램으로의 교체 같은 과정이 이뤄진다는 걸 이야기하며 무식한 인문학자들이라고 지적할 수도 있을 것이다. 하지만 이러한 예외 상황조차도 기계에서는 판단 가능한 패턴을 띤다. 정상 작동이 있고, 작동하는 기계는 성능에 따라 기능하는 범위가 있다. 만약 오류를 일으킨다면 개선, 수정 또는 폐기 등의 분류 방식에 따라 처리를 하면 그만이다. 하지만 인간은 어디 그런가.

존재 안에 비합리성이 가득하며 따지고 보면 인류 역사 자체가 비합리적인 과정의 연속이다. 히틀러와 나치당은 왜 그토록 유대인들을 미워했으며 말도 안 되는 문화 통제 정책을 펼쳤을까. 퇴폐 미술 전시회에 몰려들었던 사람들이 과연 정말로 괴벨스와 같은 마음으로 작품을 보면서 저주하고 분노하고 전시된 작품들을 퇴폐적이라고 비판했을까? 욕을 하면서도 관심을 가지고, 밤에 문을 닫고 끼리끼리 원하는 대화를 나눌 수 있는 것이 인간 아닌가 말이다.

김기춘이나 조윤선의 행동에 대해서는 어느 정도나 합리적인 설명을 할 수 있을까. 유신체제의 강력함과 5년 단임제 대통령제의 연약함을 누구보다 잘 아는 인물이 김기춘 아니었을까? 대학 시절부터 그토록 문화예술을 사랑해왔다면 그러한 문화예술의 힘이 어디에서 샘솟는지를 조윤선도 알지 않았을까? 그럼에도 그들은 흔들리는 공간에서 칼을 함부로 휘둘렀거나 자신의 신념과는 정반대의 선택을 지속적으로 한다.

우리는 쉽게 그 예외를 발견하게 된다. 어떤 사람은 흑인들도 백인들과 다름없이 좋은 사람들이라고 생각하면서도 자기 이웃에 흑인이 이사 와서 사는 것은 원하지 않을지도 모른다. 어떤 사람은 어린아이들이 모임에 참석했을 때 조용히 있어야 하고 다른 사람들에게 방해가 되지 않아야 한다고 생각하면서도 자기 아이가 적극적으로 나서서 다른 손님들의 관심을 끄는 것은 자랑스러워한다.[133]

인간의 삶은 대부분 일관적이지 않다. 타인의 잘못에 관해서는 사소한 것에서부터 일일이 지적하면서도 자신에 대한 비판은 단 하나도 받아들이지 못하는 사람, 타인에 대해서는 '이렇게 해야 한다, 이것이 부족하다, 이것이 개선 방안이다' 식으로 조언을 늘어놓으면서도 정작 남들이 하는 이야기는 조금도 받아들이지 않는 사람 등 '일관성이 없는 사람'을 찾는 건 힘든 일이 아니다. 그러나 자신의 잘못을 인정하고 반성하는 사람을 찾는 건 매우 어렵다. 대부분은 행동을 합리화하고 숱한 사람들이 보기에 잘못이 있음에도 본인은 그러한 합리화에 충분히 만족하며 잘만 살아간다. 만약 누군가가 굳이 공격을 하면 발끈해서 격하게 화를 낼 것이고, 심지어 물리력을 사용해 제압하려고까지 들 것이다.

심리학자들이 흔히 이야기하는 무의식 또는 동양의 사상가들이 주목했던 기질 같은 것을 고려해본다면 사람은 의식적으로 판단하는 것보다는 이미 형성된 내면이나 외적 환경에 의해 영향을 받는 경우가 대부분이며, 의식적인 행동보다 무의식적인 행동을 훨씬 많이 한다. 거기에 시간적이고 역사적인 과정까지 고려해보자. 조선 시대에는 신분제가 당연한 것이었지만 오늘날 우리는 정반대의 사회에서 살아간다. 1970년대에 10대를 보낸 사람과 2000년대에 10대를 보낸 사람이 어떻게 같은 사유를 할 수 있을까.

인지부조화

심리학자 레온 페스팅거는 이러한 인간의 일반적인 비합리성에 대한 중요한 통찰을 제시한다. 사람들에게 흔히 나타나는 비합리적 태도는 왜 발생하는가. 그는 그 원인을 논리적 모순, 문화적 관습, 일반적인 의견이 지니는 영향력, 과거의 경험 등이라고 규정한다.

그렇다면 인지부조화를 스스로 인식할 수는 없을까? 인식할 수 없는 경우가 있고, 인식할 수가 있는 경우가 있을 것이다. 그렇다면 인식했음에도 부조화를 개선하지 않고 그대로 놔둘 수도 있을까? 무엇을 잘못했다고 느끼거나 누군가가 잘못됐다고 지적하거나 스스로 잘못했다고 인정하면서도 지금까지 해왔던 행태를 그대로 고수할 수 있지 않은가 하는 얘기다. 잘못을 알고 있음에도 바꾸지 않는 것 역시 일반적인 현상이라면, 왜 그럴까? 자신의 행동을 바꾸면 쉽게 해결될 것을 왜 바꾸지 않을까? 레온 페스팅거는 몇 가지 가정을 제시한다.

변화가 고통스럽게 느껴지거나 손실을 야기할 수도 있다.

현재 행동이 다른 측면에서 만족스러울 수 있다.
행동의 변화가 단순히 불가능한 경우도 있다.[134]

어쩌면 가장 단순한 예가 김기춘일 것이다. 그가 어디까지 출세를 지향했고, 어디까지 법치주의자이며, 어디까지 반공을 신봉했는가를 규명한다는 것은 불가능에 가까울 정도로 어렵다. 하지만 적어도 노년의 김기춘, 비서실장으로서 문화예술계 블랙리스트 사업을 진두지휘하던 신념의 지도자 김기춘의 심리 상태는 매우 단순할 것이다. 평생 축적해온 내면의 관습이 매우 기괴하고 모순적이지만 스스로에게는 자연스럽게 발휘됐을 테니 말이다.

이보다 훨씬 모호한 존재는 김종덕이다. 박근혜 대통령과 별 인연이 없는 해당 분야 전문가가 문화예술계 블랙리스트 사업을 추진하면서 내적인 혼돈 또는 양심의 가책을 받지 않았다? 더구나 이미 관련 단체의 원장과 임원을 두루 역임한 대학교 교수가 굳이 '의견 없는', '어쩔 수 없는' 장관이 되어 각종 비난에 시달려야만 한다? 도대체 왜 그런가. 문화예술계의 고질적인 후진성을 극복할 기회가 왔기 때문에? 아니면 문화예술계 전반을 주무를 수 있는 권력을 누리고 싶어서? 그것도 아니면 교수로서 누릴 명성은 모두 누렸기 때문에 이제는 장관 그리고 그 이상의 출세를 하기 위해서?

의사결정 후 부조화가 발생하면서 이 부조화를 감소시키기 위한 압력은 그 의사결정의 안정화로 연결됐다. (⋯) 의사결정 후에 상당한 부조화가 있다면, 그 선택지들에 대한 선호도의 차이는 의사결정을 하는 기간보다 더 커진다. 이러한 현상의 한 가지 결과가 바로 이미 의사결정이 이루어지면 그것을 번복하는 것은 어렵거나 불가능해진다는 사실이다.[135]

레온 페스팅거는 '부조화의 감소'를 분석하기 위해 '결정 번복'과 관련된 실험을 한다. 흥미로운 점은 '무관심 유형', 즉 의사결정을 하는 데 그다지 심각한 고민을 하지 않은 경우에는 40퍼센트 정도가 결정을 번복하지 않은 것에 비해 '갈등 유형', 선택을 하는 데 내적인 곤란을 겪은 경우에는 76퍼센트가 결정을 번복하지 않는다는 결과가 나왔다는 것이다. 의사결정을 하는 데 복잡한 생각, 곤혹스러움, 어찌해야 할지 모르는 당혹감, 옳고 그름에 대한 혼란스러움, 윤리와 욕구의 충돌 등을 경험한 결정은 번복이 어렵다는 말이다.

왜 이러한 심리적 혼란과 완고함이 발생할까. 아니, 관점을 조금 바꾸어서 이러한 심리적 형태를 사전에 인지하고 강요를 통해 번복이 어려운 심리 상태를 만들어버릴 수는 없을까?

처벌에 대한 위협이나 보상이 없을 때에는 강요된 순응이 좀처럼 발생하지 않는다.[136]

레온 페스팅거는 '개인의 의견이나 신념의 변화를 동반하지 않은 외부적 순응'이 일어날 수 있는 조건을 크게 두 가지로 설명한다. 첫째, 불응할 경우 처벌의 위협이 있고 이를 회피할 방법이 없는 경우다. 즉, 위협 앞에 굴복하거나 처벌을 감수해야 한다는 말이다. 둘째, 순응의 대가로 특별한 것이 제공되는 경우다. 충분히 매력적인 보상이라면 설령 그것이 옳지 않다고 여겨지더라도 적어도 '겉으로는' 순응할 수 있다는 말이다.

우리의 자료는 행동이 일단 변하면 신념의 변화가 잘 일어난다는 사실에 증거를 제공한다.[137]

강요된 순응도 변화를 일으킨다. 레온 페스팅거는 그 예로 백인과 흑인이 강제로 통합된 학교에 다닌 경우를 든다. 레온 페스팅거가 인지부조화 이론을 정립하던 1950년대 중반, 미국에선 격렬한 인종갈등이 벌어지고 있었다. 이를 돌파하고자 미국 연방 대법원은 흑인 여학생 린다 브라운이 제기한 소송에서 '인종차별은 위헌'이라는 판결을 내렸고, 이에 따라 공립학교의 인종통합 정책이 실시된다. 레온 페스팅거가 보기에 이는 강요된 순응 현상이다. 강제로 통합한 지역에서는 보다 자연스럽게 통합을 지지하는 순응 현상이 일어날 것이며 통합에 반대한 지역에서는 반대 경향이 훨씬 강해질 거란 예상이다.

강요된 순응 현상의 대표적인 예는 아마 군대일 것이다. 입대 이후 체계적인 육체 훈련과 정신교육을 받은 후에는 거의 모두 군대가 지향하는 가치에 순응하기 때문이다. 여기서 두 가지 현상이 동시에 발생한다. 강요에 의해 몸과 마음 전체가 순응하는 경우 그리고 단지 몸만 순응하는 경우다. 하지만 결과는 같다. 어차피 마음이 순응하지 않더라도 인간이란 행동을 통해 자신을 드러내기 때문이다.

어쩌면 대통령 박근혜는 장관 조윤선에게 강요된 순응을 요구한 것이 아닐까. 여성가족부 장관, 정무수석 그리고 문화체육관광부 장관이라는 자리와 문화예술계 블랙리스트 사업은 여성으로서, 문화예술을 애호하는 법조계 엘리트로서 조윤선 개인에게 어울리기는 하지만 조윤선의 내면적인 소망과는 무관한 단지 그럴듯한 선물 또는 대가와 요구였을 수 있다.

개인의 의견을 바꾸어 다른 사람이 믿는 것과 자신의 지식을 밀접하게 연결해 부조화를 감소시키거나 완전히 없앨 수 있다.
부조화를 줄이는 다른 방법은 반대하는 사람이 의견을 바꾸고 자신의 의견에 따르도록 설득하는 것이다.
다른 사람의 의견이 나와 다름을 아는 것과 자신의 의견 사이의 부조화를 줄이는 또 다른 방법은 어떤 식으로든 상대방이 자신과 비교할 만한 대상이 아니게 만드는 것이다.[138]

레온 페스팅거는 부조화 처리 과정을 간단히 정리한다. 자신의 의견을 수정하거나 상대방을 설득해서 의견을 수정하게 하거나 특별한 무엇인가를 부여하여 여타의 의견을 무의미하게 만드는 것이다. 어느 지점에서 정확히 어떤 거래가 이루어졌는지는 아무도 모른다. 다만 중요한 사실은 옳고 그름을 떠나 개인 또는 집단은 충분히 능수능란하게 자신의 비합리적인 태도를 합리화 할 수 있다는 것이다.

3장

정의로운
처벌에 관하여:

진실이 밝혀진
이후에 필요한 것들

부역자, 공모자,
방관자라는 문제

'드레퓌스는 간첩이다!'

'아니다. 유대인이기 때문에 잡혀간 것이다!'

19세기 말 프랑스 전역을 들썩이게 한 드레퓌스(Alfred Dreyfus) 사건에서 반드레퓌스파와 드레퓌스파는 강력한 정치투쟁을 벌인다. 언론 역시 예단에 가까운 기사를 쏟아내며 본인들의 기대를 사실화한다. 에밀 졸라(Émile Zola)를 비롯한 당대의 지식인들이 양심적이고 논리적인 주장을 펼치기도 하지만 매우 비양심적이며 모욕적인 인종주의, 좌파 혐오주의 역시 강력한 힘을 발휘한다. 억울한 옥살이, 지난한 정치 공방, 극단적인 모욕 그리고 매우 미온적인 사태 수습 등 사건은 시작부터 끝까지 혼란스럽게 진행된다.

대통령과 비서실장, 정무수석과 문화체육관광부 그리고 국가정보원이 벌인 대규모 사업에 공무원, 문화예술계의 실력자들이 대거 말려든 대한민국의 블랙리스트 사건에서 공무원은 가해자일까, 피해자일까. 이들에게 적당한 처벌이란 어느 정도의 수준으로 진행되어야 할까.

물론 처벌이 모든 것을 해결하진 못한다. 다양한 개선안을 선심성 공약처럼 발표하고, 인사이동으로 모든 것을 처리하면서 없었던 일처럼 만들어버리는 간단한 방법도 있는 것이다. 하지만 이런 손쉬운 해법은 실상 매우 기만적일 뿐이며 새로운 기회주의와 부정부패의 토양이 될 뿐이다. 아무리 고되더라도 폭풍우가 휩쓸고 간 자리를 그대로 덮어버릴 수는 없다. 비지땀을 흘리는 원상 복구의 과정이 필요하다.

19세기 프랑스의 실패: 드레퓌스 사건

인도·유럽어족과 비교해 셈족은 인간본성상 열등하며 (…) 아리안족 또는 인도·유럽어족은 정의의 덕목, 자유를 위한 감정과 아름다움에 대한 개념을 가지고 있다. (…) 셈족은 상업적이고 탐욕스럽고, 모사꾼이고 교묘하고 속임수를 쓴다. 아리안족은 열정적이고 영웅적이고 의협심이 강하며 사심이 없고 솔직하고 순진할 정도로 남을 잘 믿는다.[1]

그 유명한 매부리코, 깜박거리는 눈, 옥니, 툭 튀어나온 귀, 편도 모양으로 둥그렇지 않고 네모진 손톱, 긴 상체, 평발, 둥근 무릎, 툭 튀어나온 복사뼈, 흐느적거리며 물렁거리는 위선자의 그리고 변절자의 손 (…) 유대인은 역겨운 냄새를 풍긴다. (…) 유대인은 (…) 모든 병의 대상이다. (…) 그들은 우리와 같은 뇌를 가지고 있지 않다. 그들의 진화는 우리와 다르고 그들로부터 온 모든 것은 예외적이고 이상하다.[2]

프랑스의 우파 지식인, 정확히 말해 반유대주의자인 에두아르 드뤼몽(Edouard Adolphe Drumont)이 1886년에 쓴《유대인의 프랑스(La France juive)》에 나오는 대목이다. 첫 주에만 25만 부가 팔렸고 이탈리아어, 스페인어, 독일어 등으로 번역된[3] 당대의 베스트셀러는 이토록 노골적이고 맹목적이며 비논리적이다.

/
　진짜 프랑스인은 프랑스 땅에서 태어난 사람이어야만 한다.

　에두아르 드뤼몽이 보기에 유대인들은 극도로 위험하다. 그들은 오랫동안 프랑스에 살면서 각종 이득과 승리만 맛봤기 때문이다. 프랑스 왕국에서, 프랑스 대혁명에서, 공화국과 제국의 격변기에서 숱한 세력과 사람들이 명멸을 거듭했지만 끝내 생존하면서 승리를 거머쥔 인물들은 결국 유대인이다. 그들은 오랜 기간 프랑스에 살고 겉으로는 귀화했지만 그들만의 정체성을 지키고 그들만의 이익을 위해 무슨 짓이든 한다.
　그의 생각대로라면 '비밀외교'에 슬그머니 끼어들어 영향력을 행사했기 때문에 나폴레옹 3세(Charles Louis Napoléon Bonaparte)가 비스마르크(Otto Eduard Leopold von Bismarck)가 이끌던 프로이센에게 패배한 것이다.[4] 당대 세계적인 거부이자 유대인 은행가 로스차일드(Lionel Nathan Rothschild)야말로 프랑스를 위협하는 무시무시한 실체다. 어디 이뿐인가. 프랑스 개신교도의 절반이 유대인이고 프리메이슨단의 상징과 의례는 탈무드에 영향을 받았기 때문에 이들 역시 유대인의 감추어둔 병기다.

에두아르 드뤼몽은 진정한 프랑스인, 진정한 프랑스 민족, 진정한 프랑스 그리고 진정한 신앙인 가톨릭을 강조하면서 이에 대응하는 지점에 개신교도, 프리메이슨단 등을 설정한다. 결국 모든 위협의 배후에는 '유대인'이 있다는 것이다. 당연히 주장은 자의적이고 편의적이다. 나폴레옹 역시 유대인의 후손이지만 예외적으로 봤고, 로스차일드 가문과 경쟁을 벌인 페레르 가문 역시 유대인이지만 프랑스 사회에 잘 동화된 포르투갈계 후손이란 이유로 로드차일드 가문에 대해서와는 다른 태도를 보인다.[5]

이를 두고 유럽 역사 내내 나타났던 진부한 반유대주의로 해석하거나 막연히 '혐오'라는 개념을 들이밀면서 쉽게 해석하는 것은 곤란하다. 책이 쓰인 시기는 19세기 말이었다. 당시 프랑스의 사정은 생각보다 복잡하고 심각했다. 에두아르 드뤼몽은 <자유언론>을 창간하면서 '프랑스에서 유대인을 추방하라! 프랑스인들에게 프랑스를!' 식의 반유대주의 운동을 열렬히 벌여나간다.[6] 또한 군대 내 유대인 장교의 임관을 반대하는 운동도 펼치는데 이와중에 드레퓌스 사건이 벌어진다.

정의와 진실 vs 명예와 질서

1894년 드레퓌스 육군 대위가 간첩죄로 체포될 때만 하더라도 이 문제가 그토록 거대한 사회적 파문을 일으키리라고 생각한 사람은 아무도 없었을 것이다. 1898년 에밀 졸라가 <나는 고발한다(J'Accuse…!)>라는 글을 발표하면서 사건의 재심을 요구했고 주로 지식인, 공화주의자, 급진주의자, 사회주의자들이 에밀 졸라와 행보를 함께한다. 이에 대항하여 보수주의자, 민족주의자, 군부, 극우파, 반유대주의자 그리고 가톨릭 신자 등이 반발하며 드레퓌스 사건은 프랑스를 두 쪽으로 갈라놓는다.

드레퓌스 사건은 가히 신문사들의 전쟁, 언론 전쟁이라 불러도 무방하다. 에두아르 드뤼몽은 <라 리브르 파롤(La Livre Parole)>이라는 신문을 이용하여 공세에 들어가는데 1892년에 창간된 이 신문은 애초에 반유대주의자들의 재정적 지원으로 만들어졌다.[7] 에두아르 드뤼몽은 증거를 제시하지 않은 채 <군대에서 유대인>이라는 시리즈를 통해 사실상 드레퓌스를 간첩으로 몰고 간다. 왈생 에스테라지(Ferdinand Walsin Esterhazy)라는 인물이 이 신문에 익명으로 기고를 했는데, 그는 신문의 여러 칼럼니스트와 친분까지 맺고 있었다. 더불어 가톨릭 기관지였던 <라 크루아(La Croix)>나 대중신문 <렝트랑지장(l'Intransigeant)>, <르 마탱(Le Matin)>, <레코 드 파리(L'Echo de Paris)> 등이 같은 논조를 이어가며 반드레퓌스 운동의 선봉이 된다. <르 프티 주르날(Le Petit Journal)> 같은 신문은 반유대주의보다는 민족주의적 입장이었으며, 드레퓌스가 과거 독일 땅이었던 알자스에서 태어났기 때문에 독일을 이롭게 할 수 있다는 것을 강조했다.[8]

이에 대항하여 에밀 졸라는 <나는 고발한다>를 <로로르(l'Aurore)>에 게재한다. 드레퓌스 사건을 프랑스혁명의 이상과 연관 지으며 치열하게 투쟁한 조르주 클레망소(Georges Benjamin Clemenceau)가 이 신문의 편집국장이었다. 또한 에밀 졸라의 주장에 공명하며 하원에서 강력하게 드레퓌스 지지 발언을 한 사회주의자 장 조레스(Auguste Marie Joseph Jean Léon Jaurès)는 <라 프티트 레퓌블리크(La Petite République)>라는 신문에서 '증거들'이라는 제목으로 반드레퓌스파의 비합리적인 주장을 고발하기도 한다. 다만, 드레퓌스를 지지하는 신문은 당시 55개 신문 중 여덟 개에 불과했고 이 중 일곱 개가 파리에서 발행됐기 때문에 전체 여론 중 단지 8퍼센트의 점유율을 차지하는 한계를 보였다.[9]

19세기 말 프랑스의 사정은 복잡하기 이를 데 없었다. 프랑스혁명(1789)이 일어난 지 100년이 넘었지만 여전히 왕당파는 존재했고, 드레퓌스 사건 당시에는 '왕당파 청년동맹'의 확산을 도모[10]하기도 한다. 끝내 모호한 태도를 취하며 효과적인 저항과 목적 달성에 실패한 가톨릭은 결사법(1901) 등을 통해 프랑스의 공적 사회에서 쫓겨나는 수모를 당하기도 한다. 가톨릭 수도회에서의 교육 활동은 금지됐고 1904년경에는 2,398개의 수도회 부속학교가 폐쇄된 것이다.[11] 공화주의자, 사회주의자 등이 연합하여 이룬 성과다. 그렇다고 해서 반교권주의자, 즉 가톨릭에 반대하는 사람들이 같은 이해관계를 가졌던 것 또한 아니다. 공화주의자들은 가톨릭에 반대하면서 다양한 사상을 프랑스 국가 범주 안에 집어넣으려 했고, 국가의 가치를 강조한다는 점에서는 민족주의자들과 별반 다르지 않았다. 또한 소수의 개신교도나 프리메이슨 단이 가톨릭에 반대한다는 점에서 이들과 같은 편이 됐다. 반유대주의는 범유럽적인 정서였고, 그 와중에 사회주의자들은 독자 노선을 추구하며 새로운 혁명을 열망했다. 애초에 드레퓌스 사건

은 진위를 떠나 거대한 혼돈에 휩쓸릴 수밖에 없는 운명이었을지
도 모른다.

드레퓌스 사건, 가까이서 바라보기

조금 더 미시적으로 살펴보아야 한다. 역사학이란 때로는 심
각한 편견을 양산한다. 거시적인 관점, 사건의 여파에 관한 분석
을 중시하기 때문에 결론만 거창해질 수 있다. 가톨릭에 대한 공
화국의 승리, 왕당파의 영원한 종말과 현대 국가로의 발돋움 등
드레퓌스 사건에 참여했던 당대의 수많은 사람들의 시각 역시 충
분히 거시적이었고 이상적이었다. 정의, 인권, 진실, 명예, 질서,
위상 등 각자는 자신의 입장에서 사건을 해결하겠다고 뛰어든다.
문제는 그로 인해 상황이 오히려 훨씬 복잡다단하고 해결하기 힘
든 방향으로 나아갔다는 점이다.

> 나는 아무 죄도 없습니다. 자살하지 않겠습니다. 나는 살아
> 서 무죄를 입증하겠습니다. 이런 모욕은 반드시 벗어던져야 합니
> 다.[12]

차라리 재판 전에 자살을 하라는 권유에 대한 드레퓌스의 답
변이다. 하지만 군사법정에서는 공식적으로 드레퓌스를 간첩이
라 판명한다. 다음 날 사관학교 연병장에서는 불명예 퇴역식이
거행된다. '프랑스 국민의 이름으로' 지위 박탈을 선언하고 드레
퓌스의 어깨에 붙은 견장을 뜯어낸다. 바지에 붙은 참모본부 장

교를 상징하는 붉은 줄도 뜯고 드레퓌스가 차고 있던 칼을 빼앗아 두 동강을 낸다.[13]

／ 나는 아무 죄도 없다, 프랑스 만세!

드레퓌스는 미친 사람처럼 자신을 강변하지만 병사들은 말이 없고 분노한 군중의 함성은 모든 것을 압도한다.

／ '프랑스 만세!' 하는 그의 외침은 가롯 유다의 키스였다.

가톨릭 신문 <라 크루아>는 퇴역식에서 드레퓌스가 한 행동을 이렇게 평했고 곧장 드레퓌스가 자백을 했다는 소문이 돈다. 공식적으로 부인 성명을 냈음에도 사람들은 받아들이지 않는다.

／ 한 개인이 개인적인 범죄의 대가로 지위를 박탈당한 것이 아니다. 그 종족 전체의 수치가 적나라하게 드러난 것이다.[14]

역시나 <라 리브르 파롤>은 그의 퇴역식을 두고 한층 자극적으로 반유대주의를 선동한다. 사건이 발생했을 때부터 이런 식이었다. <레코 드 파리>는 어떤 근거도 없이 드레퓌스가 병력 동원 사항에 관한 중요 정보를 팔았다고 보도했고 '병력 동원 시간표를 다시 작성하는 데만도 3년이 걸릴 것'이라는 주장까지 폈다. 근거도 불분명하지만 여파를 자의적으로 과장하는 데 주저함이 없었다. 이뿐만이 아니다. <르 탕(Le Temps)>, <르 마탱>은 드레퓌스가 니스에 사는 귀족 출신의 이탈리아 미녀와 연인 사이였는데 이 여자가 반역행위의 촉매제가 됐다고 보도한다. 또 다른 신문에서는 그가 독일 귀족들과 페테르부르크에 있는 것을 목격했다며 구체적으로 호텔명, 객실 번호까지 밝힌다. 모두가 그럴듯한 추측성 보도였고 실상 자극적인 가짜 뉴스였다.[15]

/
드레퓌스는 프랑스 국민을 파멸시키고 프랑스 영토를 차지하려고 획책해온 국제적 유대인 조직의 스파이

<라 크루아>는 진작부터 반유대주의에 초점을 맞추었으며 이미 <라 리브르 파롤>, <라 코카르드(La Cocarde)>, <라 파트리(La Patrie)> 같은 신문들은 사건의 전모가 제대로 밝혀지기 전부터 구체적인 형량을 제시한다.[16] 사형, 사형을 집행하라!

사실 드레퓌스가 간첩이라는 사실을 입증할 증거는 너무나 부족했다. 프랑스 참모본부는 우여곡절을 거쳐 독일 대사관의 무관 막스 슈바르츠코펜(Maximilian von Schwartzkoppen)의 우편함에서 첩자의 친필이 쓰인 명세서를 입수한다. 단지 누군가가 독일 대사관에 프랑스 군사 기밀을 건넨다는 정도만 확인한 상황인데 수습 참모 중 '유대인 장교 드레퓌스'가 지목된다. 명세서의 발신인의 "D"가 적혀 있었고 정보국 장교 이름 중에 "드레퓌스(Dreyfus)"가 있었다는 이유로 말이다.

명세서를 쓴 사람이 다른 사람의 필적을 흉내 낸 것이 아니라면 두 필적은 같은 사람에 의해 쓰인 것으로 사료됨[17]

필적 감정 의견이 곧장 유죄의 증거가 됐고, 추가 물증은 나오지 않았다. 드레퓌스는 체포됐지만 혐의를 인정하지 않았으며, 법원은 수색 영장을 발부받은 후에도 특별한 증거를 확보하지 못한다. 2주일이 넘도록 자신이 받는 혐의가 무엇인지도 모르는 가운데 갖가지 자세로 명세서를 따라 써보도록 하면서 똑같은 필적이 나오길 기대하거나 드레퓌스가 쓴 글과 다른 사람이 쓴 글을 섞어 넣고 고르기를 시키는 등 여러 방법을 동원한다. 하지만 애초에 다른 사람이 쓴 글이니 필적이 비슷할 리 없고 드레퓌스는 자신이 쓴 글을 단 하나도 틀리지 않고 찾아낸다.[18]

이 와중에 언론에 수사 내용이 폭로된다. 이제는 여론의 압력에 공개적으로 재판이 진행된다. 증거는 없었고 언론은 각자의 목표를 가지고 허황된 이야기를 쏟아내면서 마치 어마어마한 음모가 프랑스 사회를 덮었다는 식의 사회적 공포가 양산된다. 결국 드레퓌스는 종신형을 언도받고, '악마의 섬'이라고 불리던 남아프리카의 프랑스령 기아나 앞바다에 있는 섬으로 유배된다.

인정하지 않음: 재심을 향하여

하지만 범인은 따로 있었다. 그는 1894년 7월 20일 파리의 독일 대사관을 찾아가서 아내가 병으로 앓아누워 있기 때문에 스파이로 일하겠다고 자원했다. 이틀 후 다시 만났을 때 그는 최근에

받은 군대 '동원명령서'를 내놓으면서 한 달에 2,000프랑 정도의 월급을 요구한다. 독일 본국에서는 월급이 아니라 가져오는 정보의 가치에 따라 건당 현금으로 지급할 것을 지시한다.[19] 왈생 에스테라지, 루앙에 배치된 군대의 지휘관이었던 그가 명세서에 필적을 남긴 진범이었다.

그리고 기묘한 형태의 공모자가 나타난다. 참모장교 위베르 앙리(Hubert-Joseph Henry)다. 그가 왜 에스테라지를 도왔는지에 관해서는 정확히 밝혀지지 않았다. 중요한 사실은 기밀 수사가 진행되면서 '증거 불충분' 등의 사유로 드레퓌스가 풀려날 즈음에 그가 <라 리브르 파롤>에 수사 정보를 넘겨 프랑스식 인민재판을 유도했다는 것이다. 그리고 재판장에 증인으로 나가 군부 내에 반역자가 있다는 등 강력한 경고성 언사를 큰 소리로 남발하며 드레퓌스를 손가락으로 지목한다.

바로 그 반역자가 저 사람입니다.[20]

이후 새로 부임한 방첩대장 조르주 피카르(Georges Picquart)가 필적을 비롯한 기존의 수사기록에 문제가 많음을 인지하고 에스테라지가 진범이라는 사실에 도달하자, 이를 막기 위해 거짓 소문을 퍼뜨리기도 한다. 자신의 상관 집무실 금고에서 새로운 비밀서류가 나왔으며, 이 중에는 드레퓌스 관련 내용이 있고 심지어 독일 황제가 직접 쓴 일곱 장의 편지까지 있다는 소문을 낸 것이다. 드레퓌스의 필적을 날조해서 새로운 편지를 만들기도 했고

보다 확실한 알리바이를 위해 각종 시나리오와 자료를 만들기도 한다.[21]

에스테라지 역시 조르주 피카르의 의심과 조여오는 수사망에 적극적으로 대응한다. 애초에 무고한 자신에게 피카르가 죄를 덮어씌우고 있으며, 실은 피카르가 드레퓌스와 공모했기 때문이고 이를 입증할 자료가 있다고 주장한 것이다.[22]

> (⋯) 국방부 정보국 방첩 책임자 마리-조르주 피카르 중령은 그의 명예를 걸고 다음의 사실을 밝히는 바입니다. 일부 인사들이 이 사실을 은폐하려고 하고 있으나 이 사실은 반드시 세상에 알려져야 한다고 본인은 생각하는 바입니다. (⋯) 왈생 에스테라지는 독일의 첩자입니다. (⋯) 드레퓌스 사건은 드레퓌스가 유죄라는 선입견 속에서 법을 무시한 채 매우 경솔하게 처리됐습니다.[23]

1896년 4월 조르주 피카르가 대통령에게 보내기 위해 쓴 편지의 일부다. 약 한 달 전에 그는 새로운 방첩대장으로 부임했고 드레퓌스 사건은 이미 종결된 지 1년도 더 지난 사건이었다. 전임자들은 드레퓌스 사건 자료를 넘겨주면서 각자 다른 의견을 말했고, 이 문제에 관심을 가진 조르주 피카르는 필적의 진범이 왈생 에스테라지임을 수월하게 밝힌다. 하지만 같은 군대의 상관들은 사건을 덮고자 했고, 위베르 앙리는 피카르의 하급자임에도 부서 업무를 장악하려는 것은 물론 자신의 상관을 비난하는 편지를 쓰기도 한다. 이 시기 왈생 에스테라지는 참모본부에 들어가기 위해 여러 지휘관의 비리를 캐내어 겁박을 하는 등 모든 것이 혼란스러운 상황에서 조르주 피카르는 목숨의 위협을 느낀다.

그럼에도 옛 친구이자 변호사인 루이 르블루아(Louis Leblois), 그를 통해 만난 알자스 출신 상원의원이자 명망가였던 오귀스트 쇠레르(Auguste Scheurer)가 새로운 협력자로 등장했고 이들을 통해 조심스럽게 드레퓌스 사건에 대한 새로운 인식이 퍼져나가기 시작한다. 한편에서는 드레퓌스의 형 마티외(Mathieu Dreyfus)가 작가 베르나르 라자르(Bernard Lazare)가 쓴 <재판상의 오류> 제2판을 파리 시내 곳곳에 배포하며 여론을 환기하고자 노력했다. 그리고 마침내 1897년 말, 드레퓌스가 잡혀간 지 3년째 되는 해에 마티외는 '에스테라지가 진범'이라며 정식으로 고발한다.

우리는 이 불가사의한 마술적 세력, 군을 통솔하고 유사시에는 전쟁을 지휘할 군 지휘관들의 명성을 더럽힐 만큼 강대한 이 세력의 정체를 밝혀야만 합니다.[24]

반드레퓌스파인 알베르 드 몽(Albert de Mun)이 하원에서 발언한 내용의 일부다. 에스테라지는 체포되지 않았다. 오히려 격한 반발이 쏟아져 나왔다. 필리프 오를레앙 공은 왕정 복귀를 주장하면서 본인이 '군인의 명예'를 수호할 적임자임을 자부했고 이를 따르는 학생들이 <르 피가로(Le Figaro)> 사옥 앞에서 시위를 벌인다.[25] 가톨릭계, 민족주의자, 반유대주의자들 역시 이전과 같은 방식으로 대응한다.

프랑스 군인의 명예를 존중해야 한다.

유대인들을 군과 공직에서 쫓아내야 한다.

상원의원 오귀스트 쇠레르가 공식적으로 문제제기를 하자 이듬해 총선을 염두에 둔 의원들은 그를 외면하기 시작했다. 국방부 장관 비요(Jean-Baptiste Billot)는 이미 종결된 사건에 대해 재심을 염두에 두지 않는다는 선언을 했음에도 성명서의 온건함을 문제 삼아 각종 부정 의혹을 받으며 대중의 엄청난 공세에 시달린다.

여전히 반드레퓌스 진영의 신문들이 인기가 있었고 브뤼셀에서 독일 무관과 찍은 스냅 사진이 있다는 기사, 위베르 앙리가 조작한 서류들이 믿을 만한 증거라는 추측성 보도가 쏟아지기 시작한다. 입증되기 어려운 주장들이 난무하면서도 이전 재판에서 확정된 내용 이상의 정보 공개나 증명 작업에 대해서는 반대한다. 국가적인 기밀이 누설될 수 있고, 자칫 전쟁이 일어날 수 있다는 이유에서였다.[26] 다시 말해 이전에 공개된 정보 이외에 필요한 것은 없으며, 이전에 진행된 재판의 결과 외에 다른 것은 고려할 가치가 없다는 것이다.

이 와중에 <르 피가로>는 도발적인 행동을 감행한다. 드레퓌스가 간첩이라는 결정적 증거였던 명세서의 사본과 에스테라지의 필적을 나란히 신문에 게재한 것이다. 이쯤 되면 입장의 변화가 생길 만도 한데 오히려 이 시점부터 대중의 반응은 더욱 기괴해진다. '전혀 같은 필적이 아니다'라는 입장과 '드레퓌스가 에스테라지의 필적을 모방했다'라는 입장으로 갈린 것이다. 이야기는 만들어내면 그만이고 결론은 정해져 있다는 태도다. 무엇을 제시하든 여하간 재심은 없고, 어떤 이의제기도 군에 대한 위신을 해치는 것이며 유대인의 편을 들어주는 것에 불과하다는 극단성 이상의 극단성.

여기에 음모론이 더해진다. 반유대주의 신문들뿐 아니라 <르마탱>, <르 프티 주르날> 같은 신문들이 합세하여 베를린에 본부를 둔 '유대인 동맹'이 프랑스에 영향력을 행사하기 위해 600만 프랑을 썼으며, 그로 인해 프랑스 정부가 유대인들 앞에서 맥을 못 춘다는 주장이었다. 놀랍게도, 유대인 동맹에 관한 어마어마한 정보는 진범 왈생 에스테라지가 흘린 것이었다.[27]

대중은 에스테라지와 앙리를 영웅시했다. 종종 무시무시한 힘을 발휘하기도 하는 대중의 집단 의지, 고양된 감정은 여기서 한 발 더 나아간다.

작은 스캔들이 발생했다. 에스테라지는 평소에도 여러 추악한 일을 저질렀고 그중에는 불랑시(Gabrielle de Boulancy) 중령 미망인과의 애정행각도 포함되어 있었다. 문제는 그가 불랑시 중령의 미망인에게 보낸 편지 더미에 '프랑스인에 대한 온갖 혐오적인 발언'을 썼고 그녀가 사적인 애증으로 이 편지를 공개했다는 것이다.

프랑스를 사랑하는 위대한 민족주의자, 있지도 않은 유대인 동맹과 싸우는 처절한 투쟁가 왈생 에스테라지가 알고 보니 '프랑스인이라면 10만 명이라도' 기꺼이 죽여버리겠다는 말을 아무렇게나 늘어놓는 인물이었다니! 편지가 <르 피가로>에 게재됐지만 '잔인스러운 위조' 정도로 평가를 받는다. <르 프티 주르날>은 '300만 지성을 모독할 뜻이 없'기 때문에 편지를 싣지 않을 것이라는 선언까지 한다. 심지어 클레망소가 <로로르>를 통해 에스테라지를 보호하는 앙리를 문제 삼았음에도 실명을 언급할 수 없었고, 그간 드레퓌스파의 입장을 대변한 <르 피가로> 역시 이때부터 오히려 반드레퓌스파로 전향한다.[28] 이미 대중의 믿음은 정해져 있다. 어떤 진실을 이야기해도 확고한 선입견은 흔들리지 않는, 흔들릴 수 없는 시간이 계속되고 있었다.

/ 순교자에게 경배하자! 유대인을 죽여라!
에스테라지 만세! 군부 만세![29]

1898년 1월 11일 왈생 에스테라지에 대한 고소는 공식 기각됐고 그나마 이어진 재판에서는 만장일치로 무죄를 선언한다. 1,000여 명의 인파가 법정을 가득 메웠고 남녀노소 불문하고 왈생 에스테라지를 부둥켜안고 울면서 무죄 석방을 축하하고 환호했다. 그리고 다음 날, 조르주 피카르가 체포되어 몽 발레리앙 요새로 끌려갔고 얼마 후 오귀스트 쇠레르는 상원 부의장직을 잃는다. 재심은커녕 의혹을 제기하자마자 끝장난 것이다.

'나는 고발한다'라는 고통스러운 과정

정의가 우리 나라에서 의미 없는 빈말이 됐고 고삐를 벗어났으며 또다시 우리가 인종과 종교의 박해자가 될 때 (…) 관용과 자유라는 표어가 증오의 외침에 그 자리를 양보하게 될 때 (…) 우리는 우리의 조상이 창조하려 했던, 프랑스 조상들이 실현하라고 우리에게 물려준 그 프랑스가 아니게 될 것이다.[30]

비단 이 글을 쓴 클레망소뿐 아니라 많은 사람이 낙심했고 유럽의 여러 나라가 이 소식을 전하며 프랑스를 비판했다. 그럼에도 공화주의를 신봉하는 중도파는 우파의 눈치를 보면서 적극적으로 움직이지 않았으며, 실상 사회주의자들이 중심이 된 좌파역시 마찬가지였다. 계급적 이해관계 때문이다. 좌파가 보기에는 부르주아들끼리의 싸움이지 노동자의 문제가 아니라는 주장이 주를 이룬 것이다.

당시 공화국 프랑스는 지쳐 있었다. 혁명의 결과는 새로운 사회 건설로 이어지지 못했고 자유, 평등, 박애 같은 고귀한 이상은 로베스피에르(Maximilien Robespierre)의 공포정치나 나폴레옹의 독재정치 사이를 왔다 갔다 했을 뿐이다. 더구나 1870년 프로이센과의 전쟁에서 프랑스 군대는 궤멸적 패배를 당한다. 나폴레옹 3세가 붙잡히고 비스마르크가 이끄는 군대가 파리를 함락했으니 말이다. 프로이센 국왕 빌헬름 1세는 베르사유 궁전에서 독일 제2제국의 황제로서 즉위식을 올렸고 이제 프랑스의 영광은 한낱 과거가 되고 말았다. 여기에 파리코뮌(Paris Commune)의 등장도 정국의 혼란에 한몫한다. 관용과 자유의 나라가 치욕을 당하며 혼란을 겪고 있을 때 사회주의자들이 중심이 된 급진파는 그들끼리의 시민공화국을 선포하고 붉은색 깃발을 내걸었다.

대체 무엇이 프랑스의 정체성이며 공화국일까. 에르네스트 르낭(Joseph Ernest Renan), 이폴리트 텐(Hippolyte Adolphe Taine) 같은 인물은 구제도로의 귀환을 이야기한다. 혁명 이전의 전통, 가톨릭과 왕정제도의 가치에 비해 이 시대의 공화정과 보통선거 같은 것은 한없이 가볍다는 것이다. 파리코뮌을 진압한 불랑제(George Boulanger) 장군은 공화국의 전통을 지지하되 '강력한 프랑스'를 외치기 시작한다.

프랑스는 개혁되어야 한다.
무엇보다 헌법을 개정하여 강력한 지도자가 이끄는 나라가 되어야 한다.

그러던 중 '불랑제 사건'이 발생한다. 두려움을 느낀 의회가 육군대신인 그를 몰아내고, 선거법을 개정하고 우파단체를 해산한 것이다. 이로 인한 여파는 엄청났다. 민간인이 된 불랑제가 무려 다섯 개 지역의 선거에 입후보하여 모두 당선될 정도로 인기가 하늘을 찔렀다. 하지만 결정적 순간에 불랑제는 쿠데타를 망설였고, 의회가 불랑제와 지지자들을 타도해나감으로써 결국 불랑제의 자살로 사태는 마무리되고 만다.

사건이 이렇게 흐르자 하원의원 모리스 바레스(Maurice Barrès)는 불랑제의 묘지 경배를 주장한다. 강력한 프랑스가 되기 위한 새로운 방향이 제시된 것이다. 그곳에 민족주의가, 국가주의자, 집단주의가 그리고 반유대주의가 빼곡하게 자리 잡고 있었다. 그들에게 무신앙은 죄악이었으며 개신교도 역시 프랑스인으로 불리기에는 문제가 있었다.

드레퓌스가 유죄든 무죄든 나는 상관없다. 내가 우려하는 바는 총검의 횡포다. 군사법정이, 그 구실이 유대인이든 국기든 국가든 그 무엇이든 간에 어떤 시민일지라도 법적인 안전장치를 두지 않고서 체포하도록 허용해서는 안 된다.[31]

장 조레스가 사회주의자들을 설득하던 방식이다. 이른바 '최소주의적인 태도'로 호소한 것이다. 그리고 에밀 졸라가 여기에 힘을 보탠다.

진실, 저는 진실을 말하겠습니다. 왜냐하면 정식으로 재판을 담당한 사법부가 만천하에 진실을 밝히지 않는다면 제가 진실을 밝히겠다고 약속했기 때문입니다. (…) 저는 역사의 공범자가 되고 싶지 않습니다. (…) 진실은 전진하고 있고, 아무것도 그 발걸음을 멈추게 하지 못할 것입니다. (…) 진실이 땅속에 묻히면 그것은 터지는 날 세상 모든 것을 날려버릴 것입니다.[32]

에밀 졸라가 결단을 내린 것이다. 당대의 문호이자 유럽을 대표하는 지성인이었던 그가 <나는 고발한다>라는 칼럼을 <로로르>에 실었고 신문은 순식간에 30만 부가 팔려나간다. 드레퓌스 사건의 불씨가 완전히 꺼져가던 순간에 극적으로 새로운 이야기가 시작된 것이다.

오늘날 에밀 졸라의 <나는 고발한다>라는 글은 전 세계에 번역됐을 정도로 유명하다. 또한 드레퓌스 사건을 간단하게 기억하는 사람들은 이 글을 통해 사태가 역전됐으며 그로 인해 드레퓌스가 풀려났다는 식으로 생각한다. 하지만 사정은 간단치 않았다. 당장 에밀 졸라는 이 글 때문에 기소돼 재판장에 불려간다.

> 드레퓌스가 결백함을 나는 맹세코 주장합니다. 나의 생애와 명예를 걸고 확언합니다. (…) 이 법정 앞에서 국가를 대표하는 당신들과 배심원 여러분 앞에서 (…) 내가 얻은 것, 내가 이룩한 명성, 또한 프랑스 문학의 성장에 기여한 나의 공적, 이 모든 것을 걸고서 나는 드레퓌스가 결백함을 맹세합니다.[33]

법정에 끌려 나온 당시 참모총장 부아데프르는 '국민과 군대'의 명예를 운운하며 위협성 발언으로 증언을 대신했고 몰려든 군중은 환호했다. 조르주 피카르는 다시 한번 차분하고 용기 있게 '문서가 위조'라는 사실을 확인했고 위베르 앙리는 길길이 날뛰면서 그를 '거짓 증언자'로 몰았다.

재판이 진행되는 가운데 군중은 에밀 졸라를 찬양하는 청년에게 폭력을 행사했고, 몰려든 군중에게 에밀 졸라 일행이 포위되자 경찰이 직접 구하기도 한다. 군중은 에밀 졸라가 탄 마차에 오물을 투척하고 경찰을 비난했다. <라 프레스>는 군중을 진압한 경찰서장을 비난했고, <라 리브르 파롤> 신문사 앞에서는 드레퓌스를 옹호하는 신문을 소각하는 행사가 벌어졌으며, 유대인 상점과 공장은 테러의 대상이 된다.[34] 재판 결과도 좋지 못했다. 에밀 졸라와 <로로르> 발행인 모두 유죄를 선고받는다. 자칫하면 유혈충돌이 일어날 법한 상황에서 '에밀 졸라 징역 1년' 소식이 들려오자 시위 현장은 축제의 장으로 바뀌었고, 에밀 졸라는 런던으로 망명을 떠난다.

하지만 반전은 이제부터다. 이쯤 되면 반복되는 상황에 대한 피로감, 위력에 대한 반항심이 누적될 수밖에 없다. 정상적인 공화국을 회복해야 한다는 울림이 점차 퍼져 나갔고 무엇보다 의회에서 개혁급진파의 목소리가 높아지기 시작했다. 여전히 반드레퓌스파의 위세는 강했지만 이에 대항하는 힘 또한 축적되기 시작했으며, 전 유럽에서 프랑스 우익의 행태에 대한 비난과 조롱이 이어지고 있었다.

그리고 엉뚱한 방향에서 물꼬가 터진다. 왈생 에스테라지가 체포된 것이다. 그간 공개된 정보들이 의심스러웠던 터라 새롭게 임명된 고드프루아 카베냐크 국방장관이 조심스럽게 사건을 재조사하고 있었다. 물론 에스테라지가 드레퓌스 사건의 진범이라는 이유로 체포된 것은 아니었다. 오랫동안 누적된 장교답지 않은 부도덕한 행실이 문제가 된 것인데, 더 큰 문제는 체포 이후에 발생했다. 그는 군법회의에서 자신이 참모본부의 하수인에 불과했으며 참모본부가 정보 조작에 나섰다는 둥 충격적인 발언을 이어갔다.[35]

그리고 위베르 앙리가 체포됐다는 소식과 자살했다는 소식이 연이어 프랑스를 뒤흔든다.

이 장교는 증오할 만한 범죄를 저질렀다.[36]

이제 꼬리 자르기가 시작된다. 사건의 전모가 속속들이 드러나기 시작하자 가히 참모본부의 대변지 격이었던 <레클레르 (L'Eclair)>가 위베르 앙리를 비난하기 시작한 것이다. 앙리는 동료들에게 버림받았고, 조만간 우파들에게도 버림받을 것이다. 결국 에스테라지와 앙리를 둘러싼 무모한 지지는 프랑스를 지키기 위한 신념 때문 아니었던가. 에스테라지와 앙리는 단지 도구에 불과했으며, 도구가 문제를 일으킨다면 최대한 빨리 정리하면 그만이다. 이 사실을 절실하게 깨닫기라도 했던가. 앙리는 유서 격으로 아내에게 편지를 쓰던 도중에 손목을 면도칼로 긋는다.

왈생 에스테라지는 망명을 선택한다. 가명을 지었고 벨기에를 통해 런던으로 도망친다. 그리고 한층 기민하고 뻔뻔한 선택을 한다. 회고록을 출간한 것이다.[37]

나는 첩보원이 되라는 명령을 받았다.

202

독일에 가치 없는 정보를 팔면서 정보를 빼내오는 특수 임무를 담당했던 것이다.

위베르 앙리는 자살을 강요당했다.

하지만 애초에 진실은 명확하기에 상황은 이미 걷잡을 수 없는 방향으로 나아가고 있었다. 물론 에스테라지가 기대했던 일부 반응이 있긴 했다. 앙리가 유대인에게 살해당했다는 의혹이 제기되는 듯했고, 샤를 모라스 같은 왕당파에서는 일전에 불랑제 장군을 두고 모리스 바레스가 그랬던 것처럼 '위대한 인간 앙리'를 만들려는 운동을 벌이기도 한다.

결론: 위대한 드레퓌스 만들기

아닙니다. 아닙니다. 나는 일개 포병장교였고, 비극적인 착오에 의해 계급을 박탈당했을 뿐입니다. 정의의 상징이니 하는 드레퓌스는 내가 아닙니다. 그런 드레퓌스는 여러분이 창조해낸 드레퓌스입니다.[38]

인권연맹위원장이 재판의 역사적 의의를 이야기할 때 드레퓌스가 울먹이며 한 말이다. 비로소 재심이 열렸고 이즈음 총선의 결과는 우파와 군부에 불리한 형태로 귀결된다. 새 내각은 군부의 문제 있는 인사들을 숙청했고 이제 드레퓌스 사건만 처리하면 된다.

물론 격한 반발이 이어졌으며 이전에도 격론을 쏟아내던 언론은 자신의 역할을 충실히 감당한다. 하지만 위협이 위협으로 느껴지지 않는 순간에 할 수 있는 것은 아무것도 없다. 드레퓌스는 비로소 정상적인 재판을 받을 수 있었고 모든 진실이 법정에서 당당하게 쏟아져 나올 수 있었다.

1899년, 약 5년 만에 재심 군법회의가 열린 것이다. 놀랍게도, 표결 결과 5대 2로 드레퓌스의 대역죄는 다시 한번 확정된다. 다만 정상을 참작해서 금고 10년에 처한다는 결정이 내려졌다. 33차례에 걸쳐 재판이 열렸고, 115명의 증인이 출두했으며, 참모장교 알베르 코르디에가 입장을 바꾸어 '드레퓌스의 무죄를 절대 확신한다'라는 증언을 했음에도 말이다.

반드레퓌스파 시위대가 거리를 가득 메우고 있었고 법정 안에서는 사건을 은폐, 축소하고자 하는 음모가 넘실댔기 때문인가. 아니면 적당히 처리하는 것이 안정적이라는 정치적 고려가 있었기 때문인가. <하퍼스 뉴 먼슬리(Harper's New Monthly)> 같은 미국 신문들은 판결을 노골적으로 비판했고 전 세계의 프랑스 대사관이나 영사관에는 시위대가 몰려들었다. 심지어 미니애폴리스에서는 프랑스 국기가 불태워지기도 했다. 그럼에도 다수의 프랑스 국민은 판결에 만족했고 <르 골루아(Le Gaulois)>는 '외국인들에게 거둔 승리'라는 식의 자평을 내놓기도 했다.

이후 드레퓌스는 대통령 특사로 풀려났으며, 다시 시간이 흘러 1906년이 되어야 최종적으로 무죄 판결을 받는다. 기존의 우파 운동이 생명을 다한 후에 말이다.

'드레퓌스 사건'으로 소개되는 이 이야기를 면밀히 파고들다 보면 정작 인간 드레퓌스를 발견하기는 어렵다. 단지 그는 일찍 체포됐고, 비밀수사에 의해 반인권적인 억압을 당했고, 이후 오랜 기간 복역을 했으며, 그나마 다행히도 매우 뒤늦게 명예를 회복했다는 게 전부다.

무엇이 여백을 채우고 있었던가. 진실보다는 야욕, 정의보다는 이익이 아닐까. 각자는 자신의 정치적 목적을 향해 내달리고 있었을 뿐 그로 인해 파괴되는 인권의 실체에 대해서는 무관심했다. 거짓말도 쓰일 만하면 용인됐고, 한번 시작한 거짓말은 수많은 거짓말을 낳았으며, 한번 시작된 비정상적인 반응은 더욱 기괴하고 폭력적인 형태로 자라나 프랑스 사회의 정상적 진보를 가로막았다.

무엇보다 진실이 명백하게 밝혀진 이후에도 정당한 판결은 없었다. 불랑제 장군을 중심으로 한 쿠데타 음모 등 극우파의 정치적 모험주의가 실패하면서 정치적 영향력이 감소하자 비로소 드레퓌스는 기형적인 명예회복을 할 수 있었다. 군부에 대한 고려, 우파에 대한 고려 등 진실과 정의보다는 정치적 고려에 따른 안정적인 선택을 통해 적당히 무난하게 사태를 해결했을 뿐이라는 말이다.

위기는 언제든 시작될 수 있으며, 꼬리에 꼬리를 물고 다양한 파급효과를 일으키기 때문에 다양한 사람들에게 기묘한 기회를 내어준다. 죄악을 은폐할 수 있는 자유, 누군가를 혐오할 수 있는 자유, 근거도 없는 음모론을 조장하여 사회를 공포에 떨게 할 수 있는 자유. 그런데 사건이 수습될 무렵에는 이런 온갖 무책임한 행태는 일일이 지적할 수도, 처벌할 수도 없을 지경이 되어 무작정 역사 속으로 사라져버리고 만다. 19세기 말의 프랑스는 잘못된 역사의 전형을 밟고 만다.

혼란: 부역자는 어떻게 처리할 것인가

국가가 사과하다

인간은 누구나 감시받지 않을 권리, 검열당하지 않을 권리, 차별받지 않을 권리가 있다. (…) 국가가 지원에서 배제한 것은 물론 표현의 자유를 억압하고 침해함으로써 수많은 문화예술인들과 국민들 마음에 깊은 상처와 아픔을 남겼다. 정부를 대표해서 진심으로 사과드린다. (…) 국가폭력인 블랙리스트 사태에 대해 깊이 성찰하고 위원회에서 권고한 제도 개선안을 이행할 수 있도록 최선을 다하겠다.[39]

문화체육관광부 장관 도종환의 발언이다. 박근혜 정권이 탄핵으로 무너진 후 들어선 문재인 정권의 문화체육관광부 장관이 공식적으로 블랙리스트 사태에 관해 사과한 것이다. 그리고 기다렸다는 듯이 그간 블랙리스트 실행기관으로 지목됐던 산하기관의

'통렬한 사과'가 이어진다. 장관 도종환의 사과 발언 바로 다음 날 한국문화예술위원회 역시 공식적으로 사과문을 발표한다. '문예진흥의 원칙을 스스로 어기는 수치스러운 일이었음을 시인'[40]한 것이다. 5월 23일에는 한국예술인복지재단에서도 비슷한 공식 사과가 이어진다.

　　무엇보다 예술인 권리 확보를 위해 저항은커녕 그(블랙리스트)에 순응하고 내면화시킨 점을 통렬히 반성한다.[41]

　　그 얼마 전에 국립극단[42]과 영화진흥위원회[43]에서도 이미 대국민 사과를 했다.

　　박근혜 정권은 이른바 '박근혜·최순실 게이트'를 통해 집권 4년 차에 급격하게 위기에 몰렸으며 결국 탄핵 절차를 통해 극적으로 몰락하고 만다. 이후 들어선 문재인 정권은 '적폐청산'을 중요한 국가사업으로 공언했고 문화예술계 블랙리스트 사태에 대해서는 문화체육관광부 훈령을 통해 조사에 착수한다. 2017년 7월 31일에는 정식으로 '문화예술계 블랙리스트 진상조사 및 제도개선위원회'가 만들어졌으며 문화예술계와 법조계 등 장르별, 전문 분야별로 추천한 총 20명의 민간 전문가가 모였다. 그 산하에는 진상조사소위원회, 제도개선소위원회, 백서발간소위원회 등을 두어 체계적인 활동을 진행한다. 이 시기 국가정보원개혁위원회, 국정교과서 국정화 진상조사위원회 등 각종 위원회가 결성됐고 조사 작업과 개혁안 발표가 이어진다.

이미 연초에 영화 <1987>을 관람한 대통령 문재인이 배우 김규리, 소설가 서유미, 시인 신동욱, 극단 하땅세 대표 윤시중, 문화아이콘 대표 정유란, 문화예술기획 이오공감 대표 김서량, 음악감독 겸 가수 백자 등과 간담회를 열면서 '진상을 규명해 책임자를 처벌하고 다시는 이런 일이 발생하지 않도록 하겠다'라고 공언한 바 약속의 결실이 이루어진 것이다.[44]

해직 교원 출신으로 일찍이 정부 권력의 탄압을 몸으로 체험했던 도종환은 문화체육관광부 장관 취임 초기부터 문화예술계 블랙리스트 사태 해결에 강한 의지를 드러낸다. '블랙리스트 진상조사위를 빨리 꾸려 세세하게 들여다보겠다'라고 말했으며 '필요하면 직접 참여해 가릴 것은 가리고 조사할 것은 조사해야 한다'라고 공언했다. 또한 문화체육관광부 '여섯 개의 실장 자리 중 세 개 정도를 없애는' 등의 구체적인 조직 쇄신안까지 거론했다. 한편에서는 '부당한 지시를 내리지 않고, 지시를 막아주는 역할'에 충실한 장관이 되어 잘못된 명령으로 인해 고통받았을 공무원들을 염려하고 배려하면서 말이다.[45]

이 와중에 눈길을 끄는 갈등이 발생한다. 공연예술인노동조합에서 이명박 정부에 대한 수사, 보다 구체적으로 '유인촌 전 문화체육관광부 장관에 대해서도 전면적으로 수사하라'라는 성명을 낸 것이다.[46] 유인촌 전 장관은 이에 대해 부인하면서 '문화예술계를 겨냥한 그런 리스트는 없었다'라고 잘라 말한다. 다만 기관장 임명 문제를 둘러싼 갈등이 있었을 뿐이고 문화예술인들과는 관계가 좋았다는 말까지 덧붙인다.[47]

이에 대해 도종환 장관은 '이해하기 힘들다'며 강하게 반박한다. '유 전 장관 재임 당시 한국작가회의 사무총장으로 일하면서 회원이 불법 집회에 참여하면 지원금을 반납하라는 서약서'를 요구받았기 때문에 지원을 포기했고, 그 때문에 계간지 발행까지 취소됐다는 구체적인 사실까지 덧붙인 것이다. 분위기가 확실히 바뀌었다.

새로운 갈등: 예상치 못한? 충분히 예상한

우리는 어디에서 사과받을 수 있는가!!!

2018년 6월 9일 '앤드씨어터 디렉터' 전윤환이 자신의 페이스북에 올린 글이다.

오늘 도종환 문화체육관광부 장관실에 전화를 걸었다. 나는, 어떻게 사과받을 수 있는 거냐고. 책임자 처벌 없는 사과를 어떻게 받아들여야 하냐고. 문체부가 여전히 검열 자행자, 검열 방조자에게 기관장을 맡기는 것에 대해 어떻게 받아들여야 하는 거냐고.

그는 격한 감정으로 고통을 토로한다.

배우인 내 친구는 국립극단에 전화를 걸었다. '개별적으로, 조속히' 사과하겠다는 블랙리스트 사태에 대한 국립극단 사과에 극단 대표도, 연출도 아닌 자신도 포함되는 거냐고. 나는 어떻게 사과받을 수 있는 거냐고.

이성열 예술감독과의 면담도, 도종환 장관과의 면담도 언제든 찾아오라는 식으로 취임 공청회를 열더니 결국 어느 곳에서도 받아주지 않았다는 주장으로 글은 마무리된다. 비단 전윤환 개인만의 불만이 아니다. 문화체육관광부 이하 각종 위원회의 '통렬한 사과 기자회견' 이후 오히려 갈등은 점증한다. 연극평론가 김소연은 '예술계 현장과 기관 사이의 신뢰 구축'에 문제가 있음을 지적하면서 '정부나 기관들이 조직 내부에서부터 개혁하려는 움직임과 함께 책임을 지겠다는 태도를 보여주어야' 함을 지적하기도 한다.[48]

사실 정부 기관의 공식 사과와 전윤환 같은 현장 문화예술인들은 매우 정확한 지점에서 극명한 입장 차이를 보인다. 문화체육관광부 장관 도종환은 공식 사과를 하면서 '표현의 자유가 억압'당한 것을 반성했으며 문화예술계 블랙리스트 진상조사 및 제도개선위원회의 '권고안'을 이행하기 위한 노력을 다짐한다. 그리고 이어 <'사람이 있는 문화' 문화비전 2030>을 발표한다. 발표 내용은 제목 그대로 앞으로의 문화 비전에 관한 내용이 주를 이룬다. 개인의 자율성과 문화권리 확대를 보장하며 성평등, 문화 다양성, 지역문화 분권, 문화를 통한 창의적 사회혁신 등 매우 포괄적인 계획안을 발표한다. 새로운 정부의 새로운 문화 정책이기 때문에 광범위한 것이 당연할 수도 있겠지만 그만큼 막연하거나 뻔한 내용으로 보일 수도 있다. 더구나 적폐청산을 표방한 정부 아니던가. 문화체육관광부 장관 본인이 제도개선위원회의 공동 위원장을 맡고 있는 상황인 만큼 청산에 기초한 비전, 보다 구체적인 인적 쇄신안과 제도 개선안 등에 대한 높은 기대 등을 고려한다면 비전은 참으로 일반적이었을 뿐이다.

각종 위원회에서 발표한 사과문 역시 일정한 패턴이 발견된다. 한국문화예술위원회 같은 경우는 '아르코혁신TF'를 발족하며, 현장예술인 중심의 소위원회를 편성해서 참여와 소통 확대를 공언한다. 진상조사위원회의 권고안을 적극 수용할 것 또한 밝힌다.[49] 한국예술인복지재단 역시 '개방적 구조 마련', '민관 협치 확대, 강화' 등을 사과문에 담았다.

/
처벌이 빠져 있다!

검열을 자행한 사람 또는 검열을 방관한 사람들이 여전히 문화예술계 기관장이나 심의위원 자리에 있고 사과문에서 '구체적인 징벌을 통한 정상화'가 빠져 있다는 사실에 대해 문화예술인들의 분노가 일기 시작한 것이다. 기관에서는 '진심 어린 사과와 제도 개선'을 이야기한다면 현장에서는 '처벌을 통한 인적 쇄신, 이를 바탕으로 한 변화'를 기대하고 있으니 어긋날 수밖에 없는 구조다.

(블랙리스트 실행공무원들은) 예술계에서 볼 땐 가해자지만, 본인

212

입장에서는 부당한 지시에 의한 피해자일 수도 있다. 또 어느 시기까진 가해자였다가, 또 저항하다가 불이익 받아서 쫓겨나면 피해자가 된다. (…) (단체장의 경우에는) 법률에 의해 신분이 보장된 사람들인데 일괄 사표를 강요할 수 없다.[50]

취임 초 도종환 장관의 인터뷰이고 이런 입장은 이후에도 수차례 반복된다.

/
조직 개편은 하겠다.
민간에 중요직을 개방하겠다.
전문가들을 위촉하겠다.

장관 개인의 발언 또는 각종 위원회의 제도 개선안은 매번 세 가지 지점에서 반복된다. 구체적인 인적 청산보다는 조직 개편을 통해 문제의 재발을 막겠다는 발상이다. 이는 민간과 현장의 참여, 전문가의 참여 등을 통한 견제로 달성될 수 있다는 생각이다.

정말 힘들었다고, 비참하게 끌려다녔고 (…).

한국문화예술위원회 간부들을 면담한 문화예술계 관계자의 전언이다. 2015년 4월부터 다음 해 연초까지 매주 목요일에는 승합차를 타고 '꺼림칙한 회의'에 강제로 참여해야 했으며 매번 '블랙리스트 명단이 잘 실행됐는지 보고, 점검'했다는 것이다. 어쩔

수 없이 참여했던 어느 공무원의 자괴감 넘치는 발언이다.[51]

　문화체육관광부 장관 도종환의 고뇌는 이 지점에 천착한 듯하다. 김기춘, 조윤선, 김종덕을 비롯한 사태의 핵심 관계자들이 줄줄이 재판을 받고 있는 상황에서 실타래처럼 얽혀 있는 문제를 과감하게 도려내려 하다가 오히려 새로운 피해를 키울 수 있으니 말이다. 그렇다면 이 엄청난 사태, 수년간 수많은 단체와 사람들이 당했던 구체적이며 조직적이며 체계적인 검열과 배제, 그로 인한 피해와 고통은 언론이 기억하는 단지 세네 명의 인물만 처벌하면 해결되는 일인가?

　어쩔 수 없었습니다.
　가해자처럼 보이지만 실은 피해자였습니다.

　이해가 가는 주장일까. 당장 현장에서 치열하게 싸웠던 이들이 소비한 시간과 정력 그리고 구체적으로 피해를 본 사람들의 어려운 처지가 실재하고 있는 것을 고려하면 블랙리스트 사업에 관여하거나 방관했던 수많은 공무원과 문화예술계 인사들의 변호 또는 장관 도종환의 고뇌는 '참으로 구차하거나', '굳이 고려할 가치가 없는 것'은 아닐까.

　'처벌 없는 정의'가 가능한가?

　무엇보다 중요한 질문이다. 인사 조직을 개편한다는 것은 공무원 입장에서는 단순한 보직 이동에 불과하다. 그것은 처벌이 아니며 오히려 면죄부가 될 수 있다는 말이다. 더구나 문화체육관광부를 비롯한 각종 위원회의 개선안은 근본적인 문제점을 지니고 있다. 오로지 '기관 살리기'에 집중되어 있기 때문이다.

제도 개선안은 한결같이 '문화예술 현장의 사람들을 더 받아들이겠다'라고 강조한다. 그런데 현실은 어떤가. 현장의 문화예술인들을 받아들여서 문화예술 분야의 경쟁력을 강화하겠다는 발상은 오래전부터 있었다. 문재인 정권의 초대 문화체육관광부 장관이 '시인 도종환'이라면 이명박 정권의 초대 문화체육관광부 장관은 '배우 유인촌'이었다.

새누리당 대선후보 박근혜가 당선됐을 당시에도 수많은 문화예술계 조력자들이 언론에 보도됐다. 당선인 박근혜의 문화예술 정책을 주도한 박명성 '문화가 있는 삶' 추진단장은 문화특보에다 공천위원으로 활약한 경력으로 많은 언론의 관심을 받기도 했다.[52] 그는 <맘마미아!>, <시카고>, <아이다> 등을 성공시킨 뮤지컬과 연극계의 대표적 인물이자 공연 제작사 신시컴퍼니 대표, 명지대 영화뮤지컬학부 교수로 활발한 활동을 벌였다. 중앙대 연극과 교수인 이대영 역시 당선인 박근혜의 문화계 대외 업무를 지휘한 것으로 알려져 있다. 이 밖에도 한국연극협회 이사장 박계배, 이다엔터테인먼트 대표 손상원, 소극장연합회의 회장 정대경, 극단 사다리·원더스페이스 대표 정현욱 등도 거론됐다.[53] 새로울 것이 없는 뻔한 개선안이라는 말이다.

여하간 조직을 쇄신하고 외부 인사를 영입한다면 적어도 관련

기관에서 최소한의 개선, 적어도 공무원의 공직 수행 시 경각심 정도는 끌어낼 수 있을 것이다. 하지만 수많은 공모자이자 방관자들, 박근혜 정권이 블랙리스트 사업을 실행하는 데 참여했던 '민간위원들'과 관련해서는 이런 개선안마저 아무런 효과가 없다.

블랙리스트 사업은 정부 공무원들만의 단독 작품이 아니다. 기관장과 위원회 위원이 선임됐고 이들은 대부분 문화예술계에서 오랫동안 명망을 쌓아온 '현장 문화예술인'들이다. 즉, 블랙리스트 사업에 협력했던 수많은 '문화예술계 권력들'이 아무런 처벌도 받지 않고 다시 현장으로 귀환한다는 말이다.

/ 공모를 했음에도, 방관을 했음에도 그들은 처벌받지 않았다. 만약 새로운 기회가 있다면 그들은 새 시대에 어울리는 탈을 쓰고 영향력을 유지할 것이다.

충분히 가능한 현실 아닌가. 때마침 경각심을 높여줄 사건이 터졌다. 거장 박범훈의 무대 복귀. 그는 한국 음악계의 거장이자 국악계의 거물로 통한다. 1987년 한국 최초 민간 국악관현악단인 중앙관현악단을 창단했고 한중일 대표 음악가가 연합한 오케스트라 아시아 창단에도 기여했다.[54] 88서울올림픽 개막식 작곡자였고, 2002년 한일월드컵 개막식 음악 총감독을 맡기도 했다.[55] 그랬던 그가 중앙대 총장 신분으로 대선후보 이명박 캠프에 참여했고 이후 청와대 교육문화수석까지 올랐다. 이를 두고 '폴리페서', '보은 인사' 등의 논란이 끊이지 않았는데 청와대 시절 중앙대에 특혜를 준 대가로 금품을 받아서 실형까지 살았다. 그리고 2년간 실형 끝에 만기 출소 이후 약 1년 만에 국립국악관현악단과 함께 화려하게 복귀한 것이다.[56]

작곡 역량과 범죄는 별개의 문제이고 그가 실형을 산 이유는 블랙리스트 사태와는 무관하니 그저 순수하게 그의 복귀를 받아들여야 하는가? '거장의 귀환'은 곧장 세간의 도마에 오른다.

연극계 대선배 최종원의 사례도 있다.

> 최종원이 유명한 배우이기도 하고 18대 국회의원까지 지냈던 사람인데다 (…) 현장 동료와 후배들이 블랙리스트가 되어 거리로 내몰릴 때, 한국연극협회 회장에 국회의원까지 지냈던 최종원은 어디서 무얼 하다가 이제야 나타나 한국연극협회 블랙리스트 비대위원장 직을 차고 앉더니 (더불어) 민주당 블랙리스트 근절을 위한 문예정책위 위원장직을 맡았는가.[57]

연극인들의 반발은 그가 '한국연극협회 블랙리스트 대책위원회' 위원장이면서도 한국연극협회가 블랙리스트 사업을 방조하거나 협조한 의혹에 대해 어떠한 조치도 취하지 않았다는 것이 이유다. 쉽게 말해 극장 대관 사업, 연극 대본에 대한 검열, 공연 방해 같은 사건이 일어날 때 뚜렷한 활동이 없었고, 블랙리스트 조사위원장이 됐음에도 제대로 조사하지도 않으면서 '자리'만 꿰차고 있다는 비판이다.[58] 그런데 이제는 새로운 감투까지 차지하려 든다고? 이에 대해 최종원은 '자리 욕심낸 것이 아니다'라면서

'더불어민주당 문예위원장' 직을 사퇴한다.

그리고 이와 유사한 형태의 미적지근한 사퇴 행렬이 이어진다. 이미 대한출판문화협회와 한국출판인회의는 정상화의 첫걸음으로 '무능·부적격·부도덕한 이기성 출판진흥원장의 사퇴'를 요구한 바 있다. '찾아가는 중국도서전', '초록·샘플 번역 지원' 대상 도서 등에 블랙리스트를 적용했으며 '전자출판용 서체 개발 사업'에서는 측근들을 연구진으로 배치하거나 진흥원 사유화를 위한 여러 기형적인 행태를 보였기 때문에 문제가 된 것이다.[59] 결국 두 달 후 출판진흥원 원장 이기성은 사의를 표명한다.[60]

한국문화예술위원회 예술지원 정책 개선을 위한 아르코혁신 TF가 혁신안을 발표하면서 '블랙리스트 실행 책임자인 사무처장을 징계하고, 그 아래 직원들의 실행 행위에 대해서도 이해할 만한 수준의 처벌'을 요구한다. 그로 인해 결국 사무처장 이용훈이 사직서를 제출한다.[61]

또한 원로 소설가 오정희가 문화체육관광부에서 국립한국문학관 설립추진위원회 위원으로 위촉되자 '블랙리스트 실행 방조 의혹'을 제기하며 임명 철회를 요구하는 일도 벌어진다. 오정희는 진상조사위원회의 조사 결과 2015 아르코문학창작기금 심의에서 작가 30여 명을 배제하는 일에 가담했다는 것[62]이 이유였고 결국 자진 사퇴한다.[63] 특히 오정희의 진퇴는 문화체육관광부 장관 도종환과 진상조사위원회 위원이자 산하 소위원회인 검열백서위원회 위원장 김미도의 충돌로 이어지기도 한다.

무고한 예술가들을 블랙리스트에 올려 불법적으로 탄압한 것과 그 탄압에 가담한 사람들을 가려내 정당한 책임을 묻는 것이 어떻게 같은 '블랙리스트'가 될 수 있습니까?[64]

장관 도종환은 '소극적 방조', '낙인 효과', '제2의 블랙리스트 우려' 등의 발언을 쏟아냈고[65] 위원장 김미도는 발언 내용을 일일이 문제 삼으면서 개인 페이스북을 통해 구체적으로 문제제기를 한다. 이후 장관 도종환은 이 문제에 관해 '모두 저의 불찰'이라면서 '공정한 조치'를 약속한다.[66] 하지만 여러 분야에서 갈등은 더 복잡해지고 심각해진다.

새로운 갈등이 번져나가다

국민의당 장정숙 의원은 국회 교육문화체육관광위원회 국정감사에서 '블랙리스트 잔존 세력'으로 국립극장장 안호상을 지적한다. 2017년 9월 4일 안호상은 문화체육관광부에 국립극장장 사의를 표명하면서 '의원 개인의 생각일 뿐'이라며 블랙리스트와의 연관성을 강경하게 부인한다.[67] 국립극장장 안호상은 2012년 1월 이명박 정부 시절에 임명된 이후 박근혜 정부에서 두 차례 연임하는 매우 이례적인 이력을 남긴 인물이다. 더구나 2018년 1월 조윤선 전 문화체육관광부 장관이 블랙리스트 사태 관련 특검 조사를 받는 와중에 재임명됐기 때문에 세간의 이목이 집중되기도 했다. 임기는 2020년까지 2년 이상 남아 있는데 장정숙 의원의 공개 비판과 함께 갑작스레 사의가 이어진 것이다. 물론 그는 '사외 압력 등 외압은 없었다'라면서 블랙리스트와의 연관성은 물론 현 정부와의 마찰 또한 경계하는 태도를 보인다.[68]

사실 장정숙 의원이 국립극장장 안호상을 단지 이전 정권에서 일했기 때문에 문제 삼은 것은 아니다.

> 박명성 씨는 박근혜 정부 초기 문화융성위원회에 있었고 창조 경제추진단장으로 차은택의 뒤를 이었다가 2016년 최순실 국정 농단이 불거지자 돌연 사퇴했다.

이른바 '박명성-차은택-김종덕'으로 이어지는 '블랙리스트 부역자' 라인 의혹을 제기했으며 국립극장장 안호상 역시 '공모직 개방형'이라는 최근의 인사 공모 관행과는 맞지 않는 연임이었다는 점을 문제제기한 것이다. 더불어 '해오름극장 공사 부당개입 의혹'을 제기한다. 공사 과정 중 무대안전제어 시스템을 6억 원이나 비싼 가격에 구입했고 지인을 설계 감리사로 지정해서 2,000만 원의 자문료를 제공했다는 등의 직원 제보를 공개하기도 했다.[69] 이에 관하여 국립극장장 안호상은 '허위 사실'이라며 강경하게 대응한다. 퇴임식 준비를 하던 상황에서 구체적인 실시설계안은 확정되지 않았고 설계감리사는 물론 설계감리 업체와 만난 적도 없다는 것이다.[70]

또 다른 의혹도 있었다. 국립무용단 예술감독 김상덕을 선임하는 과정에서는 '적격자가 없다'는 이유로 2년간 예술감독직을 비워두더니 이미 공모에서 탈락했던 김상덕을 국립극장장 안호상이 추천하고 이를 문화체육관광부가 바로 승인했다. 이 때문에 이들과 당시 문화체육관광부 장관 김종덕, 차관 김종 등의 '유착설'이 나온 것이다.[71]

하지만 여기까지다. 구체적인 범죄 사실 입증 또는 블랙리스트 부역자 명단의 등장 같은 굵직한 이야기로 발전하지 못했으며 이즈음 안호상은 홍익대학교 공연예술대학원 교수로 자리를 옮긴다.[72]

> (블랙리스트 관련 지침이) 옳다는 생각은 안 하지만 (…) 나 홀로 결백을 내세우기 어려운 측면이 있었다. (…) 다시는 우리 문화예술계에 이런 일이 없을 것으로 본다. (…) (블랙리스트를 실행한 용호성 기획운영단장 관련해서는) 조직을 지키고 싶은 마음도 컸을 것이다. 나라도 같은 상황에서는 조직을 지켰을 것이다.

국립국악원장 김해숙의 뒤늦은 '검열 시인'이다.[73] 하지만 논리가 기묘하다. 잘못은 했지만 어쩔 수 없었고, 앞으로 이런 일은 다시는 일어나지 않을 건데 조직을 지킬 수밖에 없는 심정도 이해하라는 발언이니 앞뒤가 맞지 않는다. 국립국악원장 김해숙은 불명예스러운 사퇴가 아니라 임기 만료로 당당하게 국립국악원을 떠난다. '국악의 필수교육과 세계화'를 강조하면서 국악계의 발전을 위한 각종 제안을 남긴 채 말이다.[74] 그리고 신임 국립국악원장으로 임명된 임재원은 '투명성과 공정성'을 강조하면서 제2의 블랙리스트 사태를 막겠다고 공언한다.

재미있는 부분은 퇴임하는 전임 원장과 부임하는 신임 원장의 주장이 유사하다는 것이다. 국악의 대중화를 위해 노력하겠다고 했으며 새로운 음악 교류를 강조했기 때문이다.[75] 차이가 있다면 전임 원장은 '2017 환태평양음악제' 같은 외국과의 교류를 강조했고 신임 원장은 '북한 음악계와의 교류'를 강조했다는 정도다. 김해숙 원장의 경우 재임 기간 당시 <소월산천>이라는 공연에서 연출가 박근형을 배제하기 위해 연극을 빼고 연주 공연만을 강행하려 했고,[76] 그 때문에 결국 김서령 예술감독이 사퇴하는 등 많은 문제가 있었다.

이와 유사한 일이 한국예술인복지재단 대표 박계배를 두고도 벌어진다. 1984년부터 2004년까지 대학로 샘터파랑새극장 극장장, 2007년부터 2012년까지 연극협회 이사장을 지내는 등 문화예술 분야 각종 위원회 위원과 위원장을 역임한 인물이다. 그는 박근혜 정권 기간에 한국예술인복지재단 대표를 맡으면서 여러 매체를 통해 문화예술인들의 복지 확대에 대해 목소리를 높여왔다. '열정 페이를 가장 강요하는 데가 예술계', '창작 준비금 지원 방식 개선', '예술인 파견 지원사업' 등 제도 개선을 강조[77]했으며 이를 위한 복지재단의 조직 개편도 구체화했다.

> 구글은 특정 업무에 탁월한 능력을 발휘하는 사람이 아니라 '협업'에 능한 사람을 뽑습니다. 재단도 앞으로 조직 내에서 조화롭게 일할 수 있는 사람을 뽑을 계획입니다.[78]

하지만 박계배는 당시 한국문화예술위원회 위원장 박명성에게 예술 현장 동향을 보고했고, 이 내용은 '장관님 면담 참고 자료'라는 문건에 반영된 후 김종덕 당시 문화체육관광부 장관에게 전달된다. 블랙리스트 관련 현안 문서가 공개되면서 밝혀진 사실이다.[79] 이를 두고 연극인들은 '블랙리스트 가담 박계배 복지재단 전 대표 석고대죄'를 요구하는 규탄 성명을 냈다. 이에 대해 박계배는 사실무근이며 인격 살해에 가까운 고통을 겪고 있다며 반박했다.[80] 국립국악원장과 마찬가지로 그는 임기를 모두 마치고 떠났다. 보통 후임자가 정해지지 않으면 임기가 만료되어도 업무를 수행하는 데 반해 임기가 종료되자마자 떠났기 때문에 이를 두고 뒷말이 있기는 했지만, 여하간 불명예 사퇴가 아닌 말끔한 임기 종료로 이야기는 마무리된다.

사정이 이렇기 때문에 결국 관련 문화예술인들이 조직화를 도모하고 특정인을 지목하여 사퇴를 요구하는 일이 반복적으로 일어난다. 매우 비효율적인 과정이다. 문화예술인들이 본업에 집중하지 못하고 스스로 조직을 만들고 기관장이나 심의위원들과 충돌을 감수해야만 한다. 결과적으로 기관장이나 심의위원들은 사퇴라는 형식을 통해 본업으로 돌아오기 때문에 '사퇴를 요구한 사람들'과 '사퇴를 한 사람들' 간에는 쉽게 해결될 수 없는 앙금이 생길 수밖에 없다. 더구나 흐름이 이렇다 보니 '사퇴 만능주의'라고 불러도 좋을 만큼 기관장과 심의위원의 사퇴만이 이어질 뿐이다. 블랙리스트 사업은 매우 조직적으로 진행됐다. 이를 기회로 여겨 적극적으로는 동료들을 짓밟고 올라선 문화예술인도 있었을 것이고, 소극적으로는 동료의 몰락을 방관한 문화예술인도 있을 것이다. 그런데 단지 몇몇 인사만 사퇴하면서 상황이 마무리된다? 문제제기를 한 사람들 입장에서는 결코 만족할 수 없는 성과일 것이다. 또한 이 정도 수준으로 문화예술계가 자정하여 새로운 단계로 나아갈 수 있다고 믿는 이들도 많지 않을 것이다.

우리 영화계에 불합리한 일들이 발생하지 않도록 끝까지 지켜내지 못한 점에 대해 영화진흥위원회 임직원을 대표하여 국민과 영화인께 진심으로 사과를 드리며, 위원장으로서 책임을 통감하고 자리에서 물러나고자 합니다.[81]

영화진흥위원회 위원장 김세훈이 홈페이지에 올린 글이다. 세종대 만화애니메이션학과 교수 출신으로 박근혜 대통령의 대선 캠프 시절 국가미래연구원 연구위원으로 활동한 인물이다. 이미 류승완 감독을 비롯한 영화인 1,000여 명이 '블랙리스트 대응 영화인 행동'을 만들었으며 서울아트시네마에서 영화진흥위원장 김세훈과 부산시장 서병수의 즉각 사퇴를 촉구한 바 있다.[82] 대구 오오극장 권현준 팀장 역시 언론사에 '나는 블랙리스트였다'라는 기고를 통해 영화진흥위원회 위원장 김세훈의 '직무유기'를 고발한다. 오오극장은 서울 외의 지역에 최초로 설립된 민간 독립영화 전용관이다. 영화 상영이 대형 배급사에 의해 주도되는 현실에서 그나마 서울에는 여러 독립영화관이 있지만 지방에는 전무하기 때문에 영화진흥위원회가 '독립영화 전용관 운영 지원사업

계획서'를 마련했다. 그 계획서에 '서울 외 지역'의 독립영화 전용관에 대한 지원 방침이 있음에도 오오극장을 지원배제한 것이다. 이를 문제 삼자 영화진흥위원회는 부산에 있는 영화의전당 필름시사실을 급히 개조하여 '부산 독립영화 전용관'이라고 칭하며 직접 경영에 나섰고 지원사업 내용을 수정하여 '신규 독립영화 전용관'에만 지원하겠다고 밝혔다. 블랙리스트 사업의 전형적인 행태가 지방의 매우 작은 독립영화 전용관을 대상으로도 이루어진 것이다.[83]

물론 영화진흥위원회 위원장 김세훈은 쉽게 물러나지 않았다. 사퇴 요구 성명 몇 달 전에 여덟 개의 영화단체가 참여하여 공동 기자회견을 연다. 이 자리에서 한국영화감독조합 대표 봉준호 감독을 비롯한 영화인들은 '약 4억 원의 자금이 부적절하게 유용'됐다는 의혹을 공식 제기했으며 한국영화발전 중장기 계획안 및 연도별 사업계획안을 독단적으로 처리한 점, 140여억 원의 렌터팜 사업을 무리하게 강행한 점 등 각종 의혹을 제기하면서 위원장 김세훈을 '횡령 혐의로 고발'한다.[84]

이 와중에 영화진흥위원회가 2015년 부산영화제 지원금 삭감으로 비난을 받던 당시 여론 조작을 목적으로 일간지에 대필 기고를 했다는 사실이 드러났다. 이를 무마하고자 국회 교육문화체육관광위원회 상임위원회에 출석한 김세훈의 발언이 또다시 위증 논란을 낳았고,[85] 영화진흥위원회 노조와 '대선 직후 위원장 사퇴' 같은 조건을 건 협상 시도[86] 등이 문제가 된다. 영화진흥위원회 위원장의 사퇴를 둔 갈등이 본격화된 것은 2016년 말이었고,

결국 사퇴는 2017년 5월 11일이었으니 단 한 명을 사퇴시키기 위한 격렬한 싸움이 6개월 이상을 끈 것이다.

한국문화예술위원회 위원장 박명진의 사퇴를 둘러싼 공방 역시 지난하기는 매한가지였다. 한국문화예술위원회는 가히 으뜸가는 블랙리스트 실행위원회였다고 할 수 있다. 정권 교체 후 관련 조사위원회가 들어서기 이전에 박근혜·최순실 게이트를 수사하기 위해 만들어진 박영수 특별검사팀의 최종 수사 결과를 보면, 총 355건의 블랙리스트 지원배제 사업 중 무려 325건에 한국문화예술위원회가 관련돼 있었다. 위원장 박명진은 이 사실을 명백히 인지했으며 적극 협조했다는 사실이 국정감사를 통해 드러나기도 했다. 더구나 이를 무마하기 위해 2015년, 2016년 국정감사에서 거짓 증언은 물론 조작된 회의록을 제출하기까지 했다.[87]

결국 박근혜 탄핵 이후 다음 대통령 선거를 앞둔 가운데 돌연 사직서를 내는데,[88] 곧바로 사표가 수리되지 않자 소동은 엉뚱한 방향으로 흘러가기 시작한다. 국회 청문회 위증 관련 소송을 위한 반박 자료를 만들라고 직원들에게 요구한다거나 블랙리스트 관련 백서 작업에 일일이 수정과 첨삭을 지시하면서 자신과 관련된 내용을 감추려는 등의 보도가 이어진 것이다. 심지어 이를 거부할 경우 인사상 불이익을 주겠다며 내부 직원들과 심각한 갈등을 벌였다는 의혹도 제기되었다.[89]

박명진은 2017년 5월 18일 예술단체 85곳에 이메일로 '사퇴의 글'을 보내는데 이 또한 크게 문제가 된다.

예술위원회 직원들은 지난 2년여간 소신과 어긋나는 상부의 지시를 수행하면서 큰 정신적 고통을 겪어야 했으며, 그런 가운데서도 예술가 여러분들이 겪을 직접적인 피해를 막기 위해 필사적으로 노력해왔습니다. 그 용기 어린 노력들이 언젠가 세상에 알려져, 제대로 평가받을 수 있기를 간절히 기원합니다.[90]

위원장 박명진은 위증 문제로 재판장에 섰을 때도 '기관을 이끄는 사람으로서 직원들이 오명을 뒤집어쓰면 안 되'기 때문에 회의록을 허위로 조작할 수밖에 없었다고 항변했다. 결국 사퇴의 글에서도 고통을 겪은 사람들은 '부득이하게 블랙리스트 사업을 수행한 공무원'이며 그간 본인을 포함한 기관의 직원들은 '피해를 막기 위해 필사적으로 노력'했다는 것을 강변한 것이다.[91] 이를 두고 예술인들은 '몰염치의 극치', '후안무치의 일'이라며 강력하게 비판한다.

그리고 한국연극협회 이사장 정대경의 사례도 있다. 정대경을 둘러싼 갈등의 양상은 점입가경이다.

블랙리스트의 존재를 알고부터 이를 원만하게 해결하기 위해 최선을 다했는데 억울하다. 예술위 안에서 지원배제를 막기 위해 가장 열심히 싸웠다. (…) 자진사퇴를 거부한다.[92]

삼일로창고극장 대표, 한국소극장협회장 등을 역임한 이사장 정대경은 블랙리스트 사업이 한창 진행 중이던 2012년 12월부터 2016년 2월까지 한국문화예술위원회 문예위원을 연임했다. 또한 문예위원 임기가 끝나자마자 제25대 한국연극협회 이사장으로 취임했다. 문제는 그가 문예위원이던 시기가 서울연극제 대관 탈락, 연출가 박근형 창작산실 지원배제, 팝업씨어터 공연 방해 사건 등 굵직굵직한 블랙리스트 관련 사업이 진행됐다는 점이다.[93] 여러 의혹이 증폭되는 가운데 제25대 한국연극협회 이사장 당선[94]에 문화체육관광부의 개입을 확인할 수 있는 문화체육관광부 내부 문서가 발견되기도 했다.

> 한국연극협회 이사장 선거와 연계(정대경 위원 협조 요청)
> 한국연극협회 이사장 후보 정대경 위원의 강력 요청

문화체육관광부 <2016년 문예진흥기금 공모 사업 추진 상황>(2016. 1. 21)에 나오는 내용이다. 연극계는 성명을 발표하며 '이사장의 사퇴와 한국연극협회 이사회의 책임 있는 조치'를 요구한다.[95]

이후 갈등은 해결의 여지를 찾기 어려울 정도로 심각해진다. 이사장 정대경이 여러 의혹과 문제제기를 두고 적극 반박하며 사퇴를 거절한다. 문화체육관광부 입장에서는 '정부와 각을 세웠던 박장렬 전 서울연극협회장이 불편했을 것'이기 때문에 '상대적으로 대화할 수 있는' 본인을 '선호했을 수는 있지만' 한국연극협회 선거제도를 보면 관건 개입이 불가능하다, 또한 문예위원 재직 시절 서울연극제 대관 탈락 당시에는 블랙리스트의 존재를 몰랐으며 뒤늦게 사실을 알고 나서는 '나름대로' 청와대나 정부 여당 관계자에게 사태를 알리며 해결하기 위해 노력했다. 무엇보다 블랙리스트가 실행되는 과정에서 문예위원들은 의사결정에 참여할 수 없는 '바지저고리' 같은 존재였고 '철저하게 배제'됐기 때문에 극도로 무력할 수밖에 없었다는 등의 주장을 언론 인터뷰를 통해 수차례 강조한다.[96]

갈등이 계속되는 가운데 한국연극협회 이사회는 2018년 6월 2일 긴급 이사회와 6월 15일 정기 이사회를 열고 최종적인 의견을 발표한다. '법적 책임 공방으로 전개되는 양상'이 계속되고 '현재까지 제시된 자료로는 판단하기 어려운 문제'이기 때문에 '정대경 이사장 개인의 결정'에 맡긴다는 내용이었다. 사실상 정대경 체제를 승인한다는 것이다.

> 자신이 가해자인데 피해자 코스프레 (…) 국가적으로 굵직한 사건을 경험해보면 보통은 꼬리 자르기가 진행된다. (…) 블랙리스트 역시 몸통만 보여주고 몸통에 붙은 많은 지류들은 해명이 안돼 있는 상태다.[97]

반박과 재반박. 극도의 내부 갈등. 사정은 어느 순간부터 외부인들이 보기에는 이해하기 힘들 만큼 복잡해진다. 한국연극협회 이사장 정대경은 정말로 블랙리스트 공모자였을까? 그가 계속 사퇴를 하지 않고 버틴다면 어떻게 해야 하는가? '한국연극협회 비상대책위원회'의 불만족스러운 노력을 문제 삼고 '연극인연대 비상대책위원회'가 발족[98]되기도 했고, 이 와중에 문화체육관광부는 블랙리스트 사업에 관여한 인물을 산하기관 대표로 임명하기도 한다.[99] 예술경영센터 새 대표로 임명된 윤미경은 2015년 국립극단 사무국장으로 일하면서 연극 포스터 수정을 비롯한 다수의 '예술 검열'을 한 인물인데 이를 알고도 임명을 강행한 것이다.

> 조사받았다고 저도 듣기는 했어요. 블랙리스트는 반발 걱정도 있긴 했지만 전문성이나 이런 역량만 보면 평이 괜찮았다고 그러더라고요.[100]

관계자의 전언이다. 결국 전문성이나 역량이 있기 때문에 어느 정도의 흠결은 용납하겠다는 발상이다. 실상 '자진 사퇴'를 제외한 징벌적 처분조차 찾아보기 힘든 판에 이와 극도로 대조되는 일이 벌어진 것이다. 이와 비슷한 일은 이후 지속적으로 논란이 된다. 국립국악원 기획운영단장, 청와대 행정관 등을 역임하며 박근형 연출가의 공연 배제 지시, <변호인>의 파리 한국영화제 출품 배제 등의 문제로 문화예술인들의 지탄을 받은 용호성은 주영한국문화원 원장으로 발령받았다. 그는 2018년 11월 1일부터 한 달 동안 진행된 13회 런던 한국영화제를 기획하는 등 정권 교체와 블랙리스트 조사 활동에도 불구하고 여전히 문화행정의 중역을 담당했다.[101] 또한 김세훈 세종대 교수(전 영화진흥위원회 위원장)가 2018 대한민국스토리공모대전의 예심 심사위원으로 참여한 것 또한 큰 발발을 불러일으켰다. 문화예술인들의 격렬한 반발에 대한 콘텐츠진흥원의 답변은 간단했다.

김세훈 교수가 만화 애니메이션 전문가(이다) (…) 특별하게 선 정한 것은 아니다.[102]

한편에서는 안영배 한국관광공사 사장 임명이 논란이 되기도 했다. 문화체육관광부에서 새로 임명한 안영배는 노무현 정권기 국정홍보처 차장, 노무현재단 사무처장, 문재인 후보 선거 캠프, 문재인 후보를 지지하는 문화예술계 모임 더불어포럼 사무처장 등을 맡은 인물이다.[103] 관련 전문성이 전혀 없는 낙하산 인사라 는 얘기다.

앞에서 지적된 여러 이야기의 결말을 짓는 것은 불가능하다. 단지, 의혹이 제기되었거나 충분한 조사 검토가 이루어지지 못한 것이 많으며 개중에는 오해나 치명적 오류들이 있을지도 모를 노 릇이다. 다만 사태 이후에 '경향' 자체가 심각한 문제제기를 한다 는 것 만큼은 분명하다. 흠결이 있더라도 역량이 있기 때문에 기 용하고, 한편에서는 전문성이라곤 찾아볼 수 없는 보은성 인사가 이루어지는 '경향'을 우리는 어떻게 받아들여야 할까?

마치 흘러내리는 물을 손으로 쥐려 하는 기분이다. 블랙리스 트 사업에 공모했던 수많은 사람은 어디에서 무엇을 하고 있을 까. 상당수의 기관장은 학교로 돌아가서 교수직을 유지하고 있 기에 '특정 대학에 많이 몰리고 있다'는 후문이 있기도 하고, 단지 보직만 변경된 상태에서 여전히 잘나가는 몇몇 혐의 짙은 공무원들에 관한 뒷말만이 무성하다.

/

그 사람은 어떻게 됐어?

잘 처신해서 새 정부에서 한자리 꿰찼다던걸?

여러 성과를 거둔 것은 사실이지만, 그럼에도 현실은 더 많은 질문을 해오고 있으며 모든 면에서 만족스럽지 못한 상황이다.

잘못을 반드시 처벌해야 하는 이유:
토머스 홉스Thomas Hobbes의
《리바이어던Leviathan》

모든 인간에게 발견되는 일반적 성향으로서 죽을 때까지 계속되는, 힘(power)에 대한 끊임없는 욕망을 제일 먼저 들고자 한다. 이것은 인간이 이미 획득한 것보다 더 강렬한 환희를 구하기 때문에 그런 것이 아니요, 보통 수준의 힘에 만족할 수 없기 때문에 그런 것도 아니다. 잘살기 위한 더 많은 힘과 수단을 획득하지 않으면, 현재 소유하고 있는 힘이나 수단조차 확보할 수 없기 때문이다.

최고의 권력자인 군왕들은 국내에서는 법으로, 국외에서는 전쟁으로 권력을 확보하기 위해 노력한다. 이것이 달성되면 새로운 욕망을 가지게 된다. 새로운 정복을 통해 명성을 얻고자 하는 자도 있고, 일신의 안락과 감각적 쾌락을 구하는 자도 있고, 자신의 기예나 정신적 능력의 탁월함에 대한 칭송과 아첨을 구하는 자도 있다.[104]

생존과 번영, 인간은 언제나 이 두 가지 현실에 내몰려 있다. 살아남아야 한다는 절박함과 누구라도 딛고 서서 위세를 부리고 싶다는 허영심에서 벗어나지 못한다. 무엇인가를 계속해야 하고, 대비해야 하고, 준비해야 하며, 곤궁함을 벗어나 조금이라도 여유가 생기면 자랑하기 위해서라도 또다시 일을 벌이고, 남들과 비교하고, 남들보다 위에 서야만 직성이 풀린다. 적어도 위에 섰다고 믿으며 게걸스럽게 굴기라도 해야 한다.

/ 인간에 대해 너무 부정적으로 보는 것 아닌가?

과연 그럴까? 언뜻 보면 상냥하고 친절한 사람일지라도 돈이 없는 이들에게 물건을 내어주지 않고, 대부분의 절박한 사정에 관해 사람들은 무관심하다. 누구나 오로지 자기 자신만을 지킬 뿐이다. 인류 역사가 시작된 이래 신분과 계급은 언제나 존재했고 귀족은 노예를, 양반은 노비를, 지주는 소작인을 지배하며 가능한 한 모든 것을 착취하려 했다. 시민혁명이 일어나고 공산주의가 발흥할 정도로 지난 200년간 격렬한 시간을 보냈음에도 가난은 필연적이고, 부의 불평등은 어쩔 수 없는 것으로 여겨진다. 세계적인 기업인이나 스포츠 스타는 상상을 초월하는 연봉을 받고 아프리카 사람들이 기아에 내몰려 있는 것 역시 매우 당연한 것으로 여겨진다. 이런 식의 이야기는 얼마든지 덧붙일 수 있다.

/ 너무 극단적으로 세상을 바라보는 것 아닌가?

그럴지도 모른다. 대부분의 일상은 안정적이고, 대부분의 사람은 소박하며 그다지 정의롭거나 위대하진 않더라도 그다지 나쁘지 않고 특별히 문제를 일으키려 하지 않기 때문이다. 그런데 왜 언제나 세상에는 경제적 불평등을 비롯한 각종 모순이 그득히 들어차 있고 저 멀리 난민들의 어려움은커녕 매일매일 마주치는 학교 친구의 어려운 형편 하나 개선되지 못할까. 텔레비전을 틀면 그렇게 많은 사람이 자신의 재산을 기부하고 곳곳에서 어려운 이웃을 돕자는 각종 캠페인이 벌어지는데 왜 무엇 하나 똑 부러지게 바뀌는 것은 없을까. 더구나 어떤 순간에 왜 인간은 그토록 가혹해질까. 왜 누군가를 혐오하고, 누군가를 공격하고, 전쟁을 일으키고, 광범위한 학살을 자행할까. 매일 만나는 이렇게 평범하며 착한 사람들이 도대체 왜 그토록 무서운 악행을 선택할까.

인간은 그들 모두를 위압하는 공통의 권력이 존재하지 않는 곳에서는 전쟁 상태에 들어가게 된다. (…) 이 전쟁은 만인에 대한 만인의 전쟁이다. 전쟁이라는 것은 싸움 또는 전투 행위의 존재 유무만으로 판단하는 것이 아니다. 전쟁이란 '시간(time)'에 관한 개념으로서 일정한 기간에 걸쳐 전투의 의지가 존재하는 것이 확실하다면, 그 기간에는 전쟁 상태에 놓여 있는 것이다.[105]

토머스 홉스(Thomas Hobbes)는 결과보다는 원인, 현상보다는 근원에 집중한다. 눈앞에서 누군가가 싸우는 것을 두고 '싸움'이라고 규정하는 것이 아니라 '싸우려고 하는 의지', '싸울 수밖에 없는 이유', 그러므로 '싸움을 위한 준비', 그리고 '싸움과 그 여파' 이 모든 것을 '싸움'이라고 보는 것이다.

왜 싸움이 일어날까. '모두를 위압하는 공통의 권력이 없기' 때문이다. 절대군주, 사회적 권위와 기준, 강력한 질서와 문화 따위가 없는 곳에서, 즉 자연 상태에서 인간은 야수가 될 수밖에 없다. 토머스 홉스의 주장을 오해하면 안 된다. 그가 말하는 '자연 상태'라는 것은 순간순간 끊임없이 누군가가 누군가를 공격하고, 사람들이 공포심에 짓눌려서 부들부들 떨고, 모두가 무기를 들고 싸워야만 하는 공포영화의 연속이 아니다. 차라리 오늘 우리가 살고 있는 사회, 우리가 역사 시간에 배우는 전근대 사회의 여러 어두운 단면이 그가 규정한 '전쟁', '야수', '자연 상태'라고 보는 것이 정확하다.

/

그나마 무엇이 우리를 보호해주는가!

민주공화국 대한민국은 대통령을 뽑고 국회의원을 선출하며, 이들을 중심으로 국가를 운영한다. 법률이라는 각종 강제적인 기준과 원칙이 있기 때문에 이에 따라 제도와 질서가 만들어지고, 그 결과로 국민은 안전하게 보호받으며 살 수 있다.

모든 사람은 (…) 평화를 추구하라. (…) 모든 수단을 동원하여 자신을 방어하라.[106]

토머스 홉스는 '권리를 상호 양도하는 것', 계약을 통해 평화를 달성하며 최대한의 방어수단을 만들라고 조언한다. 모든 사람이 참여하여 '계약'이라는 과정을 통해 국가라는 거대한 공동체의 구성원이 된다. '평화를 획득하고 생명을 보존하기 위해' 인공적인 인간, '시민법이라는 인공적 사슬'을 만든 것이다.

물론 토머스 홉스가 살던 17세기 영국은 절대군주가 주도하던 시기였기 때문에 국민은 계약을 통해 절대군주에게 복종하고, 절대군주는 계약을 이행하기 위해 강력한 위력으로 국민의 생존과 평화를 위협하는 악을 제거해야 함을 강조한다. 하지만 토머스 홉스가 이야기한 원칙은 오늘날에도 사실상 그대로 구현되고 있다. 국가·법률·대통령·국회의원 등은 '계약'의 산물이기 때문에 국민을 평화와 번영으로 이끌고, 국민은 계약에 충실하기 위해 한 나라의 제도와 질서를 따라야만 한다. 대한민국은 '계약의 실체'인 것이다.

그런데 위기가 발생한다. 누군가 계약을 어그러뜨리기 시작한다. 문화예술인들을 지원하기 위해 만든 각종 제도가 검열과 배제를 위한 수단이 된 것이다. 배신의 원천은 토머스 홉스 식으로 표현하면 절대군주 그 자체다. 대통령과 몇몇 고위 관료가 계약을 위반하고 계약을 악용하여 전혀 엉뚱한 방식으로 블랙리스트를 만들고 검열과 배제라는 사업을 강력하게 추진한다.

계약이 뒤틀려버린 사회는 어떻게 변할까. 다시 자연 상태로 쏠려가고 만다. 목적을 포기하더라도 명령을 따르는 공무원, 가치보다는 조직을 우선시하는 공무원, 원칙이 파괴되더라도 기회를 선택하는 기관장과 심의위원들. 어쩌면 애초에 욕망이 넘실댔고 호시탐탐 기회를 노렸을지도 모른다. 문화예술적 역량이 너무나 탁월했기 때문에 자신의 분야에서 '대가'라는 칭송을 받고, 대학교수가 되고, 극단 대표가 되고 나아가 각종 국가위원회의 위원 또는 위원장이 되며 출세를 거듭하던 인물들. 누군가를 검열하고 누군가를 배제하는 것은 그만큼 자신의 권력과 권위가 높아지며, 불법적인 만큼 대단한 혜택이 따르기 때문에 다소간의 양심이나 도덕성을 누그러뜨리기만 하면 오히려 더욱 강력한 성취와 만족감이 뒤따르기 때문에, 그만큼 매혹적인 요구가 아니었을까?

기타의 자유들은 모두 법의 침묵에 달려 있다. 즉 주권자가 그에 관한 별도의 법을 제정하지 않은 일에 대해서는 백성은 자기의 판단에 따라 행동하거나, 또는 행동을 하지 않거나 할 자유를 지닌다.[107]

두 가지 모순과 오해가 발생했다.

첫째, 계약이 모든 것을 정당화하진 않는다. 민주공화국에서 대통령의 권한은 민주공화국 수호라는 범주를 벗어날 수 없다. 문화체육관광부의 공무원 또는 각종 위원직을 역임하고 있는 문화예술인들의 권력이란 문화예술의 자유나 표현의 자유 같은 이미 계약된 권리를 촉진하고, 의무를 수행하는 역할 이상을 벗어날 수 없다. 만약 계약의 범주를 벗어났다면, 즉 계약을 위반했다면 어떻게 해야 하는가. 당연히 처벌이 따라야 한다. 위법한 행위에 대한 처벌은 매우 정당한 절차이기 때문이다. 다만 위반의 정도에 따라 처벌의 등위가 달라질 것이다.

둘째, 계약이 모든 것을 합리화하지도 않는다. 절대군주가 나에게 '죽어라'라고 명령했다고 하더라도 내가 자살해야 할 의무는 없다. 계약보다 앞서 애초에 주어진 권리, 자연권이 있기 때문이다. 문화예술인들이 자유롭게, 창의적으로 자신의 능력을 발휘하는 것은 자연 발생적이다. 위대하고 대단한 선배 문화예술인들이 탁월한 능력으로 문화예술계를 선도하고 존경을 받는 것이 자연스러운 만큼, 그들이 각종 기관장과 위원장을 역임하면서 할 일은 실상 설명할 필요가 없을 만큼 자연스러운 것들이다. 후배 문화예술인들이 활동할 기회를 마련하고, 무명의 문화예술인들이 돈 걱정 없이 자유롭게 창작혼을 발휘할 수 있도록 하는 것 말이다. 대통령 휘하 문화체육관광부 공무원들은 무슨 일을, 어떤 공무를 수행해야 할까. 당연히 문화예술의 발전 아닐까? 그것 외에 무엇이 있겠는가.

정확히 얼마를 지원해야 하며, 절차와 기준에 근거해서 어떤 방식으로 사업을 운영할 것인가는 계약의 영역이다. 하지만 문화예술과 관련된 공무의 본질은 응당 긍정적이고 생산적인 방향 그 자체여야 한다. 이는 계약의 영역이 아닌 인간 본성이 요구하는 바 지극히 자연스러운, 자연적인 권리이기 때문이다. 그렇기 때문에 블랙리스트 사업은 자연권 침해이며, 블랙리스트 사업에 협력한 공모자들은 자연권 침해자들이다. 계약에 의해 형성된 시민권 이전에, 인간이라면 누구에게나 주어진 권리를 침해한 것에 대해서는 어떤 처벌이 뒤따라야 할까? 적어도 계약 위반보다 강력해야 하지 않을까?

> 주권자에 대한 백성의 의무는, 백성을 보호할 수 있는 권력이 주권자의 손에서 지속되는 한, 그리고 오직 지속되는 동안에만 계속되는 것으로 생각된다. 인간에게는 달리 아무도 보호해줄 자가 없는 경우에는 자기보존의 자연적 권리가 있고, 이 권리는 어떤 신의계약으로도 양도할 수 없기 때문이다.[108]

'어쩔 수 없었다'라는 것은 변명이 될 수 없다. 계약을 위반했고 자연권을 침해했기 때문이다. '아무 힘도 없었다'라는 것 역시 변명이 될 수 없다. 계약을 위반했고 자연권을 침해했기 때문이다. '조직을 지켜야 했다'라는 것 또한 변명이 될 수 없다. 계약을 위반했고 자연권을 침해했기 때문이다. '따지고 보면 우리가 피해자'라는 주장은 계약의 의미도, 자연권의 의미도 모르는 무지와 부덕의 소치다. 이미 규정된 공무를 수행할 것을 약속하고 공직에 있으면서도 '괴로움과 고통' 따위를 운운한다는 것은 계약 사항에는 존재하지 않는 것이기 때문에 고려 대상이 될 수 없고, 자연권이라는 측면에서도 고려의 대상이 될 수 없는 전혀 별개의 문제일 뿐이다.

죄(sin)란 법을 위반하는 것일 뿐만 아니라 입법자를 어떻게든 경멸하는 행위다. 그러한 경멸은 그가 만든 모든 법을 한꺼번에 위반하는 것이며, 따라서 이것은 법이 금지하는 행위를 '수행'하거나 말하는 것으로 나타날 수도 있고, 법이 명하는 것을 '회피'하는 것으로 나타날 수도 있다.[109]

해야 할 것을 하지 않았고, 하면 안 되는 것을 했다는 사실만이 자명하다. 그렇다면 어떻게 해야 하는가. '진심 어린 사과'는 단지 모멸감에 대한 위로에 불과하다. 계약을 위반한 죄, 자연권을 겁박한 죄에 관한 응분의 결과는 '처벌'에서 시작되어야 할 것이다. 더구나 그들은 법을, 법을 만든 이를, 법을 통해 이루어진 계약을, 법이 만들어질 수밖에 없는 자연권을 경멸했다. 순서는 이미 정해져 있다. 처벌이 시작일 수밖에 없는 이유는 처벌을 통해 이루어지는 것, 그리고 처벌을 한 후 체계적으로 해나가야 할 것들이 있기 때문이다.

블랙리스트를 '해결과 처리'의 관점에서 본다면 과정상의 '진통'이 도달해야 할 지점은 너무나 정확하다. 합리적이고 모범적인 '처벌과 그다음'만이 있을 뿐이다.

4장

기억의 가치:

블랙리스트,
어떻게
곱씹어야 할까?

잊지 않는다는 것

스페인 내전(1936~1939)으로 인한 진정한 트라우마는 '안정적인 민주주의의 발전'을 위하여 '기억을 희생'하는 순간 발생했는지도 모른다. 스페인의 좌·우파가 모두 과거를 덮고 침묵하기로 한 이른바 '망각 협정(Pacto del olvido)'은 21세기에 들어서야 비로소 '기억의 소환'으로 이어졌다. 어쩌면 스페인 내전 이후 지난한 '기억의 회복을 위한 투쟁'은 군부 쿠데타와 독재 정권을 경험한 전 세계 모든 나라의 공통적인 패턴일지도 모른다. 민주화 운동을 통해 간신히 민주공화국으로 이행한 후 뒤늦게 생존한 피해자 또는 유족들, 그리고 관련 시민단체가 이슈를 제기하고 이에 정부가 화답하면서 여러 지원을 통해 역사학자들을 중심으로 기억이 복원되고, 교육이 바뀌면서 '다시는 이런 일이 있어서는 안 된다'로 이어지는 과정이 바로 그렇다. 이 지점에서 현재 스페인과 대한민국은 매우 유사한 경로를 밟고 있다. 스페인은 '기억할 수 있는 자유'를 회복하고 이에 대한 모든 형태의 모욕을 금지했지만, 여전히 충분한 진상규명과 처벌까지는 이르지 못했다. 대한민국 역시 몇몇 사건에서의 처벌이 있었지만 미흡했고 '기억의 회복'은 여전히 완전하지 못하다. 간신히 진실 규명에 이르자, 정치적 목적을 가지고 역사적 사실을 폄훼하고 조롱하는 현상이 난무하고 있다.

문화예술계 블랙리스트 진상조사 및 제도개선위원회의 결과, 우리는 가해자를 처벌할 수 있을까? 그 처벌의 다음 단계는 또 무엇일까? 이 노력의 결과는 대한민국을 어떻게 변화시킬까? 이른바 '반민특위 이래' 처벌이 없고, 친일파부터 독재 부역자까지 힘과 권력을 선택한 사람들만이 끝까지 떵떵거리며 산다는 통념이 지배하고 있는 대한민국은 진정으로 역사의 다음 국면으로 나아갈 수 있을까?

스페인 내전: 어떻게 기억할 것인가?

미래의 페이지는 오직 국민들만 쓸 수 있다. 아직 우리의 미래
는 기록되어 있지 않다.[1]

스페인의 총리 아돌포 수아레스(Adolfo Suárez)가 정치개혁을 주
도하면서 TV에서 한 발언이다. 오랫동안 과거를 지배했던 독재
자는 죽어서 사라졌다. 이제 어떻게 할 것인가. 군부와 로마 가
톨릭 그리고 우파로 불리는 국민들은 독재자 프란시스코 프랑코
(Francisco Paulino Hermenegildo Teódulo Franco)에게 협력했고 그 반대
편에는 저항했던 사람들, 탄압당했던 사람들, 짓눌렸던 사람들이
있다.

스페인 내전(1936~1939)은 무려 33개월 동안이나 이어진 치열
한 싸움이었다. 1936년 7월 17일 시작된 군사 쿠데타는 스페인 공
화국 정부를 전복하지 못한다. 나라는 국민진영(군부, 가톨릭, 우파)

과 공화진영(기존 공화국 그리고 공화국 유지에 동의하는 각종 세력)으로 나뉘어서 격렬한 투쟁을 벌였고, 결국 프란시스코 프랑코가 이끄는 국민진영의 승리로 끝나게 된다.

워낙 엄청난 사건이었고 '20세기 모든 이념의 격전장'이라는 별명이 말해주듯 파시즘, 아나키즘, 공산주의, 공화주의, 민족주의, 지역주의 등 각종 집단이 자신들의 이상과 방향성을 갖고 충돌했다. 내전이 이어진 2년여의 기간에 40만 명이 넘는 사상자가 발생한 것은 물론이고, 내전 이후에도 프랑코 독재체제의 가혹함 탓에 스페인 국민은 가공할 상처를 입는다.

국민진영이 쿠데타 이후에 보여준 군사 행동은 '학살' 그 자체다. 사격대 중 일부는 야간에 자동차 헤드라이트 불빛 앞에 죄수들을 세워놓고 총살을 집행했다. 붙잡힌 공화진영의 정치인들은 총검에 찔려 총살당했고 쿠데타에 참여하지 않았던 군 장교들 역시 총살당했다.[2] 학살에 저항한 성직자는 머리가 잘렸고, 코르도바에서는 당뇨병에 걸린 공화진영 의원에게 죽을 때까지 설탕을 먹이기도 했다. 채식주의자, 에스페란토어 학습자, 몬테소리 학교 교사, 로터리클럽 회원, 프리메이슨 등 이른바 '순수한 스페인 기풍'에 어긋나는 사람들은 요주의 인물이 됐고 붉은색 넥타이를 매는 것만으로도 공산주의자로 '간주'됐다. 공화진영의 의사를 끌고 다니면서 그에게 인사하는 사람들을 체포 대상자로 파악했고 일을 마무리한 후 의사를 총살한 일도 있었다. 내전이 발발한 지 불과 몇 주, 스페인의 남서부 지역, 전체 영토의 약 3분의 1을 장악하는 동안에만 수만 명이 학살됐다.[3] 그리고 폭력은 가공할 형태로 자라났다.

공화진영 역시 폭력을 선택한 것이다. 냉정히 따져봤을 때 폭력을 우파의 산물이라고만 할 순 없다. 애초에 아나키스트들이 투쟁의 수단으로 '암살'을 선택했고 1894년과 1914년 사이에 스페인 총리만도 두 명을 살해했으며 1920년대에는 또 다른 총리, 대주교, 다수의 관리는 물론 스페인 국왕의 살해까지 시도했으니 말이다. 그들은 교회를 부수어대기 시작했고 이에 합세한 과격한 노동자들이 사제들을 죽이고, 주교복을 입고 장난치고, 성직자의 무덤이나 유명한 기독교 조형물을 파헤치고 무너뜨렸다. 이후 이런 방식의 폭력은 무감각해질 정도로 곳곳에서 반복됐다. 내전 기간에 공화진영에서는 약 4만 9,000명, 국민진영에서는 약 15만 명이 살해된 것으로 추정된다.[4] 국민진영에서 살해된 사람들 중 2만 명 정도는 내전 이후에 살해된 것으로 추정되는데[5] 내전이 끝난 후에도 공화진영에 대한 탄압을 멈추지 않았기 때문이다.

1939년 2월, 전쟁 막바지에 국민진영의 군대가 바르셀로나를 함락한 직후 정치책임법을 통과시켰고 내전 이전인 1934년까지 소급적용하여 '노조 활동' 등을 벌인 인물들을 탄압하기 시작했다.[6] 추방, 투옥, 처형 그리고 사상과 생각의 자유마저도 통제에 들어간 것이다. 그리고 1975년까지 이른바 '프랑코 독재'가 지속됐고 내전과 독재로 인한 숱한 상처와 아픔은 해결책을 찾지 못한 채 누적돼 있었다.

그리고 비로소 민주화의 시간이 찾아왔다. 1975년부터 1982년까지 프란시스코 프랑코 사망부터 사회노동당이 집권하는 기간에 스페인에서는 그야말로 살얼음판을 건너는 듯한 나날이 이어졌다. 400여 명의 좌·우파 리더가 테러에 희생됐고 1977년 1월 말에는 '검은 일주일'이라 불릴 정도로 격화된 시위가 진행되는 가운데 학생 두 명, 공산당계 변호사 다섯 명, 경찰 다섯 명이 사망했다.[7] 1981년에는 안토니오 테헤로(Antonio Tejero) 중령과 무장 군인 200여 명이 국회의사당으로 난입해서 총리 아돌포 수아레스를 비롯하여 의원들을 인질로 잡는 등 군사쿠데타까지 발생한다.[8]

/
정치적 민주화와 경제사회적 민주화를 달성하라!

좌우의 격렬한 대립 속에서 결국 민주주의를 향한 개혁의 여정은 온건한 중도의 노정으로 귀결된다. 프란시스코 프랑코는 독재정권의 정통성을 위해 기존의 왕가를 존속시키고 후안 카를로스 1세(Juan Carlos I)를 후계자로 삼았는데, 프란시스코 프랑코 사후 국왕이 된 후안 카를로스 1세가 아돌포 수아레스 총리를 임명하면서 변화가 시작된다. 아돌포 수아레스 총리는 '정치개혁법'을 들고나온다. 민주적 선거를 통해 의회와 정부를 구성하며 비밀경찰 같은 억압 기구의 철폐를 골자로 한 개혁안이었다. 이 시기 야당인 사회노동당 지도자 펠리페 곤살레스(Felipe González Márquez)와 만나 '타협의 정치'라는 신뢰의 틀을 만들었고 여전히 불법 단체였던 에스파냐 공산당의 지도자 산티아고 카리요(Santiago Carrillo)의 석방을 주도하기도 한다. 1976년에는 군사 지휘관을 모아 정치개혁법안을 설명하면서 협력을 구했고 공산당을 합법화하지 않을 것을 공언하기도 한다.[9] 하지만 다음 해인 1977년 기습적으로 '공산당 합법화 법령'을 공포했고, 이로 인한 후폭풍을 후안 카를로스 1세가 감당하면서 상황은 단계적으로 성장해나간다.[10]

우리는 소수파를 존중해야 합니다. 우리는 함께 살아갈 권리와 의무가 있고 그러기 위해서는 반대파를 수용해야 합니다. 만일, 누군가가 그것에 도전한다면 문명화된 경쟁으로 해결해야 합니다.[11]

1977년 6월 15일 비로소 민주적인 총선거가 실시되어 아돌포 수아레스 총리가 이끄는 민주중도연합이 165석, 펠리페 곤살레스가 이끄는 사회노동당이 118석 그리고 정치 활동이 허락된 에스파냐 공산당도 20석을 얻게 된다. 이 시기 '몽클로아 협약(Pactos de la Moncloa)'을 맺어 임금 인상, 사회보장제도 구축, 조세제도 개선 등 중요한 사회적 합의를 맺기도 하고 연이은 개헌을 통해 보다 민주적인 체제를 구축하기에 이른다.[12] 온건하고 신중하고 차분한 정치개혁이 여러 위기를 극복하면서 효과를 발휘한 것이다.

그런데 전제가 있었다. 이른바 '망각 협정'을 맺어 과거사를 덮고자 한 것이다. 끔찍한 내전, 오랜 독재정치 그리고 민주화로 이행되는 가운데 벌어진 좌우 테러의 피해가 너무 컸기 때문에 쉽게 말해 '미래를 위해 과거를 잊자'고 합의를 본 것이다.

망각이 내전의 승자와 패자의 화해를 가능케 했다.

　사회노동당을 이끌면서 정권 교체에 승리한 펠리페 곤살레스 총리의 발언이다. '이글거리는 원한의 불씨'가 다시 타오르는 것을 막았기 때문에 민주주의로의 성공적 이행을 이룰 수 있었다는 것이다. 실제로 민주화 과정은 간단치 않았다. 결과적으로는 며칠간의 소동이었을지 모르지만 우려했던 군사쿠데타가 일어났다. 이에 국왕 후안 카를로스 1세가 군복을 입고 TV 앞에 서서 '민주화 과정을 폭력으로 방해하려는 세력에 단호히 맞설 것'이라고 선언하면서 끝까지 쿠데타를 인정하지 않았고 총리 아돌포 수아레스 역시 협박에 굴하지 않으면서 쿠데타군에게 당당히 맞섰기 때문에 위기를 돌파할 수 있었다.[13] 하지만 끝내 군부와 가톨릭 등 우파의 압력에 밀려 1981년 아돌포 수아레스 총리가 실각하고, 그와 동시에 민주중도연합은 격렬한 정치적 내홍에 빠지고 만다. 이 와중에 펠리페 곤살레스가 이끄는 야당 사회노동당이 1982년 202석의 압도적인 승리로 정권 교체에 성공한 것이다.[14] 이 시기 분리독립 운동가들이 벌인 테러 등 각종 난관까지 고려한다면 펠리페 곤살레스의 발언은 분명 의미심장하다.

　하지만 잊자고 하면 잊히는 게 과거일까? 더구나 의외의 사건마저 발생한다. 칠레의 독재자 아우구스토 피노체트(Augusto José Ramón Pinochet Ugarte)가 스페인 최고형사법원에 기소된 것이다. 스페인 법정은 보편적 재판관할권, 그러니까 반인류 범죄의 경우 초국적 재판권 행사가 가능하다는 법적 근거로 아르헨티나 군부와 칠레의 아우구스토 피노체트를 기소했다. 신병 치료차 영국 런던을 방문한 아우구스토 피노체트를 두고 스페인 법원이 체포 영장을 발부했고 영국 법원과 경찰이 이에 호응하여 그를 체포한 것이다. 체포 근거는 독재자 아우구스토 피노체트 통치 시절에 자행된 고문, 불법 구금, 살해 혐의 그리고 당시 살해된 스페인 시민과 관련된 내용이었다.[15] 이른바 '피노체트 체포 사건'은 스페인 국민에게 압도적인 지지를 받았으며 자연스럽게 독재자 프랑코의 독재 시대에 대한 문제의식으로 이어졌다.

입법 투쟁과 기억 투쟁

사실 정치적 결과란 언제나 부분적이다. 망각에서 화해로 간다는 전반적 기조가 확립되고 여러 정치적 위기를 슬기롭게 극복했다손 치더라도, 그간 억눌렸던 사람들에 관한 구체적 피해 보상을 비롯한 법적 구제가 이루어지지 않는 한 화해라는 단어는 기만적일 수밖에 없다.

1977년 10월 15일 프란시스코 프랑코가 죽은 후 민주적 의회에서 사면법을 통과시킨다.

> 1976년 12월 15일(일부 사항에 관해서는 1977년 6월 15일)까지 일어난 모든 정치적 행위를 '어떤 결과가 초래됐는지에 관계없이' 모두 사면하겠다![16]

사면법은 과거 프랑코 독재정권을 계승한 국민연합(Alianza

Popular)을 제외한 모든 정당이 합의한 사항이고 목적은 정확하다. 스페인 내전의 희생자들 그리고 이후 프랑코 독재정권에 저항했던 이들을 비롯한 숱한 반프랑코 전선의 인물들을 해방하겠다는 발상이다.

1978년에는 내전 당시 공화진영의 군인과 부대원 그리고 그들의 후손들에게 노후연금을 지급하는 법이 통과됐고, 해를 넘겨 1979년에는 스페인 내전 당시 정치적 행위나 정치적 의견으로 사망했거나 부상 또는 부상 후유증을 겪는 당사자나 배우자, 가족에게 연금을 비롯한 의료적, 사회적 지원을 확정했다. 이후 관련 피해자의 범위를 확대했으며 이들에 대한 경제적 보상은 지속적으로 확대된다.[17]

1990년대로 들어오면 피해 보상의 범위가 프랑코 독재정권 시절까지 넓어진다. 1939년부터 1975년 사이 정치적 이유로 투옥되거나 사망한 피해자들에게 보상금을 지급하는 법안이 통과됐기 때문이다.

동시에 문제도 발생한다. '모두의 죄를 묻지 않겠다'라는 발상이기 때문에 과거사 진상규명은커녕 사실상 국가가 공식적으로 가해자에게 면죄부를 준 꼴이 되어버렸으니 말이다. 따라서 1990년대 후반이 되면 '망각 협정'의 기조가 본격적으로 무너지기 시작한다.

국제여단 자원병들이 자유와 민주주의를 위해 바친 노고 인정 (1996)

부당한 법령에 의거하여 내려진 결정으로 피해를 입은 사법적
상황 개선(1998)

피해 보상과 관련된 법령에 과거 프랑코 독재정권의 죄를 직
간접적으로 명시한 것이다. 2002년 11월 20일에는 스페인 의회
가 프랑코 독재 체제를 정면으로 비판하고 단죄하는 국가 차원
의 선언을 발표했고, 2004년 사회당 정부가 들어서면서 '내전과
프랑코 체제의 희생자들의 상황을 조사하기 위한 범정부위원회'
를 설립하면서 보다 분명한 어조로 역사적 단죄를 천명했으며,
2005년에는 '전쟁의 아이들(Niños De Guerra)'에게 최고 6,090유로
의 보상금을 지급하기도 한다. 스페인 내전으로 조국을 떠나 외
국에서 평생을 보내야만 했던 이들에 대한 경제적 배상을 법으로
인정한 것이다. 그리고 이 조치를 취하면서 정부는 '군사쿠데타로
인해 내전이 발생했다'라고 명명함으로써 프란시스코 프랑코의
군사 행동에 관해 명확한 역사적 정의를 내린다.[18]
  민주주의의 진전과 사회적 진보는 망각 협정의 '묻지도 따지
지도 말라'는 금언을 깨기 시작했으며, 따라서 자연스럽게 기억
투쟁으로 변화하기 시작한다.

/
  프랑코 세력에 의해 총살당한 할아버지의 유골을 찾고 싶다.

  역사적기억회복협회(ARMH, Asociación para la Recuperación de la
Memoria Histórica)를 주도한 에밀리오 실바(Emilio Silva)가 2000년

지역 신문에 투고한 내용이다.[19] 집단적으로 매장된 주검만 4만 명에서 6만 명 정도로 추정되는 상황에서 에밀리오 실바의 요청은 비슷한 아픔을 겪고 있던 사람들의 집단적인 동참을 이루어냈고, 2002년에는 UN에 청원서가 제출되기도 한다. 2001년에는 작가 하비에르 세르카스(Javier Cercas)가 스페인 내전을 고발한 《살라미나의 병사들(Soldados De Salamina)》을 출간해 국내외에서 엄청난 반향을 불러일으킨다.[20] 그리고 2002년에는 프란시스코 프랑코의 출생지 페롤의 광장에 있던 프랑코 동상이 박물관으로 이전된다. 2004년에는 마드리드 정부 신청사 광장에 서 있던 프랑코의 기마 동상을 철거하는데 이즈음에는 이미 프랑코 독재 시대의 관련 동상과 조형물을 폐기하는 법안이 통과되기도 한다.[21]

사실 프란시스코 프랑코는 독재정권을 유지하기 위해 오랜 기간 섬세한 노력을 마다하지 않았다. 이미 내전 초기인 1936년 10월부터 기존 공화국 스페인의 상징물들을 철거하기 시작했고 새로운 시대에 걸맞은 노래, 깃발, 거수경례 같은 각종 의례와 상징물을 만드는 것은 물론이고 공휴일까지 다시 제정할 정도였다.[22] 각종 상징물을 만들어서 새로운 '사회적 기억'을 창출하려는 노력이었다.

우선 각종 동상을 건립한다. 살라망카 마요르 광장의 흉상(1937)과 마드리드 라미로데마에스투연구소 입구의 기마상(1942)을 비롯하여 오비에도의 동상(1977)에 이르기까지 근 40년에 걸쳐 곳곳에 동상을 세움으로써 공적인 기억을 창출한다.[23] 동시에 거리 이름, 학교 그리고 지명까지도 적극적으로 바꾸어나간다.

프란시스코 프랑코 외에 대표적인 우익 지도자 호세 안토니오 프리모 데 리베라(José Antonio Primo de Rivera), 호세 칼보 소텔로(José Calvo Sotelo) 같은 저명한 인물들과 내전에서 중요한 역할을 했던 장군들의 이름이 빈번히 활용된다. 1934년에는 학교 명칭 개정을 위한 구체적인 규정까지 발표했다. 살라망카를 아게다 델 카우디요, 바다호스를 과디아나 델 카우디요, 하엔을 바르데나 델 카우디요, 카세레스를 알발라 델 카우디요, 사모라를 리바델라고 데 프랑코 식의 지명으로 바꾸는데 '카우디요(Caudillo)'는 총통, 즉 프랑코를 의미한다.[24] 그랬기에 동상을 옮기거나 조형물을 폐기하는 행위는 과거와의 역사적 단절은 물론 새로운 기억을 회복하기 위한 투쟁이었던 셈이다.

의회는 2006년을 '역사 기억의 해'로 지정하고 다음 해에 역사기억법을 통과시킨다. 내전과 독재 시대의 기록물을 수집·보관·공개하며, 가톨릭교회에 새겨진 독재 시대의 구호들까지 모두 철거하고, 프란시스코 프랑코를 찬양하는 집회를 범죄 행위로 규정하여 프랑코주의는 어떠한 형태로도 표현이 금지되며 과거에 있었던 억울한 판결에 관한 '재심'도 허락한다는 내용이 골자를 이룬다. 물론 이 법은 예상보다 단절적이고 공세적이지 않다. '화해와 화합의 정신'을 강조하면서 망각 협정 이후 이어져 온 스페인식 민주주의 발전 정신을 계승하고자 했는데, 당시 법안 설명을 담당한 페르난데스 데 라 베가(María Teresa Fernández de la Vega)는 스페인 내전과 프랑코 독재정권에 관한 역사적 평가를 일절 회피한다.[25]

실제로 법안의 조항을 보면 내전과 프랑코 독재정권 기간의 희생자들에 대한 복권을 선언하면서도 당시 가장 논란이 됐던 프랑코 정권의 즉결심판을 법적으로 무효화하는 내용은 담겨 있지 않다.[26] 정치적인 조형물을 철거할 때도 국민진영과 공화진영 중 '한쪽 진영을 기념하는 것'을 없애야 한다는 식으로 상당히 변칙적인 방식으로 문제를 해결하고자 했다. 또한 역사기억자료센터(Centro Documental de la Memoria histórico)를 설립하여 비로소 '기억의 자유'를 허락했으나, 끝내 구체적인 진상 조사와 책임자 처벌은 없었으니 극적인 변화이지만 그만큼 명확한 한계를 드러낸 셈이다.

여하간 가히 대전환이라 부를 수 있는 2000년대 이후 스페인의 변화는 이윽고 '망자들의 계곡'을 둘러싼 논쟁으로 발전한다. 스페인에는 4만 명에서 7만 명의 전몰자가 안치된 세계 최대 규모의 납골당이 있다. 팔랑헤당을 만들어서 스페인 극우 운동을 주도하다 정부에 의해 처단당한 프리모 데 리베라(José Antonio Primo de Rivera)와 프란시스코 프랑코가 묻혀 있는 곳이다. 18년간에 걸친 공사로 1959년에 완성된 거대한 시설물인데, 전체 면적은 13.6제곱킬로미터이며 건물을 내려다보고 있는 십자가의 높이만 150미터에 달한다. 십자가 아래에는 화강암을 뚫고 들어간 지하 성당이 있는데 무려 262미터를 파고들어간 세계 최대 규모의 성당이다. 프리모 데 리베라와 프란시스코 프랑코는 직접 참배할 수 있으며 망자들의 계곡 뒤편에는 베네딕트 수도원이 있어서 스페인 내전과 전쟁에서 전사한 영혼들을 위한 미사를 드린다.[27] 어마어마한 규모를 자랑하기 때문에 프랑코 독재정권 시절에는 중요한 행사를 모두 이곳에서 치렀고 외국 원수들이 방문할 경우 꼭 이곳에 들렀다고 한다.

> 내전이 아니라 외세로부터 조국을 지키기 위해 벌인 해방전쟁
> (…) 가톨릭 신앙을 수호하려는 성전

한때 프란시스코 프랑코의 후계자로 인정받았던 루이스 카레로 블랑코(Luis Carrero Blanco)의 발언이다.[28] 애초에 '망자들의 계곡'은 일방적인 목표를 갖고 지어진 공간이다. 군부와 가톨릭 그리고 우파들의 생각만이 고스란히 반영됐으며 실제로 이곳에는 대부분 우파를 위해 싸우다 죽은 사람들만을 애도하고 있다. 물론 이에 반대하던 이들도 묻혀 있으나 대부분은 전국에 널려 있던 공동 무덤의 시신을 정부가 강제로 가져와서 마구잡이로 묻었기 때문에 실상은 매우 모욕적이라 할 수 있다.[29] 더구나 2만여 명의 정치범을 동원하여 공사를 진행했고 이러한 강제 동원을 '죄인들에게 애국할 기회'를 준다는 식으로 합리화하기도 했다.

2007년 역사기억법에서는 '망자들의 계곡'에서의 정치 집회를 금지했고 각종 '기념물의 철거'를 명시했기 때문에 당연히 망자들의 계곡은 완전히 폐쇄되거나 철거되든지 어떤 형태로든 개조가 되어야 할 처지였다. 하지만 이후의 사정은 그리 간단히 풀리지 않는다. 우선 역사기억법에는 '예술적·종교적으로 합당한

이유가 있는 경우'라는 예외 조항이 있고, 보수 세력이 완강한 태도를 보이며 폐쇄를 반대했기 때문이다.[30]

> 프랑코 체제의 희생자들을 존중하고 기리는 장소로 개조하자.
> 가톨릭 신자가 아닌 사람들을 위한 '명상센터'를 건립하자.
> '망자들의 계곡'이 생긴 이유와 경위를 정확히 표현하는 '설명의 공간'을 만들자.

2011년에 마련된 '망자들의 계곡의 미래를 논의하기 위한 전문가 위원회'의 권고 사항이다.[31] 하지만 이 시기 총선에서 보수 세력이 권력을 잡았기 때문에 이 계획은 시도조차 못하고 있다.

> 망자들의 계곡을 '공존의 문화'를 반영하는 것으로 의미를 바꾸자.
> 프란시스코 프랑코와 프리모 데 리베라의 시신을 이장하자.
> 마구잡이로 묻힌 시신들의 신원을 확인하고 후손들의 탄원 사항을 수용하자.

2014년에 야당이 제안한 법률안에 대해서 보수 세력은 표결로 부결시킨다. 여러 답답함에도 불구하고 이 과정을 마냥 부정적으로 볼 필요는 없다. '기억의 부활'이 이루어졌고 결국 현실을 어떻게 바꾸어갈 것인가에 관한 격렬한 사회적 상호작용이기 때문이다. 이 밖에도 프랑코 독재체제를 새롭게, 긍정적으로 바라

보아야 한다는 우파 역사학자들의 연구가 논쟁을 촉발하고 있으며, 프란시스코 프랑코의 딸이 만든 국립 프란시스코프랑코재단 (FNFF)에 대한 금지 청원이 20만 명을 넘어서 세계적으로 화제가 되는 등 매우 역동적인 이야기들이 펼쳐지고 있다.[32]

기억이 현실이 되는 법:
문화예술인들 스스로 이야기를 만들다

정권 교체 이후 변화가 시작됐다. '2017 공연예술 창작산실' 지원작으로 선정된 22개 작품 중 블랙리스트 사업에 의해 배제됐던 극단 하땅세, 놀땅, 백수광부의 작품이 포함됐다. 특히 극단 놀땅의 연극 <선을 넘는 자들>은 이전에 탈락했던 작품이 선정된 것이다. 이스탄불 국제도서전에서는 시인 안도현과 천양희, 소설가 김애란 등이 소개되었고 대표적인 피해 사례였던 서울연극협회의 서울연극제에도 지원 예산이 편성됐다.

그간 축소 또는 폐지됐던 각종 지원사업 역시 복구됐다. 우수문예지 발간 지원사업과 아르코문학창작기금 등은 각각 5억과 3억 원에서 모두 10억 원으로 원상 복구됐으며, 폐지됐던 소극장 지원사업도 '공연장 대관료 지원사업'이라는 명목으로 부활했다. 윤이상평화재단의 윤이상국제음악콩쿠르, 《윤이상 평전》 등도 마찬가지다.[33]

반발, 아직은 무기력한 반발

나도 박근혜 블랙리스트의 피해자(이다)

사석에서 이명박 전 대통령이 한 발언이다. 박근혜 정권 당시 '한 가수가 방송에서 청계천아리랑을 부르려고 했더니 청계천이라는 단어를 빼고 노래를 하라는 지시를 받았'다고 한다.[34] 문재인 정부의 적폐청산 의지와 박영수 특별검사의 수사가 진행되는 가운데 흘러나온 말인데 그는 중동 출국 전에 한마디를 더 남긴다.

나라가 과거에 발목 잡혔다.

비슷한 시점에 자유한국당 비상대책위원 김문수는 한 주간지와의 인터뷰에서 '(블랙)리스트라면 나도 (경기도지사 시절) 만들었다. 내가 볼 때 이것은 문젯거리가 되지 않는다'라는 발언으로 논란을 일으켰다. 탄핵 반대 집회에서는 아예 블랙리스트를 옹호하는 플래카드가 걸리기도 한다.

블랙리스트 관리는 대한민국 수호다! 무슨 죄가 되는가! 구속자를 즉각 석방하라!![35]

2018년 2월 초에는 저명한 소설가 이문열이 한국예술인복지재단 이사장직을 사임했다.[36] 재단 대표 박계배가 블랙리스트 사업에 깊숙이 연루됐다는 의혹은 물론 재단 자체가 블랙리스트 실행과 관련하여 수사를 받고 있기 때문에 부담을 느꼈다는 보도가 이어지는 가운데 소설가 이문열은 <조선일보>와의 인터뷰에서 자신의 입장을 드러낸다.

> 우파 보수가 그런 악의로만 살아왔다면 어떻게 세상이 계속 전진해올 수 있었겠는가. 이들이 세상을 개선 발전시키려고 해왔던 노력과 성의도 기억해야지, 왜 惡(악)만 드러내는가.[37]

아마도 보수 우파 문화예술인 중에서 소설가 이문열은 가장 직설적으로 입장을 드러냈을 것이다. 그는 '문단에서 이념 성향으로 나누면 절대다수는 좌파'이기 때문에 사업 자체가 불가능하다면서 한국예술인복지재단의 블랙리스트 연관성을 부인한다. 또한 본인이 작가들을 위해 집필 공간 지원사업을 펼쳤는데 지원이 끊겼다는 이야기를 하면서 '문재인 정부의 블랙리스트'에 대해 간접적으로 의혹을 제기하기도 한다.

> 촛불 시위의 정연한 질서와 일사불란한 통제 상태에서 '아리랑 축전'에서와 같은 거대한 집단 체조의 분위기까지 느껴지더라는 사람도 있었다. (…) 기계로 조작해도 어려울 만큼 정연한 촛불 끄기 장면과 그것을 시간 맞춰 잡은 화면에서는 으스스한 느낌마저 들었다고도 했다.

2016년 12월에 소설가 이문열이 쓴 사설의 일부인데 박근혜 퇴진 촉구 촛불집회를 북한의 '아리랑 축전'과 사실상 동일시한 것이다.[38] 보수 우파에는 인정과 자비를, 진보 좌파에게는 반공주의의 올무를 씌우는 꼴인데 실상 블랙리스트 사업을 주도했던 대통령 박근혜와 비서실장 김기춘의 세계관과 마찬가지인 것으로 보인다.

　　좌파진영은 왜 '문화예술인 블랙리스트'에 목을 매나? 정권 교체기마다 문화권력 잡으려 헤게모니 다툼 (…) 블랙리스트를 둘러싼 섬뜩한 좌우 진영싸움 (…) '정권이 바뀌면 그때 봅시다.' 우파 정권이 물러나면 그때 두고 보자는 으름장[39]

<조선일보>는 노무현 정권기의 일을 다시 끌어들였다. 영화배우 문성근, 명계남 등 노무현 정권의 조력자들이 다시 '문재인의 친노 조력자들'이 됐기 때문에 김기춘, 조윤선 등이 벌인 블랙리스트 사업은 결국 '좌·우파의 문화권력 다툼'이라는 양비론적 관점으로 사태를 재해석한 것이다.

그럴듯할 뿐 쓸모없는 주장이다. 블랙리스트 사업은 범죄다. 권력의지를 발휘하거나 자신의 입장에서 세상에 영향력을 행사하려고 하는 것은 인간 세상의 본질이지만, 그런 '적극적인 사회 활동'과 '범죄'는 애초에 다르지 않은가.

그럼에도 모호한 논리는 여기저기서 발견된다. <중앙일보>의 이지영 아트팀 기자는 '취재일기'[40]를 통해 '관련자들이 실형을 선

고발았고…, 실행기관들은 대국민 사과도 했다'라며 '블랙리스트 피해 여부가 예술인에 대한 검증 수단이 돼버렸다'라고 한탄한다.

감찰반은 누가 감찰하냐. 촛불이 또 하나의 블랙리스트를 만들어선 안 된다.

게임물관리위원회 위원장 여명숙의 발언과 '익명을 요구한 원로'가 '예술인끼리 누가 부역자다 아니다 하며 주홍글씨를 붙이는 게 못마땅하다' 등을 인용하며 기자는 '또 선 긋기에 빠져들어선 안 된다'라고 한다. 아동 성폭행범의 경우 재범 우려가 있기 때문에 전자발찌는 물론 거주지 이전 시 근처 수 킬로미터 내의 부모들에게 컬러로 프린트된 증명사진과 함께 경고문이 전달된다. 범죄를 처벌하고, 재범을 막기 위해 이루어지는 체계적인 후속 절차다. 이것이 어떻게 '이중 처벌'이며 '또 하나의 블랙리스트'일까.

새로 밝혀진 내용이 뭐냐.

기자는 블랙리스트 진상조사위원회의 발표가 반복적이고 '익히 알던 대로'였기 때문에 기자회견에서는 새로운 뉴스거리를 찾는 질문이 나올 정도였을 만큼 '진부했다'는 이야기도 함께 쓴다. 조사 수준의 질적 심화는 관심이 없고 '새롭고 자극적인 소재거리'를 찾는다는 말과 뭐가 다른가.

적폐청산은 결국 정치보복으로 흐를 수밖에 없다. (…) 자유한 국당 조사에 따르면 각 부처별 적폐청산TF는 39개에 달하는데, 법적 근거가 없다. (…) 현재 중앙지검 검사 인력의 약 41%가 이 업무에 전례 없이 투입되고 있다. (…) 변창훈 검사의 자살 사건에서 드러나듯 마녀사냥식, 망신주기식 여론몰이 검찰 수사다. (…) 전두 보수 정권, 이명박·박근혜 정부에 한해서 수사가 이뤄지고 있기 때문에 편파수사로 비난받을 수밖에 없다. (…) TF 위원들 선정을 보면 참여연대 등 시민단체나 블랙리스트 피해자 등 편파 인사로 이뤄져 있기 때문에 청산 작업은 공정성을 잃을 수밖에 없다.[41]

자유한국당 원내 대책회의에서 나온 당시 원내 대표 정우택 의원의 발언이다. 문화예술계 블랙리스트 문제뿐 아니라 각종 문제로 지목된 사항에 대한 문재인 정부의 개혁 정책을 종합적으로 비판한 것인데 실상 오랫동안 보아왔던 보수진영의 논리다. 헌법이 보장한 기본권을 침해한 초헌법적 사태, 반헌법적 사태를 처리해야 하는데 법적 근거가 없다? 과거 두 정권에서 있었던 범죄 혐의를 해결하는데 '그 이전'을 들먹이는 것은 논리적으로 어떤 정합성을 띨까? 어떤 사건을 처리하더라도 실명이 드러나고 누군가는 망신을 당하는데, 각종 갈등이 벌어지는 것을 두고 마녀사냥식 여론몰이다? 편파적임을 강조하는데, 그렇다면 사태 해결에 반대하거나 가해자를 위원으로 위촉하면 공정해지는 것인가?

가장 특기할 점은 이러한 다방면의 반론에도 불구하고 문화예술계 블랙리스트 사태를 비롯한 각종 적폐청산 사업이 매우 순조

룹게 진행되었다는 것이다. 대통령 박근혜의 탄핵, 대통령 문재
인과 청와대의 높은 지지율, 2018년 지방선거에서 궤멸에 가까
운 보수 정당의 패배 등 실상 '외부적인 요인'이 크다. 사회적으로
새로운 공감대 또는 진지한 성찰이 누적되어서 '특정 영역'에 대
한 '철저한 반성적 실천'이 이루어지고 있다기보다는 '정치적 성
공'에 의지해 파죽지세로 전개되고 있다고 보는 편이 정확하다.
사정이 이렇다 보니 '적폐청산의 질적인 측면'을 고려한다면 작
금의 청산 작업은 성공적일까 아니면 적당한 수준에서 그치고 말
것일까를 두고 한바탕 논란이 벌어질 수밖에 없다.

아름다운 회자가 이어지고 있다

많은 사람이 '그때의 두려움'을 공개적으로 쏟아내기 시작했
다. 어지간한 영화 시사회, 드라마 제작발표회에서는 블랙리스트
로 지목됐던 인물들에게 '심경이 어땠느냐?'는 질문이 나오고 어
쩌면 매우 예상되는 답변이 적당히 이어졌다.

> 개인적으로 당황스럽고 안타깝게 생각한다. (…) 가장 무섭게
> 생각된 것은 그런 소문만으로도 블랙리스트의 효력이 발생한다
> 는 것 (…) 작품을 고민할 때 '정부가 싫어하지 않을까'라는 생각이
> 들더라. (…) 그런 자기 검열이 무서운 것이다.[42]

JTBC 뉴스룸에 나온 영화배우 송강호가 앵커 손석희에게 한
말이다. 영화 <택시운전사> 개봉과 관련하여 출연한 것이고 분량

상 길게 이야기를 하지는 않았지만 블랙리스트가 '자기 검열'로 이어질 수 있다는 점을 정확히 지적한다. 영화감독 봉준호는 AFP 통신과의 인터뷰에서 '한국 아티스트들을 깊은 트라우마에 빠뜨린 악몽 같은 시간'이었고 '지금도 그 트라우마에서 헤어나오지 못한 사람이 많다'라며 사태의 여파로 인한 '내면의 상처'에 관하여 의견을 밝히기도 했다.

블랙리스트 사업은 구체적이고 객관적인 실체이지만, 그 여파는 물리적인 수준을 뛰어넘는다. 그리고 그러한 '심리적 두려움이나 공포'는 헤아릴 수 없는 다양한 이야기를 만들 수밖에 없다.

그들은 실패했고 나는 피해자가 아니다.

MBC 라디오 <굿모닝 FM 김제동입니다>로 방송에 복귀한 김제동의 이야기다. 그는 인터뷰에서 복귀를 결정하는 것 자체에 대한 어려움을 담담히 말한다. '방송을 하자니 정권 바뀌고 수혜 받았다고 할 테고', 안 하자니 '거봐라, 능력 없는 것 아니냐', 또 가만히 있자니 '저 새끼 거룩한 척한다', 몇 마디 하면 '이제 네 세상 왔다고 활개를 치는구나' 할 것이니 그 심사가 어떻게 편하겠는가.[43] 발언 자체야 담담했다지만 조직이 벌인 일로 인한 개인의 희생이 얼마나 대단한 문제인가에 대한 단적인 증거일 것이다.

영화배우 문성근은 보다 적극적이었다.

제가 이번에 방송 출연을 8년 만에 한 걸로 확인된 게 아니겠

나. (…) 형식은 다를지 몰라도 MB 시절에도 이미 블랙리스트가 있었다는 의미다. 그건 얼마 전 정병국 전 장관이 중앙일보 인터뷰에서 자백했다. 유인촌 장관 시절에 블랙리스트가 있었노라고 (…).[44]

그는 또 다른 인터뷰에서는 MB 블랙리스트 최대 피해자로 배우 김규리를 지목한다.[45] 앞서 이야기한 문화체육관광부 장관 유인촌과 도종환의 갈등과 연관된 이야기로, 제대로 검증하지 못한 이명박 정권 시절에 관해 재차 문제제기를 한 것이다.

영화감독 방은진은 블랙리스트 명단에 포함됐기 때문에 2년간 투자를 못 받았다는 인터뷰를 했으며,[46] 소설가 이외수는 SNS 인스타그램에서 고위직 지인이 '선생님은 암적 존재이므로 매장될 때까지 압박하라'라는 내용을 보고 연락이 왔었다면서 '죽음', '소름', '공포' 등의 단어로 심경을 표현했다. 배우 김여진은 KBS2 <마녀의 법정> 제작발표회에서 '개인적으로 상처받지 않았다. 여러 사람의 응원을 받고 있다'라며 본인이 겪었던 고통은 특별하지 않다는 입장을 밝혔고,[47] 이른바 '부부 블랙리스트'인 영화배우 문소리의 남편 장준환 감독은 영화 <1987> 제작기를 이야기하면서 '밥줄이 아닌 영혼줄을 끊어버리는 것'이라며 분노를 표현했다.[48] 개그맨 황현희는 블랙리스트에 들어간 이유를 도통 모르겠다고 하면서 'MB 정부와 반대편 성향을 가진 한 유명 잡지의 홍보대사를 맡은' 적이 있었는데 '설마 그것 때문인가'라며 '풍자 코미디언을 블랙리스트에 올려놓다니, 그것이야말로 코미디가 아

닌가'라며 너스레를 떨기도 했다.[49]

　블랙리스트 명단에 오른 인사에 대한 인터뷰는 2017년 하반기에 주를 이뤘다. 주로 저명인사들에게 집중됐고 새롭게 활동을 모색하는 자리가 대부분이었기 때문에 어찌 보면 '잘 이겨내고 있다' 식의 담담한 인터뷰를 할 수밖에 없었을 것이다. 또한 기사를 자세히 살펴보면 제작 발표회에서 슬쩍슬쩍 물어본 내용이기 때문에 '간단한 소감'이 주를 이루고 있기도 하다. 피해자임에도 실상 피해에 대한 관심이라 보기에는 미미하며 그마저도 '저명인사'들에게만 집중됐다는 말이다.

　　한 연극배우는 '무대에 서지 못하니 풀타임 아르바이트만으로 먹고산 이들이 많았다'라고 전했다. 전업 예술인 열 명 중 일곱 명은 한 달에 100만 원도 벌지 못하는 상황에서 그마저도 받지 못한 데다 무대까지 빼앗긴 이들도 역시 잔인한 블랙리스트의 숨은 피해자였다.[50]

　'치유하기에 상처 너무 깊어', '속속 숨어 있는 적폐 해소를' 등 조금 더 피해 상황을 섬세하게 살펴보고자 한 <한겨레신문> 기사의 일부다. 경제적으로 더욱 어려운 처지에 유명하지 않은 사람들은 '숨은 피해자'일까 아니면 '보편적인 다수의 피해자'일까. 굳이 기사를 문제 삼으려는 것이 아니다. 이러쿵저러쿵 하더라도 상황은 복구되고 있고, 여러 부문에서 확실히 나아지고 있고, 하지 못했던 말을 쏟아낼 수 있으니 이제 다 된 것인가? 이 정도면 충분한가. 어차피 현실은 미디어를 통해서 쏟아지고 미디어를 통해서 이해가 되는데, 수많은 기사가 쏟아지고 수년간 얼굴을 볼 수 없었던 사람들이 TV에 나오고 하니 그렇다면 이제 '끝'이고 오롯이 역사가에게 맡겨야 하는 과거의 일인가? 혹시 크게 놓친 것은 없는가? 문화예술계 블랙리스트 사태와 관련해서 정말로 의미가 있었던 일이 있었는데 그것을 놓치지는 않았는가?

구체적인 책임규명을 요구하기까지

> 제도비평이 사라진 자리에는 여성, 인종, 국가, 반전, 반제국주의, 반독재를 비롯한 무한경쟁과 인정투쟁만 가득 채워졌다. (…) 제도비평의 활성화가 절실하다.

미술계의 자기반성이다. 미술평론가 홍태림은 블랙리스트 사태가 세상에 알려졌음에도 미술인들의 무관심이 심각했다면서 '미술계의 파편화 현상'을 지적한다. 박영수 특별검사팀 앞에서 열었던 기자회견에 참여한 미술인이 기껏 세네 명이라는 점을 지적한 것인데, 해당 발언이 있었던 공청회에서도 미술인은 10여 명 정도가 참여하는 등 미술계는 무기력한 모습을 연이어 보인다.[51]

사실 문화예술계는 매우 광범위하며, 분야별 차별과 탄압에서 차이가 있었듯 문제제기와 저항에서도 제각각일 수밖에 없다. 또한 대중적 관심의 정도에 따라 작은 이슈가 크게 보일 수도 있고 정반대일 수도 있다. 소송을 제기한 출판사의 경우에 국가 지원 사업으로는 어찌할 수 없는 일반 독서 시장의 비중이 압도적으로 클 것이고, 영화 분야 역시 대형 제작사나 몇몇 유명 감독 위주의 제작 관행을 고려한다면 '유명한 영화나 영화제가 탄압'을 받았다고 해서 그것이 곧 문화예술계 전반의 대형 사건이라고 평가할 수는 없을 것이다.

전체 책임규명 권고 대상: 총 130명

수사 의뢰 권고 대상: 26명

징계 권고 대상: 104명(중복 두 명 포함)

2018년 6월 28일 '블랙리스트 진상조사 및 제도개선위원회'는 '블랙리스트 방지를 위한 책임규명 권고'라는 제목으로 보도자료를 배포한다. 보도자료는 매우 구체적이었다. 공직자의 경우에는 박근혜, 김기춘 등과 공모하여 '산하 공공기관 임직원에게' 블랙리스트 실행을 '지시하고 보고받는' 등 직권남용 권리행사 방해의 혐의, 공모신청사업 신청자들의 개인정보를 '정보수집 동의 범위를 벗어나서 부당하게 제공받는' 등 개인정보보호법 위반의 혐의 등으로, 산하 공공기관장 및 임원의 경우 관련 사업에 대해 '묵인하거나 오히려 적극적으로 동조'한 '방조 혐의' 26명을 수사 의뢰 '권고'한 것이다.

또한 보도자료에는 징계 권고 이유를 '직무윤리 규정을 위반한 사실이 구체적으로 확인된 자'에 대해 '관련 규정'에 따른 징계 절차를 요구, 향후 '이행협치단'을 설치하여 문화체육관광부의 후속 조치를 끝까지 확인하겠다고 밝혔다. '친일파나 독재 부역자를 처단해야 한다' 식의 당위적인 발언이 아닌 법률 검토까지 마친 매우 구체적인 내용이었다.

블랙리스트 진상조사 및 제도개선위원회는 이미 이전에 분야별로 광범위한 공청회를 벌여서 각종 제도 개선안 등을 제안한 바 있다. 제도개선소위원장 이원재는 인터뷰를 통해 '국정홍보 기능을 문화체육관광부에서 분리'하는 방안을 제안하고,[52] 한국문화예술위원회를 '사회 정의 앞에 감수성'이 있는 기관으로 재편할 것 등을 주장했다.[53] 시인 신용목은 제도개선 콘퍼런스에서 '국가 정책에서 예술의 예외적 지위를 인정하고, 정책의 독립성을 보장하는 현장 권력형 국가 기구'를 만들 방안을 설명했다. 또한 '예술인 중심의 위원회 창출'도 제안했는데 이는 앞서 말한 이행협치단 등에 반영됐다고 봐도 무방할 것이다.

이와 같은 모습을 뻔한 관행 정도로 인식하면 곤란하다. '문제 발생 → 관련자 처벌 → 제도 개선 약속 → 부분적 변화 → 문제 발생' 식의 순환 구조는 오랫동안 한국 사회를 괴롭혀온 문제다. 사실 이 뻔한 순환이 일어나는 데에는 분명한 이유가 있다. 이른바 셀프 개혁 때문이다. 문제와 관련된 공직자 또는 종사자의 유관 기관이나 종사자들이 개입되어 해결하려 했기 때문이다. 정권 교체가 이루어지고 대통령이 '근본적인 변화'를 약속하며 '물갈이 인사'를 통해 새로운 장관이 들어서서 '강력한 의지'를 천명하는 뻔한 순환 구조는 대한민국 사회 거의 모든 곳에서 무차별적으로 반복되어왔다.

> 문제 발생 → 저항의 단위 형성 → 저항의 단위가 위원회 등으
> 로 발전하여 제도권에 진출 → 직접적인 관련자 처벌 요구 및
> 제도 개선의 방향성 설계 → 실질적인 변화 도모

이 부분에서의 차이는 작지만 의미심장하다. 단지 '정치가와 공직사회'가 알아서 '셀프 개혁'을 하면서 적절히 '전문가 자문위원회'를 구성하는 것과 아예 '전문가 위원회'가 구성되어서 그들의 강력한 의지가 '정치가와 공직사회'에 직접적인 영향력을 행사하는 것에는 질적인 차이가 있기 때문이다. 물론 이 방식 또한 완전히 새로운 아이디어라고 볼 수는 없다. 민주화운동기념사업회나 국가인권위원회같이 관련 전문가들이 다수 참여하여 국가 정책이나 중요 사업에 영향력을 행사하는 모델이 단계적으로 형성된 전례가 있다. 다만, 이번 경우에는 문화예술계 블랙리스트의 피해자 중 일부가 구체적으로 '저항의 단위'를 형성했고 그들이 중요한 맥락을 스스로 만들었다는 점에서 이례적이다.

시작은 단순했다. 몇몇 사건 가운데 '정부의 사전 검열'을 인지한 이들이 탄원서나 성명서를 통해 검열반대운동을 시작한 것이다. 사상의 자유, 표현의 자유 등은 너무나 기초적인 민주공화국의 권리다. 많은 문제점이 있었음에도 1987년 6월 민주항쟁 이후 굳건하게 뿌리 내린 일상이기 때문에 '검열반대'라는 이슈에는 원로나 중견 예술인 그리고 중도적인 성향의 인물들까지 두루두루

참여한다.[54]

　저항의 단위 측면에서 볼 때 투쟁의 정점에는 단연 연극계의 활약이 있었다. 대학로X포럼 등의 네트워크를 결성했으며, 서명 운동은 물론이고 '연극 자체'를 활용하여 '장기적인 예술 투쟁'에 돌입했다. '권리장전2016_검열각하'라는 주제로 2016년 6월부터 10월 말까지 21개 팀 332명의 인원이 22개의 작품을 110회나 공연한 것이다. 국가나 공공기관의 지원은 없었으며, 427명의 후원자가 5000만 원에 가까운 제작비를 댔고 7,000여 명의 관객이 1만 원의 입장료를 내며 공연을 보러 몰려들었다.[55] 이들은 '어떤 기성의 권위나 제도에도 속하지 않는 것이 적절하다'라는 이유를 들며 1964년 이래 오랫동안 공연계에서 권위를 자랑해온 동아연극상 수상을 거부하여 또 한 번 화제가 되기도 했다.[56] 이 사건은 연극계 내에서 커다란 자극제가 됐다. 실상 이렇게 장기적이며 방대한 예술투쟁을 벌인 적이 없었기 때문이다.

　　거리로 나가서 운동을 하지 왜 극장으로 들어가느냐, 그건 숨는 거 아니냐, 너희의 안전망 안에서 퍼포먼스를 하는 것밖에 더 되느냐는 비판(…)

　연출가 김수희는 이런 비판에 대해 '앞으로도 우리의 방식으로', '극장에서 말할 것이다'라는 소회를 남겼다. 연극평론가 김미도는 오히려 민주화 이후에 연극계는 '생산적 이슈를 못 만들고, 미학적으로 세련되게 가지도 못했다'라면서 '상업화된 연극'계에

새로운 힘을 불어넣는 사건으로 평가했다.[57]

그리고 그들은 보란 듯이 광장에 무대를 설치했다. 극단 고래의 대표 이해성 등이 광화문 이순신 장군 동상 뒤편에 폭 8미터, 길이 18미터, 높이 5.5미터가량의 블랙텐트, 즉 텐트극장을 세운 것이다.[58] 이해성의 회고에 따르면 텐트를 가져오는 것은 하루 전까지도 확정이 안 됐고 당시 광장에서의 투쟁을 이끌던 '박근혜 퇴진 비상국민행동' 쪽에서도 부정적이었다고 한다. '그래도 하겠다'라고 주장하던 송경동 시인은 혼자 술을 마시면서 울었다고 한다. 간신히 설득에 성공한 이후 텐트를 가져왔으나 바람이 강해 모래주머니를 구해야 했고, 모래주머니는 후원을 받아서 얻었는데, 모래주머니에 넣을 모래가 없어 이를 구하느라 한바탕 소동을 치르기도 했다. 텐트는 연극인뿐 아니라 당시 광장에서 투쟁하던 다른 이들까지 수십 명이 함께 모여 설치했다.[59]

광장민주주의와 예술 행동[60]

기자 김금영이 뽑은 기사 제목처럼 연극인들이 자신들의 정체성을 가지고 광화문 광장에 온 것이다. 낮에는 토론과 공청회를 이어가고 밤에는 공연을 했다. 첫 공연은 위안부 문제를 다룬 <빨간시>였는데 일주일 동안 진행된 공연은 연일 만석에 금요일 하루 동안 140명 이상이 들어찰 정도로 대대적인 흥행을 거뒀다.[61]

참 이상해요. 외국 작품을 들여올 때는 굉장히 진보적인 작품을 소개하면서도 (…) 우리 이야기를 못 하게 해요. 공공극장이 현 사회의 이야기를 정당하게 할 수 있는 기능, 그것이 중요합니다. 또 현재 우리는 집회가 끝나면 갈 곳이 없어요. (…) 집회에서 일어 나는 공연, 전시 등을 즐기고 또 여기에 자신도 참여해 하고 싶은 소리를 마음껏 할 수 있게요.[62]

블랙텐트는 이듬해인 2017년 3월 20일까지 총 142일간 이어 지며 각종 사회적 이슈를 품어낸다. N포 세대를 주제로 만든 춤 <개구리>[63], 세월호 가족들이 배우로 나선 <그와 그녀의 옷장>[64], 해고노동자를 통해 노동의 문제를 다룬 <노란봉투>[65] 등을 무대 에 올렸다. 최근 수년간 한국 사회의 심각한 화두였던 세월호 사 건, 쌍용자동차 사태, 용산 참사 등 중요한 사회적 의제가 연극을 통해 광장에서 시민과 만난 것이다.

지금의 광장은 혁명과 축제가 만나는 곳, 정치가 삶으로 수렴 되는 공간이죠. (…) 천박한 현실주의자들의 세상도 함께 무너지고 있습니다. (…) 자기 검열과 개인주의에 빠져 있던 예술가들이 (…) 이제 스스로 공동체를 만들어 발언하면서 저항하고 있습니다. (…) 비로소 문화의 르네상스가 오고 있다고 느낍니다.[66]

연출가 이윤택의 말이다. 그는 '기꺼이 이 아름다운 광장의 졸 병이 되겠다'라며, 블랙텐트의 위상을 두고 '문화를 모르는 정치 는 야만',[67] '개판에는 깽판으로'[68] 등과 같이 여러 언론에 의미 있는 발언을 이어간다. 그리고 이러한 연극계의 적극적인 노력은 그가 성추행 문제와 연루되어 구속된 이후에도 지속된다. 민주화 운동의 대부인 백기완 역시 이곳을 방문하여 격려했는데 중요한 것은 이른바 원로들의 발언이 아니었다. 텐트를 치고, 공연을 하며, 현장에서 이야기를 이어간 사람들이 이전과는 '다른 체험'을 했고 새로운 전망의 여지를 스스로 만들어나갔다는 것, 그것이 본질이다.

> 블랙텐트는 '블랙리스트 사태'를 감각적으로 보여줬다. 광장에 극장이 딱 들어서니까. 이건 극장도 아닌 것이 극장이고 (…) 예술가들에게 실제적으로 느끼게 해줬다. (…) 진짜 '블랙'으로 만들어버린 세계가 무엇이었는가를 감각적으로 보여줬다.[69]

극작가 이양구의 회고다. '새로운 모험'을 감행해보니 '위협의 실체'를 보다 적극적으로 '체험'할 수 있었고, 체험의 힘은 더욱 강력한 동력이 되어 자신들의 이야기를 구체화하는 동시에 세상의 여러 이슈를 흡수하는 힘으로 작용한 것이다. 비상 상황이 오히려 기적을 만들어낸 셈이다.

그렇다면 비상 상황에서의 '체험'을 어떻게 '일상'으로 가져갈 것인가. 박근혜 탄핵, 블랙리스트 사업의 실패와 정상적인 문화 사업의 복구 그리고 블랙텐트의 해체, 그 이후는 어떻게 해야만 하는가.

눈치 보지 않고 어떤 목소리도 배제하지 않는 공공극장, 그것을 시민사회가 설립하는 것이다. - 극작가 이양구

극작가 이양구는 '제도화된 공공극장'을 제안한다. '그동안 정부 지원금'에 지나치게 의존했기에 그만큼 체제에 순응적일 수밖에 없었고, 이를 합리화하기 위해 '선배들은 권력에 저항하기보다는 연극계의 파이를 키우는 것을 더 중시'했기 때문에 블랙텐트 이후에는 공공극장을 중심으로 새로운 문화를 창출해야 한다는 것이다.[71]

광장의 시간은 끝났고 다시 일상으로 돌아왔다. 이 변화를 메꾸고 이야기를 이어간다는 것은 그리 간단치 않다. 결국 상황이 이야기를 만들고, '극적인 경험'은 '극한의 상황'에 의존하니 말이다.

물론 이후 연극계를 비롯한 문화예술계의 선택은 대담한 방향으로 나아간다. 한편에서는 문화예술계 블랙리스트 진상조사 및 제도개선위원회에 직접 참여하여 ① 조사 작업 주도, ② 제도 개선안 도출, ③ 수사 및 징계 대상자 권고에 이르는 '구체적인 개혁의 과정'을 주도한다. 이 와중에 책임을 회피하거나 변화한 사회 분위기에 편승해서 새로운 문화권력을 쟁취하려는 공무원[72] 또는 심사위원[73]과 갈등을 벌이거나 사퇴 요구를 관철하는 등 작은 싸움에서도 의미 있는 성취를 이룬다. 야당인 자유한국당이 '조사위는 문체부 훈령 조직이기에 조사권이 없다'라면서 예산 지원을 막는 사태까지 벌였지만[74] 결국 광범위한 조사 작업 수행과 보고서 작성, 조사에 근거한 백서 편찬 그리고 구체적인 징계 권고안

과 후속 조치를 위한 향후 위원회 및 기구 설치까지 모조리 관철시켰다.

이례적이라고 평가할 수밖에 없다. 블랙리스트 사태에 맞서 싸웠던 사람들이 직접 정부 기구에 들어갔기 때문에 수사권이 없음에도 조사는 매우 높은 수준으로 이루어졌고, 활동의 결과는 단순한 복구를 넘어 매우 장기적인 지점까지 영향을 주는 형태로 나아가고 있으니 말이다.

이런 활동이 가능한 것은 그간의 활동에서 스스로 이루어낸 경험의 구체성 덕이다. 이미 정부의 적폐청산 사업과는 별도로 독자적인 '검열백서위원회'를 만들었으며 <기록할 수 없는 이야기: 검열백서 준비 1호>를 발간했다. 이와 함께 검열 수행 혐의가 높은 47명에게 질문 서한 발송 등의 활동을 벌이며 조사와 백서 편찬 역량을 스스로 확보해나갔다.[75] 박근혜 정권 탄핵 이슈가 본격화되던 2016년 11월에 설립 작업에 들어가서 이미 2017년 1월부터 자체 세미나와 조사 작업을 시작했고, 2월에는 광화문 광장에서 홍보 및 모금 활동에 들어갔다. 탄핵이 결정되고, 대통령 선거를 통해 정권 교체가 이루어지기 이미 수개월 전부터 앞으로의 일을 해결해나갈 힘을 비축한 셈이다.

또한 눈에 띄는 점은 세미나, 포럼, 공청회, 콘퍼런스 등의 이름으로 다양한 사람들의 참여를 끊임없이 유도하며 여러 방안을 모색했다는 점이다. 자율적으로 반복되는 왕성한 토론회는 조사위원회가 꾸려져서 활동하는 기간에 절정에 이르렀다. 특히 2017년 9월부터 11월까지는 총 여덟 차례에 걸쳐 '블랙리스트 재발 방지 및 공정한 문화예술정책 수립을 위한 분야별 현장토론회'를 개최하여 문화재청, 문학, 연극, 영화, 시각예술, 출판, 무용과 전통, 문화산업 전반에 걸친 400여 쪽의 방대한 자료집을 발간하기도 했다.

이 밖에도 108개 단체 512명의 연극인이 참여한 '광복 이후 최대 규모의 연극인 단체'인 '블랙타파'가 만들어져 진상규명을 지원하거나 문화예술계 내부에서의 갈등에 적극적으로 맞서 싸우는 활동을 벌이기도 했다.[76]

물론 처절할 정도로 한계는 분명하다. 조사위원회의 활동 기간은 짧았고 수사권이 없었으며 무엇보다 블랙리스트 사태 자체가 문화체육관광부의 범위를 넘어 청와대, 국가정보원 등과 연결되어 있는 데다 박근혜 정부뿐 아니라 이명박 정부까지 이어지기 때문에 사태의 방대함에 비해 당연히 성과는 적을 수밖에 없다.

차후 사태의 반복을 막기 위한 '예술인 중심의 별도 기관' 설립을 염두고 두고 있지만 이 또한 단지 '공무원-심사위원' 형태의 조직이 또 하나 만들어지는 데 불과하지 않을까 하는 염려도 있다. 비상 상황이 아닌 일상 상황에서의 진보는 어떻게 해야 이뤄질까.

여기저기 책임을 회피하며 빠져나간 사람들도 많겠지만 반대로 '블랙리스트 청산'을 기회로 여겨 새롭게 들어선 정부나 산하기관과의 적극적인 관계 맺기를 통해 새로운 문화권력을 모색하는 사람 또한 어찌 없겠는가.

그럼에도 장기적이고 지속적인 관점, 대한민국 개혁의 역사라는 관점에서 연극인들이 중심이 되어 일구어낸 문화예술계 블랙리스트 투쟁은 매우 중요한 의미를 지닌다. 아래로부터, 현장으로부터 변화의 요구가 다양한 형태로 분출된 것은 물론이고 제도권을 포위하며 의지를 관철하고 있으니 말이다. 분야가 세분화되고 비정치적인 부문에서 독자적인 조직화까지 도모했으니, 숱한 한계와 답답함이 존재하더라도 새로운 역사의 서장이라고 평가해도 무방할 것이다.

민주화 이후 대한민국 역사는 몇 가지 행태를 반복해왔다. '투쟁에서의 승리'와 '권력자에게 개혁 과제를 맡기는 형태'가 모든 개혁의 밑바탕이 되어왔다. 여기에 관련 이슈와 밀접한 활동가의 정계 진출이나 유관 시민단체의 영향력 강화 정도가 보태어졌을 뿐이다. 보다 근본적으로 거의 모든 이슈가 결국 '정치적인 관심'에 의존해서 이루어졌다는 의미인데, 지금의 과정은 참으로 다르다. 공교롭게도, 블랙리스트까지 만들어서 그토록 탄압했던 바로 그 현장에서 다름이 피어올랐다.

물론 상황은 쉽게 해결되지 않고 있다

> 블랙리스트 작성 가담 공무원 징계 0명
> 책임규명 이행계획 전면 재검토하라!
> 수사 의뢰 권고 26명 중 7명, 징계 권고 105명 중 0명[77]

예상치 못한 일이 벌어졌다. 2년 만에 '블랙리스트 블랙라스트 문화예술인 대행진'이 벌어지면서 문화예술인들이 문화체육관광부의 최종 이행계획을 반발하고 나선 것이다. 문화체육관광부가 블랙리스트 진상조사 및 제도개선위원회의 수사 의뢰 및 징계 권고에 관하여 68명에 대한 이행계획을 발표하면서 일곱 명을 수사 의뢰하고 12명을 '주의' 조치했다고 밝힘으로써 갈등이 재점화된 것이다.

　　문화체육관광부 사무관은 부서 안에서는 하급직일 수 있지만 산하기관의 책임자인 사무처장이나 본부장이 이들의 명령을 받고 블랙리스트를 실행했다. 징계에 포함하는 것이 마땅한데 아무 징계가 없이 수사 의뢰만 했다!

　　문화체육관광부는 일사부재리의 원칙을 이야기하면서 감사원의 주의 조치 때문에 추가 징계를 할 수 없다고 주장하지만 새로운 잘못이 조사를 통해 드러났기 때문에 새로운 죄과에 대한 처벌은 타당하다![78]

　　문제제기는 문화예술계에서만 나온 것이 아니다. 민주평화당 최경환 의원은 '권고한 131명의 절반 수준인 68명만을 징계하는 수준에 그친 것은 문체부 내에 만연한 관료주의와 갑질 문화에서 기인한 측면'이라고 규정하고 '제2의 블랙리스트 사태가 발생할 여지를 남겼다'라면서 '문체부가 조사위원회의 권고안을 수용할 수 없다면 권고안을 토대로 타당하고 객관적인 근거를 제시하고 국민에게 합리적인 설명을 해야 할 것'이라며 국정감사장에서 목소리를 높이기도 했다.[79]

문화체육관광부 산하기관에 대해서도 비슷한 지적이 이어졌다. 산하기관 열 곳의 56명에 대한 징계 권고의 경우 징계조처를 끝낸 곳은 여섯 곳이다. 그나마 이 기관들에서도 13명 중 네 명만이 실제 징계를 받았으며 이조차도 '주의', '경고' 등의 경징계였다는 것이다. 예술경영지원센터는 두 명 '주의', 국립극단은 한 명 '경고', 한국출판문화산업진흥원은 '견책' 조처가 나왔지만 표창을 받은 이력이 있어 '불문경고 처분', 한국문화예술회관연합회는 징계 시효가 지나 처분이 불가하다고 했다. 그나마 상당수는 이미 퇴사를 했기 때문에 경징계조차 이행하지 못한 것이다.[80]

하지만 국정감사장에서의 문제제기는 그다지 효과적이지 못했다. 민주평화당 최경환 의원은 문화체육관광부의 소극적인 태도를 지적하는 수준이었고, 실상 바른미래당 김수민 의원이 출판계 블랙리스트에 관여한 고위 간부의 징계 누락을 지적하는 정도였으니 말이다. 여당은 말을 아꼈고 문화예술계가 극렬하게 반발하고 있음에도, 관련 이슈가 국정감사장에서 점화되지 않는 묘한 현상이 발생한 것이다.[81]

/

노무현 정부 때는 불공평이나 불공정이 없었나. - 자유한국당 한선교 의원

문재인 정부가 이른바 '캠코더 인사'를 낙하산으로 꽂아 문화예술계를 장악하려는 것 아니냐. - 자유한국당 김재원 의원[82]

국정감사장에서는 자유한국당 의원들의 물 흐리기식 발언이

이어졌으니 정치권에서 문제 해결의 가닥을 잡기에는 무리였다. 결국 문제 해결은 문화예술인들의 몫으로 남았다. 국정감사장에서 도종환 장관에게 문화예술인들을 만나서 이야기를 들어달라는 당부를 했던 더불어민주당 손혜원 의원은 이후 YTN과의 인터뷰에서 도종환 장관을 두둔하는 발언을 하며 또 다른 논쟁을 촉발한다.

> 공무원들은 시험을 보고 들어온 사람들이라 자를 수 없다고? 국가공무원법 제79조가 정하고 있는 파면과 해임은 무엇이란 말인가. (…)
>
> 우리가 문체부 공무원들을 전부 잘라내기를 원했다고? (…) 진상조사위원회는 (…) 역사적 국가범죄 행위에 대한 "적정한" 책임을 묻기 위해 고심에 고심을 거듭했다. (…)
>
> 공무원은 결국 시키는 사람 말을 듣기 마련이라고? 공무원은 국민 전체에 대한 봉사자로서 (…) 헌법과 법률을 준수해야 한다. (…)
>
> 블랙리스트로 당한 게 많은 사람이 분이 풀리지 않아서라고? 문제의 핵심은 당신들이 "블랙리스트로 당한 게" 무엇인지, "블랙리스트로 당한 사람들의 분"이 무엇인지 알지 못하는 데 있다.[83]
>
> — 이양구 작가

> 배신과 애증이 겹쳐 있다. 나는 모든 것을 걸었는데 장관은 무엇을 걸었는가.
>
> — 조사위원 김미도 교수[84]

이후 약 두 달 동안의 투쟁, 문화예술인들은 다시 거리로 나간다. 성악가 박준석을 시작으로 1인 시위가 지속적으로 이어졌으며[85] 문화민주주의실천연대는 더불어민주당 이해찬 대표와 문제 해결을 위한 면담을 가지기도 했다.[86] '민주사회를 위한 변호사모임'은 '문화예술계 블랙리스트 소송대리인단' 명의로 '뼈저린 반성과 참회 없는 도종환 장관의 문체부를 규탄한다'라는 성명을 발표했고,[87] 광주 지역의 여덟 개 시민사회와 예술단체는 '도종환 장관 해임하라'라는 성명을 발표하기도 했다.[88] 문화예술인들의 국회와 청와대 행진이 이어지는 가운데 결국 2018년 11월 8일 문화체육관광부는 '블랙리스트 이행계획 재검토'를 전면수용한다.[89]

호재라면 호재랄까. 한국문화예술위원회가 2018년 11월 21일 보도자료를 통해 '블랙리스트 진상조사위 징계 권고 23명에 대한 이행 결과 발표'를 통해 정직 네 명, 감봉 세 명, 견책 네 명, 엄중주의 다섯 명 등 강력한 수위의 이행 결과를 발표했다. 그리고 2018년 12월 31일 수사 의뢰 열 명, 징계·주의 68명이라는 보다 강화된 수용안을 바탕으로 재차 사과했음은 물론[90] 문화체육관광부 장관 도종환은 신년사에서 '사과하고 사과해서라도 국민과 예술인들의 신뢰를 회복해야 한다'라며 향후 이행계획에 관한 강한 의지를 밝혔다. 또 한 번 문화예술인들의 독자적인 의지가 변화를 일구어낸 것이다.

잃어버린 피해와 치유의 문제

그럼에도 매우 심각한 과제가 남는다. '피해와 치유', 내면까지 파고들어 간 상처의 문제에 관해서만큼은 실상 조금도 진보를 이루지 못했기 때문이다. 변화는 진심 어린 사과를 넘어 구체적인 처벌과 제도 개선만으로 달성되지 않는다. 대한민국의 역사가 처벌과 제도 개선은커녕 진심 어린 사과조차 경험한 적이 거의 없기 때문에 매번 '사과, 처벌, 개혁'이라는 단어를 반복하고 기껏해야 '진정성 있는', '제대로 된', '실질적이고 근본적인' 식의 수사 어구에 매달리지만 그 모든 것이 이루어진다고 해도 정작 피해 당사자의 고통은 말끔히 해결되지 못한다.

　　국가로부터 배제당했다는 느낌입니다. 나는 상대의 실체가 잡히지 않는데 누군가가 나를 감시하고 통제하고 있다는 데서 오는 두려움을 일상적으로 가지게 됐다는 것입니다. (…) 현실적으로 축제는 지속되어야 하기 때문에 예술위 지원에서 배제된 이후 축제 자금을 만드는 과정이 너무나 고통스러웠습니다. 그로 인해 현재 빚을 매우 많이 지고 있습니다. 서울프린지페스티벌을 운영하기 위해서 진 빚만도 1억이 넘습니다. 2015년 5000만 원, 2016년 5000만 원 정도입니다. 예술위에서 배제되기 전에는 매년 5,000만 원씩 지원을 받았는데 공교롭게도 2년간 지원받지 못했던 금액만큼 빚을 지게 됐네요.

　　2015년 한국문화예술위원회 주관 다원예술창작 지원사업에서 배제조치를 당한 서울프린지네트워크 대표 오성화의 증언이다. 블랙리스트 피해는 개인에게 구체적인 수치이며 감당하기 어려운 현실이다. 사업을 이어나가야만 하는 명분과 목적, 그리고 내적인 확신과 정부의 배반 사이에서 남는 것은 수치화된 빚더미일 수밖에 없으며 이에 대한 보상은 제대로 논의조차 되지 못했다.

> 우리는 서로 같이 공부하고 서로 도와주고, 프린지가 잘할 때나 못할 때나 의지가 됐습니다. 예술 행정가와 예술가 사이에 수평적 맞상대로서 우정을 나눠왔습니다. 그런데 그런 예술위 직원들이 우리에게 이런 일을 했다는 것이 참혹합니다. (…) 예술위 직원들 자신이 힘들게 만들어왔던, 예술행정가들과 현장예술인들 사이의 신뢰와 이를 바탕으로 하는 교류를 얼마나 짓밟았는지 깨닫기를 바랍니다.[91]

실상 수많은 사람이 이와 비슷한 고통을 겪고 있으며 다시 돌아와서 활동을 하지 못하는 사람, 아예 문화예술계를 떠나버린 사람 등 곳곳에 아픔이 넘실대고 있다. 이를 어찌해야 할까. 피해 보상만으로 해결할 수 없는 영역이다. 이 부분에 관해서 대한민국 사회는 실상 준비가 전혀 안 돼 있는 상태이며 '힐링'이나 '상담' 같은 것들은 대부분 TV 프로그램의 좋은 소비재 또는 개인적인 영역에 국한되어 있을 뿐이다.

'사회적 치유', 그리고 사회적 치유를 위한 시스템의 확보. 이 분야에서 새로운 진보는 언제쯤 가능할까.

'단위'를 만드는 법:
비어트리스 웹Beatrice Webb, 시드니 웹Sidney Webb의《산업민주주의 Industrial Democracy》

노동조합 민주주의 최초 형태에서 우리는 '모든 인간은 평등하다'라는 것만이 아니라 '모두에 관련된 사항은 모두가 결정해야 한다'라는 가장 소박한 믿음을 발견하게 된다.[92]

거의 모든 직업 단체의 역사가 무엇인지 우리는 묻는다. 어떤 지부나 그 일부가 너무나 오래 통제권을 가졌을 때, 단체의 이익에 냉담하게 되고, 무책임한 권력을 맡으려고 노력하며, 그 태만에 의해 공금 낭비, 부당 관리, 사기를 반드시 낳게 된다.[93]

민주주의는 거대 권력을 타도하는 것이 아니다. 민주주의의 발전 과정을 살펴보면 어느 특정 시점에 자율적인 결사체들이 등장하며, 각각의 결사체는 거대 이슈보다는 '당면한 자신들의 문제'를 해결하고자 노력한다. 장기적이고 지속적인 관점으로 봤을 때 수많은 결사체가 수많은 문제를 해결할 때 그것을 통상 '좋은 민주주의'라고 부를 수 있으며, 이른바 선진국이라 부르는 민주국가들은 이런 측면에서 여타 국가들과는 다른 발전 단계를 보인다.

비어트리스 웹과 시드니 웹이 쓴《산업민주주의》는 노동운동과 관련해 고전의 반열에 오른 유명한 책이다. 어떤 분야에서 무엇인가 '저명함'을 얻으면 그 책을 둘러싼 담론은 매우 뻔해지는 경향이 있다. 이 책은 '이러이러한 내용이 담겨 있다' 식의 요약된 견해가 유통되며 거의 모든 사람은 그처럼 유통된 견해가 전부인 양 수용한다. 게다가 관련 전문가들이 '원전에 보다 더 충실하기' 위해 학술적인 논쟁에 집중하면서 본의 아니게 명저의 가치를 무용하게 만들기도 한다.

하지만 언제나 책에는 유통된 요약본보다 훨씬 많은 성찰과 상상력이 담겨 있으며, 수많은 얼개는 통념 또는 전문가의 견해를 뚫고 나와 훨씬 자유롭게 활용될 수 있다. 비어트리스 웹과 시드니 웹이《산업민주주의》라는 책에서 보여준 것 역시 마찬가지다. 어차피 노동조합 역시 노동자들이 자신들의 문제를 해결하기 위한 노력의 산물이다. '노동자'나 '운동' 따위의 말을 사용하지만 세상에 직업이 얼마나 많은가. 따라서 각자가 처한 환경 또한 얼마나 다르겠는가. 당연히 목표하는 바를 경제적 동인 정도로 좁히더라도 이루고자 하는 바가 직업별로, 조합별로 극히 다양한 것은 너무나 당연한 이치이리라. 그러니《산업민주주의》라는 책을 그저 '노동조합의 운영에 관한 고전' 정도로 활용한다는 것은 비어트리스 웹과 시드니 웹의 어마어마한 통찰력에 대한 심각한 모욕일 수 있다.

18세기 영국에서 등장한 노동조합운동은 영국 민주주의의 역사에 직접적인 영향을 받았다. 간략히 말하면 단체를 조직하고, 단체 운영에 관련된 사항을 정리하고, 투표를 통해 대표를 선출하며, 여러 의제를 논의한 후 결정된 '목표'를 향해 일사불란하게 투쟁에 나서는 방식이다. 하지만 성과는 신통치 않다. 주로 대표들은 존경받는 인물들이 차례대로 뽑혔고, 대표가 됐기 때문에 또다시 존경을 받을 뿐이지 격렬한 싸움의 순간에 그다지 중요한 역량을 발휘하지 못한다. 또한 '고용인과의 투쟁'이라는 비상 상황, 어쩌면 이 순간을 위해 그토록 조직을 정비했음에도 격렬한 투쟁의 시간에는 대부분의 것이 임의적이거나 전략적으로 처리된다. 어쩔 수 없이 조합원들의 암묵적 지지를 전제하고 비밀리에 대표를 선출한 후 조합원 다수에게조차 기밀로 한다거나, 노동조합원들 역시 투쟁에서의 승리를 목표로 조합의 지도 방향을 맹종하는 경향을 보이는 등 여러 문제가 일어난다. '런던 재봉공 노동조합'의 경우에는 실제로 '전시의 것과 평시의 것' 두 개의 조약을 만들었지만 이 또한 현실에서 얼마나 무용했는지는 당시의 기록에서 충분히 드러난다.[94]

신통한 해결책이 없는 가운데 중요한 변화가 일어난다. 노동조합이 지역 규모에서 전국 규모로 성장한 것이다. 산업혁명이 가속화되고 자본주의 시스템이 전국화됨에 따라 노동조합 역시 전국적인 조직망을 갖추지 않으면 제대로 된 대응이 불가능해졌기 때문이다. 또한 전국적으로 통합된 강력한 리더십을 갖춘 단체가 된다면 즉, 보다 다양한 직종의 사람들이 함께 연대하여 위력을 발휘한다면 당연히 자신들의 이상을 이루기가 더 쉽지 않겠는가.

하지만 이제부턴 '모두에 관련된 사항은 모두가 결정해야 한다'라는 소박한 믿음이 근본적으로 흔들린다. 사무적인 업무를 위해 별도의 인력을 둘 수밖에 없고, 이전에는 당연히 여겼던 조합원 간의 '평등하고 동일한 봉사'는 불가능해진다. 자연스럽게 '지도자'와 '지도그룹'이 만들어지고, 따라서 노동조합 내에서도 '통치 계급의 분리' 현상이 발생할 수밖에 없다. 재정체계나 정책 같은 것들도 더욱 정교하게 구성되어야 하니 그만큼 보다 전문적인 상근 인력이 충원되어야 한다.[95]

그리고 이 지점부터 상황은 악화되기 시작한다. 전문화된 노동조합 조직은 더 이상 조합원, 즉 노동자의 요구에 부응하지 않는다. 태만함, 소홀함부터 부정부패까지 각종 문제를 일으키기 시작한다. 따라서 이를 두고 노동조합 내에서 갈등이 발생할 수밖에 없으며, 파벌이 만들어지고 노동자들 역시 다양한 갈등에 휘말릴 수밖에 없다.

애초에 노동조합을 왜 만들었던가. 반드시 관철되어야 하는 경제적 동인 그리고 노동자들이 살아가는 산업 세계의 구원을 위해서가 아니었던가. 하지만 결국 노동조합 자체가, 노동조합 자체만이 모두의 관심사가 되고 만다. 바야흐로 노동조합판 '정치의 시대'가 도래한 것이다.

구성 분자인 여러 노동조합이 처음에 단결하는 목적은 단지 다수에 따라서가 아니라, 그들 모두에 의해 희망된 목표의 진척에 있다. (…) 이해관계가 합치되지 않는 경우, 어떤 연합의 결의도 '최대의 공통점'을 발견하기 위해 각 부문 대표자 사이에서 협의하는 것에 의해야 한다는 것을 뜻한다. 따라서 이러한 문제는 결코 단순히 투표수의 계산에 의해 결정되어서는 안 된다.[96]

정치는 언제나 대부분 본질적인 것이 아니다. 정치의 정상화가 문제의 해결이 아니기 때문이다. 노동조합의 규모가 커지는 것은 힘에 대한 욕망이라기보다는 '어쩔 수 없는 선택', 다시 말해 필연적인 귀결이다. 산업사회에서 노동 구조는 복잡할 수밖에 없으며, 노동이 아닌 자본은 그 자체의 성격상 끊임없이 성장하려 한다. 따라서 이에 대한 가장 효율적이고 적합한 대책은 단위를 확장하여 체계적인 대응을 하는 것이다.

사실 정치에 특별히 환멸을 느낄 필요도 없다. 정치가 없는 곳이 어디에 있으며, 갈등과 문제가 발생하는 않는 때는 또 언제인가. 그만큼 노동조합이 사회적 단위를 차지했기 때문에 발생하는 자연스러운 과정이며, 이제 정치적 영역에 대해 책임 있게 대처하면 된다.

문제는 애초에 '직업이 다양하다'는 점이다. 노동의 종류가 다양한 만큼 노동자의 종류도 다양하다. 그러니 노동조합 역시 다양할 수밖에 없다. 그것이 소위원회로 구성됐든 직능으로 분류됐든, 중요한 사실은 노동자들 사이에 '복잡한 이해관계'가 존재할 수밖에 없다는 것이다.

　기계공, 운송인 및 비숙련 노동자가 지금까지 해결하지 못한 문제는, 직업의 범위를 어떻게 정하느냐 하는 것이다.[97]

여기서 영국 노동조합의 역사는 매우 중요한 실마리를 던져준다. '합동이나 고립 어느 것에도 의하지 않고' 직업적 이해관계를 조정함은 물론 이익조정까지 가능한 '연합단체'를 만들어낸 것이다.

　동일 공장 내에서 노동하는 면사방적공과 소기공의 두 노동조합이 서로 모여 '면공 노동조합'을 만들고, 쌍방 노동조합은 그 기금에 돈을 낸다. 그 각각은 독립적으로 단체교섭을 하고, 고유의 기금을 갖는다. 그러나 만일 다른 청구가 있으면 반드시 그 쟁의를 원조하기 위해 그 조합원을 해고한다고 약속을 하고, 해고된 조합원은 연합회의 자금에 의해 지지받게 된다.[98]

초기의 순수한 노동조합의 이상 또는 민주주의라는 추상적 가치의 시대는 사라졌다. 정확히 말해, 유지 가능한 해답을 찾았다. 어차피 순수한 가공의 이상이란 존재하지 않는다. 계급과 종교를 명분으로 기득권을 쥔 귀족 계급의 탄압 가운데서, 영국의 청교도와 농민과 의회와 군인들은 '민주주의'라는 명분을 찾았으며 '입헌주의와 의원내각제'를 통해 관념을 실체화하는 데 성공하지 않았던가.

전국 단위의 노동조합이 담당할 수 있는 범위와 그렇지 못한 범위는 명확히 존재한다. 이 문제를 해결할 수 있는 유일한 방편은 결국 작은 단위의 이익을 목표로 하는 조합 간의 '타협, 이익 조정, 유기적인 연합활동'밖에 없다. 이는 독자적으로 만들어갈 영역이지 위에서 지도하거나 '좋은 게 좋은 거라고' 적당히 조화와 화합을 강조한다 해서 해결될 성질의 것이 아니다. 비어트리스 웹과 시드니 웹은 연합의 영속성을 확보하기 위해서는 '단체의 대표자가 조합원 수에 단순 정비례 되는 것을 반대하며, 구성 단체의 이해관계와 일치하는 정도에 따라 달라져야 함'을 강조한다.[99]

노동조합은 본래 모든 조합원에게 일정한 구체적 이익을 확보시키기 위한 단체이다. 그 이익은 직업에 따라 다르고, 그 기술적 과정, 그 경제적 지위, 직업이 행해지는 지리적 위치가 다름에 따라 다르다. (…) '전국 노동조합(General Union)'을 목적으로 하는 모든 시도는 어쩔 수 없이 실패한다. (…) 랭커셔 면사방직 공장에서는 노동시간을 단축하기 위하여, 리즈 직물업에서는 일정한 도급 임금률을 확보하기 위하여, 런던 건축업에서는 도급업을 폐지하기 위하여, 리버풀에서는 하도급을 폐지하기 위하여, 메리야스 산업에서는 실물 임금 및 여러 가지 명목에 의한 임금 공제를 제거하기 위하여 고용인과 싸우는 노동조합이 됐다. (…) 각각의 직업은 '인류 동포애'를 해석하여 각자 특수한 불만을 해결(했다.)[100]

비어트리스 웹과 시드니 웹의 생각 또는 영국노동조합의 역사를 우리 식으로 편의적으로 해석하면 곤란하다. 투표를 통한 정치의 영역이 있고, 민주노총 같은 전국단위 노동조합이 있고, 참여연대 같은 시민단체가 있고, 또한 곳곳에서 다양한 모임이나 단체가 있고, SNS에서는 자유롭게 의견을 개진하는 시민들이 있으니 우리 또한 이와 비슷하다고 이야기할지도 모른다. 하지만 과연 그런가?

대한민국의 여론은 투표와 정치 행위에 압도적으로 매몰되어 있다. 거의 광적으로 투표와 정치적 관심이 모든 것을 해결할 수 있다고 믿으며 행동하고 있다. 산발적인 이슈에 관한 다양한 형태의 이익조정과 구체적인 타협 그리고 이를 바탕으로 한 뚜렷한 연대 투쟁을 발견하긴 극히 어렵다. 대통령을 중심으로 한 공직 세계에서의 행정 행위를 통한 제도 개혁을 제외하고는, 자율적이며 자치적인 변화 또는 변화를 가능케 할 수 있는 유효한 단위를 발견하는 것 또한 힘들다. 각자는 자신이 속한 단체의 이상에 충실하며 각각의 단체 역시 자신들이 매번 해온 또는 할 수밖에 없는 행동을 반복하는 경우가 대부분이다. 즉, 많은 자원을 보유하고 있는 듯하면서도 실상 구체적이지 못하고, 대부분은 그저 투표를 통해 뽑은 대통령과 들끓는 여론에 의해 수행된다.

값싼 것을 좋아하는 산업 지도자들의 편견은, 언제나 사회 전체의 이익을 위하여, 고용 조건을 유지하고 점진적으로 올리고자 하는 결정에 의해 궁극적으로 통제되고 지도되어야 한다.[101]

비어트리스 웹과 시드니 웹은 '노동조합운동'이 지니는 보다 근본적인 위기를 지적한다. 노동자에게는 노동이 중심적이겠지만 사회에서 노동은 언제나 종속적이다. 사회가 지니는 가장 큰 관심은 '생산되어야 할 상품', '소비자의 필요와 욕망' 그리고 자본가의 경영 전략 같은 것들이다. 국가건 회사건 무수한 조건 가운데 결정을 내려야 하는데 노동자의 입장, 노동조합의 간절함은 극히 부수적이거나 무수한 조건 중에 고려해야 할 한 가지 사항 정도일 수밖에 없다.

　　더구나 노동자들은 어차피 고용되어, 업무를 수행해서, 임금을 받아야 하는 존재다. 따라서 노동조합운동을 이끌 수 있는 충분한 교육과 훈련을 받기 어려우며, 경영 환경의 변화가 격렬할 경우 도태될 확률이 높다. 그럼에도 노동조합운동은 계속되어야 하는가?

　　당연하지 않은가. 민주주의 국가에서 자유와 권리는 개인이 스스로 쟁취해야 하는 것이며, 개인이 자발적으로 모인 결사체가 조합이니 이외의 수단이 없지 않은가.

　　따라서 자유에 대해 말하기 전에 먼저 자유의 정의를 내리는 것이 필요하다. (…) 우리 자신은 '리버티(Liberty)'나 '프리덤(Freedom)'이라는 말로, 생래의, 즉 불가양도의 권리라는 것이 아니라, 실제로 개개인의 능력을 최대한 발전시키는 사회의 생존 조건을 뜻한다.[102]

문화예술계 블랙리스트 사태와 이에 대한 문화예술인들의 저항과 성취에 대해 어떻게 평가할 것인가. 개인의 기본권이나 표현의 자유를 침해하는 반헌법적이며 위법적인 행위에 대한 예술인들의 자유와 이상을 향한 담대한 여정? 이런 식의 표현은 철학자 또는 헌법학자나 법률가들의 한담에 불과하다.

결국 구시대의 방식은 실패했다. 권력은 5년 단임제라는 현행 헌법과 자유민주주의라는 대중의 신념에 종속돼 있으며, 문화예술인들의 성취는 지금까지는 찾아보기 힘들었던 '단위의 창출'로 귀결됐다. 그렇다면 이제부터는 제도 개선, 대안 문화 창달 같은 추상적 언어를 넘어 구체적인 맥락으로 나아가면 그만이다.

다음에 도달할 단위는 무엇일까? 그것을 위해 문화예술인들은, 우리는 어떻게 무엇을 해나가야 할까.

결론
의지의 집합이 동력이 되어

/
돌이킬 수 없을 만큼 자유민주주의는 확립됐다.

여전히 미진하더라도 관료사회가 바뀌어야 할 방향성은 명확하다.

힘들더라도 어느 때보다 역동적으로 분야별 단위가 만들어지고 있다.

3·1운동 100주년, 대한민국 임시 정부 수립 100주년의 대한민국은 매우 낙관적이다. 평화적인 시위와 합법적인 탄핵 과정 그리고 언론의 순기능 등이 결합하여 박근혜 정권을 끝내 무너뜨렸다. 미증유의 사건임에도 한 치의 동요도 없이 문재인 정권이 들어섰으며 불과 몇 해 전에는 상상도 할 수 없었던 '상식의 재건', '변화를 향한 각계의 욕구'가 끓어오르고 있다.

그렇다면 이제 우리는 무엇을 해야 할까. 김기춘이나 조윤선의 판결 결과를 두고 설왕설래하거나 문재인 정부 적폐청산의 질적인 측면을 두고 분통을 터뜨리면, 그것으로 국민의 역할은 끝난 것일까? 위기의 순간에 촛불을 들고 강력하게 저항하고, 적극적인 투표를 통해 민주공화국을 수호할 수 있는 대통령을 선출하는 것이 우리가 할 수 있는 최대한의 역할일까, 아니면 단지 시작에 불과한 것일까.

지난 70년의 역사에서 대한민국 국민은 세계사적으로 유례가 없을 정도로 저항권 행사에 유능한 모습을 보여왔다. 동시에 자신들이 원하는 지도자를 세우고, 지도자를 통한 개혁과 사회 변화에 참으로 적극적이었다. 이는 앞으로도 계속되어야 할 민주공화국 시민의 기본적인 덕목이리라.

하지만 피로감 또한 보통이 아니다. 교육감 선거는 고유의 특성을 보존, 강화하기 위해 정당 투표제를 금지하고 있음에도 '진보 교육감, 보수 교육감' 식으로 철저히 정치적인 투표가 이루어지고 있다. 서울시장과 경기도지사 같은 지방자치선거는 말 그대로 '지역 자치'를 위한 선거임에도 이 또한 정확히 중간선거의 의미를 담지하며 중앙정치에 종속되어 있다. 그럼에도 한편에서는 투표 만능주의가 판을 치고 있다. 사법부 선거제가 대표적인 예인데, 미국의 사례에서 알 수 있듯 이는 결코 효율적이지 않고 기대하는 바대로 기능하지도 못한다. 투표 행위 역시 국민이 감당 가능한 유효 범위가 있기 때문이다. 국회의원 소환제, 주민소환제 같은 것들이 유력한 대안처럼 이야기되고 있지만 이 또한 일종의 정치 만능주의다. 갈수록 정치 행위로는 해결할 수 없는 일들이 주가 되고 있는데 이를 정치적으로 해결하겠다? 고도의 정치적 무관심 또는 새로운 포퓰리즘이 등장할 토양이 될 수도 있다.

사실은 여유도 여지도 없다.

왜 우리나라에서는 유달리 전자민주주의의 힘이 강할까. 냉철히 돌아보건대 SNS 외의 권리는 누려본 적이 없다. 학생 시절에는 입시의 무게와 교사의 통제 가운데 시간을 보냈고 20대 이후 우리네 보편적인 삶의 과정은 죽을 때까지 대부분이 의무로 짓눌려 있을 뿐이다. 토론과 소통은 암기한 내용을 이야기하는 데 불과하고 종교 활동을 제외하고는 구체적이고 자율적인 경험의 공간 또한 없다시피 하다. 심지어 지방자치 역시 '자치의 권리'가 확대되기보다는 자치 단체장이나 의원에게 '투표할 권리' 정도에서 맴돌고 있다. 지방 분권은 강화되고 있을지 모르겠지만 그것이 곧 국민의 자치 능력 함양은 아니라는 말이다. 탄핵이나 정권 교체 같은 이슈는 특수하고 특별한 과정이며 이명박 정권이나 박근혜 정권 같은 반동적인 권력이 등장하지 않고서야 앞으로는 매우 뻔한 정치쇼로 전락할 수도 있다. 다시 말해 시위나 촛불 같은 저항권 발동이 필요 없는 시대, 그럼에도 여전히 고칠 것들은 산적한 시대로 진입할지도 모른다.

그렇다면 어떻게 해야 한단 말인가. 여유도 여지도 없으니 대통령이나 국가가 나서야 한다?

근무시간을 강제로라도 단축하듯 몇몇 선행되어야 할 행정 조치들은 있다. 지방자치의 확대가 단지 단체장이나 지방의회의 권한 확대, 즉 분권 강화가 아니라 실질적인 국민 자치로 나아갈 수 있도록 법 개정이나 제도 정비로 이어진다면 매우 효과적일 것이다. 당장 지방자치법만 봐도 조례 제정의 범위가 법률이 아니라 법령, 즉 중앙정부의 통제 범위를 벗어나지 못하며 예산 역시 하달받는 형식이기 때문에 자치라고 말하는 데 큰 한계가 있지 않은가. 지방자치가 현실적으로 중앙정치의 범주를 넘어선다면, 국민의 입장에서 지방자치는 당면 현실이 되기 때문에 그만큼 관심과 참여의 대상이 될 수밖에 없다. 아니면 교장 보직 공모제, 학교 운영에서 교육부의 영향력을 제한하고 교사 자치 중심 구조로 전환해나가는 것도 고려해볼 만하다. 어차피 모든 국민은 학생 아니면 학부모의 과정을 경험하기 때문에 학교를 중심으로 자치의 문화를 체험한다면 장기적으로 중요한 변화의 발판이 될 것이다.

이런 것들이 가능하려면 무엇이 선행되어야 할까. 결국 법 개정을 요구하거나 개헌안을 제시하는 자발적인 국민적 요구가 있어야만 한다. 학교를 비롯한 풀뿌리 민주주의는 단지 제도 개선만으로 이루어지지 않는다. 제도가 바뀌더라도 사람이 바뀌지 않으면 모든 것이 제자리걸음인 현실을 그간 얼마나 빈번히 경험해 왔던가.

/
관심의 다각화
실천의 다양화
비정치적인 부문에서의 조직화

해답은 너무나 냉정하다. 모든 관심사가 중앙정치와 정치인들에게 집중되어 있다면 기실 그곳에 국민의, 우리의 역할은 없다.

재미있다고 낄낄대며 이러쿵저러쿵 아무리 떠들어대도 결국 영화를 만들거나 영화 제작에 영향력을 행사하는 사람들은 따로 있는 것처럼 말이다. 영화의 흥행은 관객의 태도에 달렸지만, 관객의 역할이라고 해봐야 지극히 제한적이지 않은가. 그러므로 주제를 분산하고 필요한 것들을 우리 쪽으로 끌고 와야만 한다.

그렇다면 어떻게 해야 국민의 관심이 다양하게 나뉘고, 어떻게 해야 시민이 주체가 되는 일상의 민주주의가 이뤄지고, 쓸데없는 정치 논리와 불필요한 정쟁을 피해 효과적으로 변화를 도모할 수 있을까. 아마도 이 지점에서 교육과 인문학이 중요하고, 보다 장기적이며 항구적인 대책이 필요하다는 말로 얼버무린다면 이보다 뻔하고 무책임한 주장도 없을 것이다.

/
역량
실천
분투

결국 의지에 찬 결단, 의지의 집합으로 시작하는 수밖에 없다. 역사상 난제가 없는 순간이 한 차례라도 있었던가. 조건은 만드는 것이고, 그것을 바탕으로 목표를 이뤄가면 된다. 나는 내가 처한 상황에서 나의 투쟁을 벌여나가겠다. 어느 때가 되면 수많은 의지가 모여 산이 되고 강이 되어 또 한 번 가열찬 역사의 진보를 이룰 것을 믿어 의심치 않는다. 지금은 공식을 논할 때가 아니라 새로운 가능성의 탑을 쌓아야 할 때다. 질곡의 강을 건너느라 크나큰 고통을 감내해야 했지만, 이제는 가능한 한 많은 사람이 스스로 선택한 자리를 개척하고 일구어가야만 하는 때다. 풍성한 여름의 때에 더욱 많은 노동을 감내해야 하듯이 말이다.

참고도서, 보고서 및 논문

• 단행본

1장

가타야마 모리히데, 미완의 파시즘, 가람기획

김병찬, 서라미, 송연지, 강신우 엮음, A급 전범의 증언-도쿄전범재판 속기록을 읽다: 도조 히데키 편, 언어의바다

쓰루미 슌스케, 전향: 쓰루미슌스케의 전시기 일본정신사 강의 1931~1945, 논형

요시다 유타카, 아시아 · 태평양전쟁-일본 근현대사 시리즈06, 어문학사

야마다 아키라, 일본, 군비 확장의 역사: 일본군의 팽창과 붕괴, 어문학사

요시다 유타카, 일본의 군대: 병사의 눈으로 본 근대일본

요시다 유타카, 일본인의 전쟁관, 역사비평사

호사카 마사야스, 쇼와 육군: 제2차 세계대전을 주도한 일본 제국주의의 몸통, 글항아리

2장

리처드 오버리, 독재자들: 히틀러 대 스탈린, 권력 작동의 비밀, 교양인

밀턴 마이어, 그들은 자신들이 자유롭다고 생각했다, 갈라파고스

알베르트 슈페어, 기억: 제3제국의 중심에서, 마티

제바스타인 하프너, 어느 독일인 이야기 회상 1914~1933, 돌베개

한나 아렌트, 예루살렘의 아이히만, 한길사

3장
니홀라스 할라스, 나는 고발한다: 드레퓌스사건과 집단히스테리, 한길사
다니엘 리비에르, 프랑스의 역사, 까치
박형남, 재판으로 본 세계사, 휴머니스트
콜린 존스, 사진과 그림으로 보는 케임브리지 프랑스사, 시공사
파스칼 오리, 장 프랑수아 시리넬리, 지식인의 탄생: 드레퓌스부터 현대까지, 당대

4장
김연철, 협상의 전략, 휴머니스트
레이몬드 카, 스페인사, 까치
애덤 호크실드, 스페인 내전, 우리가 그곳에 있었다, 갈라파고스
앤터니 비버, 스페인 내전: 20세기 모든 이념의 격전장, 교양인
이강혁, 스페인역사 다이제스트 100, 가람기획

- **법정 문서**
  서울중앙지방법원 제30형사부, 블랙리스트 사태에 대한 1심 판결문, 2017. 7. 27
  서울고등법원 제3형사부, 블랙리스트 사태에 대한 2심 판결문, 2018. 1. 23
  감사원, 감사보고서 - 문화체육관광부 기관운영감사, 2017. 6

- **보고서**
  문화예술계 블랙리스트 진상조사 및 제도개선위원회, 기자브리핑 2017. 9. 18 - 1차 대국민 경과보고, 문화체육관광부
  문화예술계 블랙리스트 진상조사 및 제도개선위원회, 보도자료 2017. 10. 30, 문화체육관광부
  문화예술계 블랙리스트 진상조사 및 제도개선위원회, 보도자료 2017. 12. 20, 문화체육관광부
  문화예술계 블랙리스트 진상조사 및 제도개선위원회, 공정하고 지속가능한 문화재정을 위하여 - 제1회 블랙리스트 재발방지 및 공정한 문화예술정책 수립을 위한 연속 토론회, 2017

문화예술계 블랙리스트 진상조사 및 제도개선위원회, 제2차 블랙리스트 재발 방지 및 공정한 문화예술정책 수립을 위한 분야별 현장토론회: 문학, 2017

문화예술계 블랙리스트 진상조사 및 제도개선위원회, 제3차 블랙리스트 재발 방지 및 공정한 문화예술정책 수립을 위한 분야별 현장토론회: 연극, 2017

문화예술계 블랙리스트 진상조사 및 제도개선위원회, 제4차 블랙리스트 재발 방지 및 공정한 문화예술정책 수립을 위한 분야별 현장토론회: 영화, 2017

문화예술계 블랙리스트 진상조사 및 제도개선위원회, 제5차 블랙리스트 재발 방지 및 공정한 문화예술정책 수립을 위한 분야별 현장토론회: 시각예술, 2017

문화예술계 블랙리스트 진상조사 및 제도개선위원회, 제6차 블랙리스트 재발 방지 및 공정한 문화예술정책 수립을 위한 분야별 현장토론회: 출판, 2017

문화예술계 블랙리스트 진상조사 및 제도개선위원회, 제7차 블랙리스트 재발방 지 및 공정한 문화예술정책 수립을 위한 분야별 현장토론회: 무용&전통, 2017

문화예술계 블랙리스트 진상조사 및 제도개선위원회, 제8차 블랙리스트 재발 방지 및 공정한 문화예술정책 수립을 위한 분야별 현장토론회: 문화산업, 2017

보도자료, 진상조사위, 블랙리스트 방지를 위한 책임규명 권고, 2018. 6. 28

• 논문

1장

가토 타카시, 남바라 시게루의 '애국적 내셔널리즘', 정치사상연구 18(1), 2012

김기조, 제2차 세계대전 말기 일본의 「和平工作」과 연합국의 대응 - 한반도 영 유를 위한 막후외교, 한국정치학회보 35(3), 2001

김득중, 제2차 세계대전 후 미국의 군사점령 논리와 냉전 - 에른스트 프랑켈의 국제법적 분석을 중심으로, 동북아역사논총 (51), 2016

김석근, 근대 일본 '내셔널리즘'의 구조와 특성에 대한 재검토: '초국가주의' 체 험과 관련해서, 한국동양정치사상사연구 5(1), 2006

김석근, 마루야마 마사오(丸山眞男)의 군국주의 비판과 군대 체험, 동아시아비 평 (2), 1999

김석연, 뢸링 판사는 동경재판을 부정했는가 - 소수의견 제출에서 말년의 회고 까지, 일본역사연구 36, 2012

김영수, 대동아공영권 이념에 대한 비판적 고찰 - 다케우치 요시미(竹內好), 마 루야마 마사오(丸山眞男)의 비판을 중심으로, 사회과학논총 17, 2015

김흥식, 일본 파시즘의 사회적 기원 - 베링톤 무어의 테제에 대한 비판적 조명 과 대안적 분석, 한국정치학회보 30(3), 1996

박원순, 특별기획 2: 독일·일본 전범의 처리와 역사적 평가 일본 전쟁범죄 처벌 지금도 가능한가, 역사비평, 1993

박원순, 해방50년 기념 기획: 전범처리와 세계체제의 재편 동경전범재판, 그 능욕과 망각의 역사, 역사비평, 1994

박진우, 천황제와 일본 군국주의, 황해문화 89, 2015

박충석, 일본군국주의의 형성 - 그 정치사회적 기원을 중심으로, 사회과학연구 논총 4, 2000

박홍규, 마루야마 마사오(丸山眞男)와 일본주의, 정치사상연구 21(2), 2015

베링톤·무어, 日本의 近代化(上): 아시아的 파시즘, 창작과비평 6(2), 1971

베링톤·무어, 日本의 近代化(下): 아시아的 파시즘, 창작과비평 6(3), 1971

손기웅, 군국주의론: 분석의 Typology, 한국정치학회보 28(1), 1994

신희석, 제1차 세계대전과 제2차 세계대전 이후의 전범재판 - 평화와 인도에 반한 죄의 탄생, 서울국제법연구 22(2), 2015

안소영, 태평양전쟁기 미국의 전후 대일·대한정책 및 점령통치 구상 - 이중적 대립축과 그 전환, 한국정치외교사논총 31(2), 2010

양연자, 가와바타 야스나리의 전쟁관, 일본문화연구 25, 2008

이상호, 맥아더의 극동국제군사재판 처리와 전후 한일관계 굴절의 기원, 군사 (85), 2012

이장희, 도쿄국제군사재판과 뉘른베르크 국제군사재판에 대한 국제법적 비교 연구, 동북아역사논총 (25), 2009

이철, '처벌받지 않는 범죄'에 대한 개념적 접근: '비유효 범죄' 영역의 개념 연구, 형사정책연구, 2005

이향철, 日本파시즘의 「國家改造」思想硏究, 동양사학연구 25, 1987

전상숙, 사상통제정책의 역사성 - 반공과 전향, 한국정치외교사논총 27(1), 2005

전상숙, 일제 파시즘기 사상통제정책과 전향, 한국정치학회보 39(3), 2005

전상숙, 전향: 일제의 사상통제 정책, 동아시아비평 (7), 2001

진필수, 일제 총동원체제의 기원과 특징에 대한 재검토: 전쟁인류학의 모색, 비교문화연구 22(2), 2016

한석정, 대동아공영권과 세계체제론의 적용에 대한 시론, 한국사학회 33(WIN), 1999

하종문, 천황제, 도쿄재판, 샌프란시스코 강화조약: 일본식 '과거극복' 과정의 세 계기, 아세아연구 44(2), 2001

2장

강원택, 한국의 관료제와 민주주의 - 어떻게 통제할 것인가, 역사비평, 2014

공보경, 막스 베버의 정치지도자론, 21세기정치학회보 13(2), 2003

김근세, 한국 중앙행정기관의 기능과 구조의 불일치 - 삼중 국가관료제, 한국정치학회보 35(2), 2001

김선욱, 아렌트와 거숌 숄렘과의 논쟁 - 아이히만 재판에서의 유태인 정체성 문제, 사회와철학(15), 2008

김성수, 독일의 행정개혁과 관료제, 한국행정학보 32(4), 1999

김영천, 박경규, 공직가치·공직윤리와 법, 서울행정학회 학술대회 발표논문집, 2007

김진만, 현대러시아 관료제의 부정적 특성에 대한 소고, 슬라브학보 16(1), 2001

김창수, 관료제와 민주주의의 딜레마 - 천성산 원효터널 분쟁의 프레임 분석, 지방정부연구 12(1), 2008

김혁, 관료제에서의 여성 대표성에 관한 연구 - 한·미 비교를 통한 실질적 대표성의 성취수준에 대한 분석, 한국정책연구 4(2), 2004

김혁, 미국 관료제의 소수인종 대표성에 관한 연구 - 차별보상정책을 통한 대표관료제의 달성 수준에 대한 평가를 중심으로, 한국정치학회보 36(2), 2002

김혁, 미국 관료제에서의 여성 대표성에 관한 연구 - 여성공무원의 명목 대표성과 실질 대표성의 괴리, 국제지역연구 9(2), 2005

문상석, 베버의 합리적 지배와 관료제의 목적전치, 사회이론(46), 2014

박광주, 관료와 정치권력, 정신문화연구 19(1), 1996

박동서, 현 정부의 행정개혁, 고시계 38(7), 1993

박응격, (행정학)관료사회의 인간화, 고시계 36(2), 1991

박종민, 민주화시대의 정부관료의 의식, 한국행정학보 28(1), 1994

박종민, 윤견수, 한국국가관료제의 세 가지 전통, 한국행정학보 48(1), 2014

박종민, 윤견수, 한국 국가관료제의 역사적 기원, 한국행정학회 학술발표논문집, 2013

박희봉, 관료제의 도구적 합리성과 실제적 합리성: 관료제 문제 극복을 위한 대안 모색, 한국정치학회보 32(2), 1998

박희봉, 김상욱, 외국 행정개혁과 김대중 정부의 행정개혁 비교연구, 한국행정학보 32(4), 1999

신도 무네유키, 정권 교체와 일본 관료제 - 두 번의 정권 교체에서 나타나는 관료제와의 관계, 일본비평, 2015

안병만, 우리나라 관료제 연구의 통합적 시각의 필요성, 한국사회와 행정연구 18(3), 2007

안병영, 이은구, 하연섭, 헝가리 국가관료제 개혁과 행정현대화 - 헝가리 공무원의 개혁의식 및 태도에 대한 실증적 분석을 중심으로, 한국정치학회보 30(2), 1996

안지호, 미시적 관점에서 관료제 이해하기 - 고프먼의 연극적 접근을 중심으로, 서울행정학회 학술대회 발표논문집, 2018

윤견수, 박정희 시대의 관료제 - 계몽과 동원, 한국행정학회 학술발표논문집, 2012

윤견수, 박진우, 개발연대 국가관료제의 정책집행에 관한 연구 - 관료적 거버넌스를 중심으로, 한국행정학보 50(4), 2016

윤재풍, 민주주의, 관료제, 기술관료제, 고시계 37(4), 1992

이문수, 분석 수준, 영역 그리고 설명 논리를 통해 본 Max Weber 관료제론에 대한 새로운 이해, 한국행정논집 20(3), 2008

이문수, 편상훈, 유럽에서의 합리적 관료제 형성에 관한 이론적 고찰, 한국행정논집 20(1), 2008

이병량, 주경일, 함요상, 한국의 근대적 관료제의 형성과 관료제적 리더십 - 전 총무처장관 이석제의 역할을 중심으로, 한국행정학회 학술대회 발표논문집, 2003

이상민, 사회주의국가의 관료제도 - 북한의 관료제도를 중심으로, 아세아연구 32(1), 1989

이영창, [행정학] 관료제의 권력, 고시계 35(4), 1990

임성한, 대표적 관료제, 고시계 34(9), 1989

임의영, Weber의 관료제에 대한 전망의 행정철학적 재구성, 한국행정학보 39(2), 2005

전데레사, 김철회, [행정학] 관료제와 민주주의, 고시계 54(1), 2009

정해용, 중국의 시장화 개혁과 성과주의의 제도화 - 당정 관료제에 대한 함의를 중심으로, 한국행정학회 학술대회 발표논문집, 2010

최준영, 김철회, [행정학] 정부관료제의 비민주적 속성과 민주주의, 고시계 55(7)

최치원, 근대와 정치적 삶의 문제 - 베버(Mac Weber)의 '관료주의'와 '민주주의' 이해를 중심으로, 한독사회과학논총 19(1), 2009

하규만, Max Weber 관료제의 전개와 한국의 IMF식 관료제수정에 관한 고찰, 한국행정논집 11(3), 1999

홍성만, 왕재선, 정부관료제의 역사적 형성과 제도변화과정 - 중앙행정기관 조

직시스템의 변화를 중심으로, 한국행정학회 학술대회 발표논문집, 2003

3장

문지영, 19세기 말 에두아르 드뤼몽의 『유대인의 프랑스』와 반유대주의, 프랑스학연구 63, 2013

민유기, 프랑스 급진공화파의 반교권주의와 1901년 결사법, 프랑스사 연구 (27), 2012

유기환, 드레퓌스 사건과 졸라의 글쓰기, 프랑스학연구 제32권, 2005

이선구, 드레퓌스 사건에 대한 아나톨 프랑스의 반응, 한국 프랑스학 논집 55, 2006

이선구, 『크랭크비이으 Crainquebille』에 나타난 법률적 정의의 문제, 한국 프랑스학 논집 95, 2016

이종광, 프랑스 정치세력의 형성과 정치체제의 변화, 한국프랑스학논집 74, 2011

임종권, 드레퓌스 사건: 프로테스탄트와 가톨릭교회, 서양사론 제102호, 2009

임종권, 드레퓌스 사건에 대한 저널리스트들의 논쟁 - 민족주의·반유대주의와 정의·인권, 숭실사학 제25집, 2010

임종권, 프랑스 제3공화국의 정치세력 - 우파와 가톨릭교회, 숭실사학 제29집, 2012

4장

권정기, 코민터른과 스페인의 반파쇼 인민전선, 노동사회과학(8), 2015

권현주, 스페인 내전으로 본 오든과 오웰의 현실인식 변화, 신영어영문학 46, 2010

권현주, 오웰의 파시즘 비판, 인문과학연구 35, 2010

나송주, 스페인 내전 이후 작가들의 망명과 귀향 의식, 외국문학연구(33), 2009

이용호, 내전에서의 희생자보호와 그 한계, 법학논총 27(1), 2014

천경록, 인민전선이 진보운동의 패배를 부르는 이유, 마르크스21, 2011

최해성, 스페인 내전의 국제사적 고찰 - 간섭국들의 지원 결정 시점과 의도를 중심으로, 이베로아메리카연구 17, 2006

황보영조, 스페인 내전 연구의 흐름과 전망, 역사학보 174, 2002

황보영조, 스페인 내전과 여성, 아시아여성연구 45, 2006

황보영조, 스페인 내전의 전쟁 이념 분석, 이베로아메리카연구 12, 2001

참고도서, 보고서 및 논문

황보영조, 프랑코 정권의 성녀 테레사 숭배, 역사와경계 55, 2005

황보영조, 프랑코 체제와 대중, 역사학보 182, 2004

황보영조, 현대사의 증인 마누엘 튜논 데 라라, 역사비평, 2009

1장 악의 탄생: 블랙리스트는 어떻게 만들어졌는가

1) 극동국제군사재판소, A급 전범의 증언-도쿄전범재판 속기록을 읽다: 도조 히데키 편, 언어의바다, 2017, p. 39

2) 앞의 책, p. 48

3) 앞의 책 p. 226

4) 신희석, 제1차 세계대전과 제2차 세계대전 이후의 전범재판: 평화와 인도에 반한 죄의 탄생, p. 196

5) 앞의 논문, p. 200

6) 앞의 논문, p. 201

7) 앞의 논문, p. 203

8) 앞의 논문, p. 204

9) 이장희, 도쿄국제군사재판과 뉘른베르크 국제군사재판에 대한 국제법적 비교 연구, pp. 199~203

10) 하종문, 천황제, 도쿄재판, 샌프란시스코 강화조약: 일본식 '과거극복' 과정의 세 계기

11) 이장희, 도쿄국제군사재판과 뉘른베르크 국제군사재판에 대한 국제법적 비교 연구, p. 211

12) 김석연, 뢸링 판사는 동경재판을 부정했는가: 소수의견 제출에서 말년의 회고까지, p. 143

13) 이철, '처벌받지 않은 범죄'에 대한 개념적 접근: "비유효 범죄" 영역의 개념 연구, p. 331

14)   앞의 논문, p. 333

15)   앞의 논문, p. 337

16)   김석연, 룃링 판사는 동경재판을 부정했는가: 소수의견 제출에서 말년의 회고
        까지, p. 153

17)   앞의 논문, pp. 144~148

18)   이장희, 도쿄국제군사재판과 뉘른베르크 국제군사재판에 대한 국제법적 비교
        연구, pp. 213~214

19)   호사카 마사야스, 쇼와 육군, 글항아리, 2016, p. 142

20)   박진우, 천황제와 일본 군국주의, 황해문화, vol.89, pp. 165~168

21)   이향철, 일본 파시즘의 국가 개조사상연구, pp. 131~133

22)   양현혜, 일본 파시즘 체제하의 한일 기독교계의 '전향', 한일관계사연구, 2001,
        p. 129

23)   앞의 논문, pp. 130~131

24)   쓰루미 슌스케, 전향, 논형, 2005, pp. 29~30

25)   호사카 마사야스, 쇼와 육군, 글항아리, 2016, pp. 72~74

26)   앞의 책, p. 26

27)   앞의 책, p. 333

28)   앞의 책, p. 373

29)   앞의 책, p. 362

30)   앞의 책, p. 391

31)   앞의 책, p. 381

32)   앞의 책, p. 403

33)   앞의 책, p. 515

34)   요시다 유타카, 아시아 태평양전쟁, 어문학사, 2012, pp. 89~90

35)   호사카 마사야스, 쇼와 육군, 글항아리, 2016, p. 605

36)   요시다 유타카, 아시아 태평양전쟁, 어문학사, 2012, p. 81

37)   김영수, 대동아공영권 이념에 대한 비판적 고찰: 다케우치 요시미, 마루야마 마
        사오의 비판을 중심으로, 사회과학논총, vol.17, 2015, p. 73

38)   호사카 마사야스, 쇼와 육군, 글항아리, 2016, p. 398

39)   최강욱, 권력과 검찰: 괴물의 탄생과 진화, 창비, 2017, p. 13

40)   앞의 책, p. 120

41)   김두식, 불멸의 신성가족: 대한민국 사법 패밀리가 사는 법, 창비, 2009, p. 16

42) 최강욱, 권력과 검찰: 괴물의 탄생과 진화, 창비, 2017, pp. 73~74

43) 앞의 책, p. 119

44) 앞의 책, p. 120

45) 앞의 책, p. 68

46) 앞의 책, p. 134

47) 김두식, 불멸의 신성가족: 대한민국 사법 패밀리가 사는 법, 창비, 2009, pp. 131~140

48) 최강욱, 권력과 검찰: 괴물의 탄생과 진화, 창비, 2017, p. 129

49) 양삼승, 권력, 정의, 판사, 까치, 2017, p. 39

50) 앞의 책, p. 46

51) 앞의 책, p. 51

52) 앞의 책, p. 53

53) 문준영, 법원과 검찰의 탄생: 사법의 역사로 읽는 대한민국, 역사비평사, 2010, pp. 771~772

54) 앞의 책, pp. 774~775

55) 「제6회 국회정기회의속기록 제11호」(1950. 1. 21);『제헌의회속기록 8』, pp. 200~201 중, 문준영, 법원과 검찰의 탄생: 사법의 역사로 읽는 대한민국, p. 827 중 재인용

56) 문준영, 법원과 검찰의 탄생: 사법의 역사로 읽는 대한민국, 역사비평사, 2010, pp. 826~828

57) 사법행정 31, 1990, [시국현안에 대해 金淇春 검찰총장에 듣는다.] "사회불안 요소를 척결하는 데 전 검찰의 사활을 걸겠습니다."

58) 앞의 인터뷰 중

59) 신문기사, 연합뉴스, 한나라당 의총 이모저모, 1999. 2. 22

60) 신문기사, 한겨레, 이유진, 다시 읽는 '김기춘뎐'…'내부자들' 저리가라, 2016. 11. 25

61) 신문기사, 연합뉴스, <사회. 문화 분야 질문요지>-②김기춘, 2003. 10. 23

62) 신문기사, 연합뉴스, 김기춘 "필요하면 대통령 직접신문", 2004. 3. 14

63) 신문기사, 연합뉴스, 김병수 <탄핵심판 창과 방패>-김기춘, 2004. 3. 14

64) 신문기사, 오마이뉴스, 김기춘 "대통령 탄핵사유 추가될 수 있다" 2004. 3. 15

65) 신문기사, 연합뉴스, <탄핵기각> 김기춘 국회법사위원장, 2004. 5. 14

66) 신문기사, 한겨레, 한홍구, 법 주무르며 누린 '기춘대원군'의 40년 권력, 2013. 12. 17

67) 신문기사, BUSINESSPOST, 임주연, [Who Is ?] 김기춘 전 청와대 비서실장, 2017. 3. 14

68) 신문기사, 한겨레, 이유진, 다시 읽는 '김기춘뎐'…'내부자들' 저리가라, 2016. 11. 25

69) 앞의 기사

70) 1916-2010. 법학자 출신의 정치가. 1969년 한국헌법학회 회장을 역임했고 유신체제 기간 동안 유신정우회 국회의원(제9대, 제10대)을 지냈다.

71) 신문기사, 오마이뉴스, 구영식, "편파적… 애들 장난도 아니고… 친북좌파임 증명", 2004. 2. 5

72) 신문기사, 오마이뉴스, 황방열, 유신헌법 초안 의혹 김기춘, 이젠 대통령 탄핵 검사로, 2004. 3. 12

73) 「김기춘, "유신헌법 해설", 검찰 1972년 제4집 통권 제48호, 대검찰청, 1972, 40~42면 중」, 성낙인, 대한민국헌법사, 법문사 p. 245에서 재인용

74) 신문기사, 한겨레, 한홍구, 법 주무르며 누린 '기춘대원군'의 40년 권력, 2013. 12. 17

75) 신문기사, 오마이뉴스, 박형숙, 고문수사 했으면 오늘의 나 없다, 2005. 7. 13

76) 신문기사, 오마이뉴스, 손우정, "우리를 버린 건 조국이 아니라 박정희", 2016. 5. 12

77) 신문기사, 오마이뉴스, [김당의 나까프 ⑥] '신(新) 김기춘뎐' (2): 신직수가 점 찍은 김기춘, JTBC '스모킹건'에 쓰러지나, 2017. 1. 2

78) 신문기사, 구영식, 오마이뉴스, "편파적… 애들 장난도 아니고… 친북좌파임 증명", 2004. 2. 5

79) 신문기사, 오마이뉴스, [김당의 나까프 ⑥] '신(新) 김기춘뎐' (3): 김기춘 위기에 빠트린 사건 세 가지의 결말, 2017.1.4

80) 앞의 기사

81) 신문기사, 주간경향, [특집: 청와대의 백투더 패스트] 늙은 충복에 업혀 과거로 달리는 박근혜, 2013.8.14

82) 1937~현재. 12·12군사반란의 주역. 전두환, 노태우 등 신군부와 함께 군사반란을 주도했으며 5공화국 집권 초기에 중요한 역할을 담당한다.

83) 신문기사, 연합뉴스, 5년마다 되풀이되는 전·현 정권 갈등…향배 주목, 2018. 1. 18

84) 신문기사, 오마이뉴스, [김당의 나까프 ⑥] '신(新) 김기춘뎐' (4): "난 깨끗한 비단옷 입은 아낙네" 김기춘 '악의 평범성' 보여주다

85) 신문기사, 오마이뉴스, [김당의 나까프 ⑥] '신(新) 김기춘뎐' (3): 김기춘 위기에 빠트린 사건 세 가지의 결말

86) 신문기사, 연합뉴스, 정열, 농심, 김기춘과 '특별인연'…이젠 '특별부담'으로, 2017. 2. 4

87) TV 보도, JTBC, 2016. 11. 18

88) 신문기사, 한국일보, 이소라, MBC노조 "고영주 김기춘 MBC 자회사서 골프 접대", 2017. 10. 17

89) 신문기사, 한겨레, [속보] 성완종 '김기춘·허태열 금품 폭로' 녹음 파일 공개, 2015. 4. 10

90) 신문기사, News1, 진성훈, 문화예술계 "靑 작성 '문화권력 균형화전략'은 현대 판 분서갱유" 비판, 2012. 7. 25

91) 신문기사, 로디프, 박형준, [박근혜·최순실·신동빈 재판 53-1] 박근혜 "김종덕에 게 직접 지시한 적 없고, 보고받은 적 없다": 김종덕 "박근혜 '잘못된 영화, 문체 부가 관리하라' 지시", 2017. 9. 7

92) 감사원, 감사보고서: '문화체육관광부 기관운영감사', 2017. 6

93) 일명 '블랙리스트 재판' 도중 박준우 전 정무수석이 증인으로 출석하는 당일 특 검팀이 공개한 수첩이다. 일명 '박준우 수첩'으로 '증제785'로 관리되며, 박준우 를 비롯한 여러 증인의 진술을 통해 사실관계를 특검에서 구체적으로 확인한 다. 신문기사, 성윤지, 서울경제, 박준우 前수석 수첩 공개…김기춘 "영화 천안 함 용서 안 돼", 2017. 5. 4이후 법정 공판에서 신동철 등이 같은 취지의 발언을 거듭한다. 신문기사, 로디프, 박형준, [박근혜·최순실·신동빈 재판 54-1] 신동철 "블랙리스트 문건, 부속실에 보고", 2017. 9. 8

94) 신문기사, 중앙일보, 회고록 낸 정의화 "2014년 김기춘이 묻더라, 친박이냐 친 이냐", 2017. 12. 5

95) 신문기사, 중앙일보, "김기춘 오더가 왔군요" 다음 달 "직을 면함" 전자결제…문 체부 최규학 전 실장 인터뷰, 2017. 5. 3

96) 당시 정황에 관해서는 유진룡 장관이 언론과 법정에서 수차례 자세히 진술했 다. 관련 신문기사, 연합뉴스, 유진룡 전 장관, "청와대가 문체부 국장·과장 인 사 개입", 2014. 12. 5; 노컷뉴스, 유진룡 "블랙리스트, 수시로 김기춘 지시라고 내려왔다", 시사인, 2016. 12. 26

97) 김영한 업무수첩 관련 내용 역시 언론에서 다각도로 다루어졌다. 김영한 업무 수첩 입수 과정에 관해서는 다음 신문기사 참고: 한겨레21, 아들은 하루가 다르 게 멍해져 갔다. 김영한 전 민정수석의 어머니 인터뷰, 2017. 1. 27

98) 신문기사, 한겨레21, 김민경, 거부할 수 없던 협박…사과와 부끄러움은 누구 몫 일까, 2017. 6. 18

99) 이후 이들의 인사조치는 다음의 신문기사 참고: 한국일보, 문체부, '블랙리스 트' 논란 부서 물갈이인사, 2017. 2. 2

100) 법정증언, 2017. 5. 19

101) [단독] 문화체육관광부의 '수상한' 교양도서목록, 미래한국, 2014.2.18

102) 법정증언, 2017. 5. 10

103) 서울고등법원 제3형사부 판결(사건 2017노2425, 2017노2424), 2018. 1. 23

104) 신문기사, 중앙일보, [단독] 김기춘의 '아~ 옛날이여'…"'80년 국보위 8000명 숙정도 합법' 판결 참고하라", 2017. 4. 22

105) 주디스 슈클라, 일상의 악덕, 나남, 2011, p. 88

106) 앞의 책, p. 17

107) 이형우 역주, 베네딕도 수도규칙, 분도출판사, 1991, p.63

108) 주디스 슈클라, 일상의 악덕, 나남, 2011, p. 88

109) 앞의 책, p. 105

110) 앞의 책, p. 147

111) 앞의 책, p. 206

112) 앞의 책, p. 226

113) 팟캐스트 <심용환의 역공>에서 CBS 변상욱 대기자는 이를 공개적으로 이야기 하기도 했다. 2018년 7월 30일 방송 편

2장   맹종하는 공무원: 관료는 왜 권력에 순응하는가?

1)   제바스티안 하프너, 어느 독일인 이야기: 회상 1914~1933, 돌베개, 2014, pp. 283~284

2)   앞의 책, p. 235

3)   앞의 책, p. 236

4)   앞의 책, pp. 241~245

5)   밀턴 마이어, 그들은 자신들이 자유롭다고 생각했다, 갈라파고스, 2014, pp. 70~71

6)   리처드 오버리, 독재자들, 교양인, 2008, p. 87

7)   앞의 책, pp. 122~123

8)   앞의 책, p. 158

9)   앞의 책, pp. 153~155

10) 앞의 책, p. 332

11) 앞의 책, p. 330

12) 앞의 책, p. 334

13) 앞의 책, p. 338

14) 앞의 책, p. 340

15) 앞의 책, p. 511

16) 앞의 책, p. 507

17) 앞의 책, p. 518

18) 앞의 책, pp. 532~533

19) 앞의 책, p. 538

20) 랄프 게오르크 로이드, 괴벨스, 대중 선동의 심리학, 교양인, 2006, p. 468

21) 앞의 책, p. 520

22) 앞의 책, p. 524

23) 알베르트 슈페어, 기억: 제3제국의 중심에서, 마티, 2007, p. 63

24) 앞의 책, p. 49

25) 앞의 책, p. 58

26) 앞의 책, p. 66

27) 앞의 책, p. 72

28) 앞의 책, p. 91

29) 앞의 책, p. 106

30) 앞의 책, p. 488

31) 한나 아렌트, 예루살렘의 아이히만, 한길사, 2006

32) 앤드루 버넷, 스피치 세계사, 휴머니스트, 2017, p. 96

33) 앞의 책, p. 93

34) 문화예술계 블랙리스트 진상조사 및 제도개선위원회, 진상조사 및 제도개선 결과 종합 발표, 2018. 5. 8, p. 19

35) 이명박 정부에 비해서 박근혜 정부가 '점증'되는 형태로 사업을 확장했다는 것은 '확인 가능한 범위' 내에서의 진실이다. 실제로 이명박 정부 기간에 문화계 블랙리스트 수사나 조사는 제대로 이루어지지 못했기 때문이다. 청와대의 경우는 특정 위법 사항에 대한 수사 결과, 국가정보원의 경우는 대부분 자발적으로 제공한 자료에 의지하고 있을 뿐이다. 다만, 박근혜 정부 기간에 해임된 공무원들의 발언 그리고 현장에서 피해를 입은 사람들의 경험 등을 종합해보건대 문화예술계 전반에 걸쳐 파상적으로 사업을 진행시켰다는 점에서는 이명박 정부에 비해 박근혜 정부가 압도적이었다는 것이 합리적 추론인 듯하다. 다만, 문화예술계를 어떻게 파괴할 수 있는가에 대한 관점을 두고 고민해본다면 무작정 사업을 크게 벌인다고 해서 그것이 더 심각한 문제라고 단정 지을 수는 없다. 결국 현재의 연구 결과는 현재까지 '파악된 실체' 내에서의 합리적 사고

라고 보아야 할 것이다.

36) 문화예술계 블랙리스트 진상조사 및 제도개선위원회, 진상조사 및 제도개선 결과 종합 발표, 2018. 5. 8, p. 19

37) 총 9,273명의 명단 중 분야가 명시된 경우(9,100개)만 분류한 것임.

38) 앞의 보고서, p. 20

39) 앞의 보고서, p. 21

40) 앞의 보고서, p. 26(영화진흥위원회 안정숙, 국립중앙박물관 김홍남, 한국언론 재단 박래부, 국립현대미술관 김윤수, 한국문화예술위원회 김정헌, 한국방송 광고공사 정순균, 경북관광개발공사 김진태, 그랜드코리아레저(GKL) 박정삼, 한국정책방송원 윤형식, 대한체육회 김정길, 예술의 전당 신현택, 국립오페라 단 정은숙, 서울예술단 정재왈, 국제방송교류단 장명호, 한국문화관광연구원 송재호, 한국방송영상산업진흥원 권영후, 한국문학번역원 윤지관, 국립국악원 김철호, 한국예술종합학교 황지우, 한국관광공사 오지철 등)

41) 물론 이는 확보된 문건과 조사 결과를 전제로 했을 때의 이야기다. 오랫동안 국가 기록물이 제대로 관리되어오지 않았고 그나마 노무현 정부 시절 국가 기록물과 대통령 기록물에 관한 관리가 중시되긴 했지만 이명박 정부로 들어오 면서 흐지부지되고 만다. 더구나 블랙리스트 관련 조사위원회를 비롯한 각종 위원회는 수사권을 가진 기관이 아니기 때문에 여러모로 제한적인 성과를 낼 수밖에 없다는 점도 고려해야 한다.

 그럼에도 박근혜 정부 당시 해임된 공직자들이 법정에서 '이전 정부(이명박 정 부)는 이 정도까지 사업을 추진하진 않았다', '이전 정부는 지원 강화를 이야기 했지 노골적으로 배제를 강요하진 않았다' 등의 증언을 반복하는 것으로 미루 어 이명박 정부에 비해 박근혜 정부가 더 적극적으로 문화예술계 블랙리스트 사업에 천착했다고 판단하는 것은 타당하다고 본다.

42) 사실 이 부분 역시 진상규명이 극히 어렵다. 문체부 훈령으로 만들어진 문화예 술계 블랙리스트 진상조사 및 제도개선위원회는 물론이고 대부분의 진상조사 위원회가 국가정보원을 조사한 전례가 없을 뿐더러 그나마 확인할 수 있는 정 보라는 것은 대부분 국가정보원에 '요청'하여 '제공받은' 것임을 관련자들의 증 언을 통해 쉽게 확인할 수 있기 때문이다. 더구나 '국정원 개혁위원회' 역시 자 정적 성격이 강하기 때문에 충분한 진상조사가 이뤄지지 못했다는 평가가 일 반적이다.

43) 문화예술계 블랙리스트 진상조사 및 제도개선위원회, 진상조사 및 제도개선 결과 종합 발표, 2018. 5. 8, p. 32

44) 앞의 보고서, pp. 32~33

45) 앞의 보고서, p. 34

46) 앞의 보고서, p. 35

47) 앞의 보고서, p. 44

48) 앞의 보고서, p. 76

49) 문화예술계 블랙리스트 진상조사 및 제도개선위원회, 진상조사 및 제도개선 결과 종합 발표, 2018. 5. 8, p. 77

50) 신문기사, 민중의 소리, [극단산책①] 그린피그 윤한솔 대표, "식구들 관심사가 우리 작품", 2014. 1. 24

51) 위의 내용은 18일 관객 후기다. 유사한 내용이 17일부터 이어지고 있음을 관객 증언을 통해 확인할 수 있다. 극단 작은방 페이스북에는 당시 연출을 맡은 김정이 관객 후기를 통해 당시 분위기를 자세하게 전하고 있다. 글은 2015년 10월 28일에 올라왔다.

52) 문화예술계 블랙리스트 진상조사 및 제도개선위원회, 진상조사 및 제도개선 결과 종합 발표, 2018. 5. 8, p. 78

53) 신문기사, 경향신문, 윤승민, "박근혜 시절 청와대, 박원순 시장 성향 이유로 서울연극제 대관 배제 지시", 2017. 6. 7

54) 문화예술계 블랙리스트 진상조사 및 제도개선위원회, 진상조사 및 제도개선 결과 종합 발표, 2018. 5. 8, p. 80

55) 신문기사, CNB저널, 김금영, [문화 블랙리스트 ③] "그런 거 없다" vs "우리가 겪은 건 뭐고?", 2016. 11. 11

56) 문화예술계 블랙리스트 진상조사 및 제도개선위원회, 진상조사 및 제도개선 결과 종합 발표, 2018. 5. 8, p. 82

57) 앞의 보고서, p. 84

58) 앞의 보고서, pp. 93~99

59) 신문기사, 노컷뉴스, 유원정, [단독] '극장판 블랙리스트' 등장…"'다이빙벨' 틀면 지원 OUT", 2016. 11. 17

60) 문화예술계 블랙리스트 진상조사 및 제도개선위원회, 진상조사 및 제도개선 결과 종합 발표, 2018. 5. 8, p. 127

61) 앞의 보고서, p. 130

62) 앞의 보고서, p. 131

63) 앞의 보고서, p. 133

64) 앞의 보고서, p. 136

65) 신문기사, 오마이뉴스, 성하훈, 조희문 전 영진위원장 구속 "영화판 전쟁터 만들더니", 2014. 3. 19

66) <불안한 외출>, <밀양아리랑>, <친애하는 지도자 동지께>, <소년 달리다>, <산다>, <불온한 당신>, <22Twenty Two>, <자백>, <빛>, <명령불복종 교사>, <엄마

가 팽목항으로 올 때면 난 엄마보다 먼저>, <투 윅스>, <할매꽃2>, <두 개의 문 2>, <언더그라운드> 등

67) 문화예술계 블랙리스트 진상조사 및 제도개선위원회, 진상조사 및 제도개선 결과 종합 발표, 2018. 5. 8, p. 163

68) 신문기사, 씨네21, 김성훈, 2015년 '한·불 상호교류의 해' 문화예술행사 등에서 블랙리스트 실행, 2018. 4. 13

69) 문화예술계 블랙리스트 진상조사 및 제도개선위원회, 진상조사 및 제도개선 결과 종합 발표, 2018. 5. 8, p. 103

70) 신문기사, 허프포스트, 허완, 박근혜가 작가·출판계 '좌파척결'을 직접 지시했다. 김기춘은 '빨갱이 말살 정책'이라고 불렀다, 2017. 1. 10

71) 문화예술계 블랙리스트 진상조사 및 제도개선위원회, 진상조사 및 제도개선 결과 종합 발표, 2018. 5. 8, pp. 108~110

72) 앞의 보고서, p. 118

73) 신문기사, JTBC, "조윤선, 블랙리스트 업무에 당혹"…김소영 "부끄러웠다", 2017. 4. 6

74) 이병량, 주경일, 함요상, 한국의 근대적 관료제 형성과 관료제적 리더십: 전 총무처장관 이석제의 역할을 중심으로, 한국행정학회 학술대회 발표논문집, 2003, p. 305에서 재인용

75) 앞의 논문, p. 311

76) 윤견수, 박진우, 개발연대 국가관료제의 정책집행에 관한 연구: 관료적 거버넌스를 중심으로, 한국행정학보 50(4), 2016, p. 215

77) 심용환, 헌법의 상상력, 2017, p. 214

78) 윤견수, 박진우, 개발연대 국가관료제의 정책집행에 관한 연구: 관료적 거버넌스를 중심으로, 한국행정학보 50(4), 2016, p. 215

79) 앞의 논문, p. 217

80) 앞의 논문, pp. 217~218

81) 박희봉, 김상묵, 외국 행정개혁과 김대중 정부의 행정개혁 비교 연구, 한국행정학보 32(4), 1999, p. 31

82) 안병만, 우리나라 관료제 연구의 통합적 시각의 필요성, 한국사회와 행정연구 18(3), 2007, p. 9

83) 박종민, 윤견수, 한국 국가관료제의 세 가지 전통, 한국행정학보 48(1), 2014, p. 9

84) 신문기사, 뉴스1, 문창석, 윤수희, '블랙리스트' 맞서다 좌천된 공무원, 법정증언대 선다, 2017. 3. 22

85) 신문기사, 중앙일보, 문현경, '블랙리스트' 증인 송수근 차관, "문체부가 김기춘

에 찍혔다", 2017. 4. 19

86) 신문기사, 한겨레, 석진환·노형석, 문체부장관 후보 김종덕 교수 지명 자리 빈 지 16일 만에…정치색 없는 '영상·디자인 전문가', 2014. 8. 3

87) 신문기사, 중앙일보, 전호성, "한류 3.0콘셉트는 교류…열린 마음 가져야 문화 융성", 2015. 8. 23

88) 신문기사, 중앙일보, 백성호, 김종덕 문체부장관 첫 간담회 "연예인 중심의 한 류는 곤란", 2014. 9. 3

89) 신문기사, 오마이뉴스, 손지은, 야당 의원들 "이렇게 소신 없는 분이 어떻게 장 관 하겠나", 2014. 8. 19

90) 신문기사, 오마이뉴스, 이주영, '정윤회 의혹' 문체부, 청와대 브리핑 맞춰 답변 바꿔, 2014. 12. 5

91) 신문기사, 오마이뉴스, 성하훈, "소신 없는" 장관…영진위·영등위원장 걱정되 네, 2014. 8. 21; 오마이뉴스, 소중한, 김종덕 장관과 '괄목홍대', 아시아문화전당 까지 장악?, 2015. 2. 5

92) 신문기사, 한겨레, 현소은, 박준우 전 정무수석 "조윤선에게 블랙리스트 업무 넘겼다", 2017. 11. 28

93) 신문기사, 로디프, 박형준, "조윤선 장관 취임 후 블랙리스트 보고 받고 '어이구, 이 정도였느냐', 2017. 4. 12

94) 신문기사, 한국경제, [여성이 경쟁력이다] (8) '법조계(변호사)'…전문 분야 두 각, 2001. 2. 13

95) 신문기사, 연합뉴스, 백나리, 국내 여성 변호사 1천명 돌파, 2008. 6. 23

96) 신문기사, 중앙선데이, 신동연, 조윤선 한나라당 대변인 "검사 지망생인 날 보 고 피의자들 피식 웃어", 2008. 3. 30

97) 신문기사, 오마이뉴스, 최경준, 한나라당 선대위 출범, 비주류 껴안아, 2002. 9. 11

98) 신문기사, 매일경제, 신헌철, 나경원 씨 한나라 특보선임, 2002. 9. 23

99) 신문기사, 중앙선데이, 신동연, 조윤선 한나라당 대변인 "검사 지망생인 날 보 고 피의자들 피식 웃어", 2008. 3. 30

100) 신문기사, 중앙선데이, 법조인·교수 출신 17명 '전문직 파워', 2008. 6. 1

101) 신문기사, 주간경향, [인물연구] 한나라당 신임 대변인 조윤선, 뉴스메이커 768 호, 2008. 4. 1

102) 앞의 기사

103) 신문기사, 중앙선데이, 홍주희, 유학 시절 '피가로의 결혼' 본 뒤 오페라 유령에 홀려, 2010. 1. 31

104) 신문기사, 중앙선데이, "이벤트성 단일화는 꼼수 어떻게 돼도 우리가 승리", 2012. 10. 7

105) 신문기사, 오마이뉴스, 박소희, 조윤선 두고 "실세장관 왔다" "도덕성·전문성 우려", 2013. 3. 4

106) 신문기사, 여성신문, 이하나, 조윤선 여성가족부 장관 취임 "일하는 엄마 대신 국가가 엄마 돼야", 2013. 3. 11

107) 신문기사, 국민일보, 이영미, [인터뷰-조윤선 여성가족부장관] "여가부는 '꼭 필요한 부처' 알리는 게 내가 할 일", 2013. 3. 22

108) 신문기사, 뉴스핌, 정탁윤, [여인천하(女人天下)] ④ '명대변인' 박희태가 인정한 조윤선, 2013. 3. 8

109) 신문기사, 서울경제, 정민정, 조윤선 장관 협업 솔선수범에 점점 낮아지는 부처간 칸막이, 2013. 9. 17

110) 신문기사, 주간동아, 조성식, "순수 열정 '인간 박근혜' 사람들은 너무 모른다", 2012. 9. 14

111) 앞의 기사

112) 신문기사, 신동아, "유승민, 도대체 이해 안 돼", 2016. 1. 7

113) 신문기사, 오마이뉴스, 조윤선 후보자 "5·16에 대해 깊은 공부 안 돼 있어", 2013. 3. 4

114) 신문기사, 오마이뉴스, 조윤선 장관님, 왜 윤창중 성추행엔 입 다무세요, 2013. 5. 21

115) 발언 자체는 <서울신문> 기획기사인 "내 정치를 말한다"에서 나왔으나 다음 기사에서 재인용. 신문기사, 한겨레, 김종철, "권력 휘두르면 큰 화 입는다"던 조윤선, 정작 본인은 왜?, 2017. 2. 4

116) 앞의 기사

117) 제347회 국회(임시회) 교육문화체육관광위원회 청문회 질의응답 내용 중

118) 신문기사, 아시아경제, 피혜림, 조윤선, 블랙리스트 존재 시인 "관여는 안 했다", 2017. 1. 10

119) 신문기사, 한겨레, 선담은, 검찰 "조윤선, 해수부에 '세월호 특조위' 통제 지시", 2018. 3. 14

120) 신문기사, 중앙일보, 손국희, 시작은 조윤선…朴·李 정부 인사 줄줄이 '특활비' 재판, 2018. 3. 13

121) 신문기사, 한겨레, 김양진, [단독] 조윤선·현기환도 국정원서 매달 500만 원씩 받았다, 2017. 10. 31

122) 신문기사, 노컷뉴스, 장성주, 조윤선 측 "국정원 돈은 받았지만 뇌물 아냐", 2018. 3. 13

123) 신문기사, 연합뉴스, '화이트리스트' 김기춘·조윤선 "협조 요청일 뿐 범죄 아냐", 2018. 3. 13

124) 신문기사, 한겨레, 조윤선, 선서 안 했으니 위증 아니라는데…, 2017. 10. 24

125) 신문기사, 시사저널, 김경민, 조윤선 뒤의 숨은 조력자, 2017. 12. 28

126) 신문기사, 노컷뉴스, "조윤선 연기 잘해…울고불고하면 흉악범도 풀어주나?", 2017. 7. 28

127) 신문기사, 시사인, 전혜원, 조윤선 장관의 '화수분 재산', 2016. 9. 5

128) 신문기사, 한겨레, 김원철, 조윤선, 반포 재건축 아파트 매매 5억 차익, 2013. 3. 28

129) 신문기사, 한겨레, 김원철, 조윤선, 씨티은행 시절 정·관·법조계 로비?, 2013. 3. 4

130) 신문기사, 로디프, 최선태, 조윤선, 문체부 서울사무소에 '전용 화장실 설치' 논란, 2017. 10. 13

131) 신문기사, 한겨레, 노형석, [단독] "조윤선 수석 당시 정무수석실, 예술인 블랙리스트 작성 주도", 2016. 11. 7

132) 레온 페스팅거, 인지부조화 이론, 나남, 2016, p. 19

133) 앞의 책, p. 17

134) 앞의 책, pp. 49~50

135) 앞의 책, p. 109

136) 앞의 책, p. 122

137) 앞의 책, p. 157

138) 앞의 책, p. 222

3장 정의로운 처벌에 관하여: 진실이 밝혀진 이후에 필요한 것들

1) 문지영, 19세기 말 에두아르 드뤼몽의 《유대인의 프랑스》와 반유대주의, 프랑스학 연구 63, 2013, p. 330에서 재인용

2) 앞의 논문에서 재인용

3) 앞의 논문, p. 329

4) 앞의 논문, p. 332

5) 앞의 논문, p. 334

6) 앞의 논문, p. 339

7) 임종권, 드레퓌스 사건에 대한 저널리스트들의 논쟁: 민족주의·반유대주의와 정의·인권, 숭실사학 제25집, 2010, p. 360

8) 앞의 논문, p. 360

9) 앞의 논문, p. 362

10) 임종권, 프랑스 제3공화국의 정치세력: 우파와 가톨릭교회, 숭실사학 제29집, 2012, p. 364

11) 민유기, 프랑스 급진공화파의 반교권주의와 1901년 결사법, 프랑스사 연구 (27), 2012, p. 116

12) 박형남, 재판으로 본 세계사, 휴머니스트, 2018, p. 245

13) 앞의 책, p. 247

14) 니홀라스 할라스, 나는 고발한다: 드레퓌스사건과 집단히스테리, 한길사, 2015, p. 118

15) 앞의 책, p. 95

16) 임종권, 드레퓌스 사건에 대한 저널리스트들의 논쟁: 민족주의, 반유대주의와 정의·인권, 숭실사학 제25집, 2010, p.356

17) 니홀라스 할라스, 나는 고발한다: 드레퓌스사건과 집단히스테리, 한길사, 2015, p. 118

18) 앞의 책, p. 85

19) 앞의 책, pp. 25~28

20) 앞의 책, p. 109

21) 앞의 책, p. 200

22) 앞의 책, p. 198

23) 앞의 책, p. 146

24) 앞의 책, p. 210

25) 앞의 책, p. 209

26) 앞의 책, p. 207

27) 앞의 책, p. 212

28) 앞의 책, p. 216

29) 앞의 책, p. 223

30) 앞의 책, p. 224

31) 앞의 책, p. 235

32) 박형남, 재판으로 본 세계사, 휴머니스트, 2018, pp. 251~252

33) 앞의 책, p. 254

34) 니홀라스 할라스, 나는 고발한다: 드레퓌스사건과 집단히스테리, 한길사, 2015, p. 286

35) 앞의 책, p. 315

36) 앞의 책, p. 31

37) 박형남, 재판으로 본 세계사, 휴머니스트, 2018, p. 256

38) 니홀라스 할라스, 나는 고발한다: 드레퓌스사건과 집단히스테리, 한길사, 2015, p. 397

39) 신문기사, 한국일보, 최문선, 도종환 문체부 장관 "블랙리스트 진심으로 사과드린다", 2018. 5. 16

40) 신문기사, 뉴시스, 한국문화예술위원회, 문화예술계 블랙리스트 사태 사과문, 2018. 5. 17

41) 신문기사, 연합뉴스, 한국예술인복지재단 "'블랙리스트' 순응 통렬히 반성", 2018. 5. 23

42) 신문기사, 연합뉴스, 국립극단, 문화예술계 블랙리스트 사과, 2018. 5. 14

43) 신문기사, 연합뉴스, 영진위 "블랙리스트 실행기관 노릇, 통렬히 반성" 대국민 사과, 2018. 4. 4

44) 신문기사, 한겨레, 성연철, 블랙리스트 예술인들 만난 문 대통령 "죄책감 듭니다", 2018. 1. 7

45) 신문기사, 머니투데이, 김고금평, 도종환 "블랙리스트 진상위 직접 참여···1급 3자리 없앨 것", 2017. 7. 19

46) 신문기사, 이데일리, 공연노조 "朴 정부 이어 MB까지···유인촌 전 장관도 수사하라", 2017. 9. 21

47) 신문기사, 한겨레, 이재훈, 유인촌 "내가 장관 때는 블랙리스트나 화이트리스트 없었다", 2017. 9. 25

48) 신문기사, 이데일리, 장병호, 예술인들 블랙리스트 사과에도 분노하는 이유는, 2018. 5. 28

49) 신문기사, 뉴시스, 한국문화예술위원회, 문화예술계 블랙리스트 사태 사과문, 2018. 5. 17

50) 신문기사, 동아닷컴, 전승훈·유언모, 도종환 "블랙리스트 관여 공무원, 가해자이자 피해자··· 진실 밝힐 것", 2017. 7. 27

51) 신문기사, 한겨레, 예술위 '봉고차 출장' 보고···매주 '블랙리스트' 챙긴 문체부, 2018. 5. 8

52) 신문기사, 이데일리, 김용운, [대선기획] 박근혜·문재인 문화 분야 멘토들 누구?, 2012. 12. 7

53) 신문기사, 뉴시스, 박근혜 대통령 만든 문화연예계 인맥, 누구누구?, 2012. 12. 20

54) 신문기사, 이데일리, 장병호, '거장' 박범훈, 국립국악관현악단과 함께 무대 복귀, 2018. 5. 14

55) 신문기사, 중앙일보, '국악 대부'의 씁쓸한 몰락···박범훈, 그는 누구인가?, 2015. 4. 2

56) 신문기사, 이데일리, 박범훈, 출소 1년여 만에 복귀…작곡역량과 범죄는 별개?, 2018. 5. 14

57) 신문기사, 노컷뉴스, 유연석, 연극인들, 대선배 최종원 향해 '사퇴' 요구, 2017. 4. 27

58) 신문기사, 이데일리, 김미경, 민주당, 최종원 보직 논란…사퇴요구한 연극인 "해명하라", 2017. 4. 28

59) 신문기사, 뉴스1, 권영미, 출판계 양대 단체 "'부적격' 이기성 출판진흥원장 사퇴하라", 2017. 10. 20

60) 신문기사, 한겨레, 최원형, '출판계 블랙리스트 의혹' 이기성 출판문화원장 사의, 2017. 11. 14

61) 신문기사, 연합뉴스, 아르코혁신TF "문예위 블랙리스트 책임자 징계처벌해야", 2018. 5. 24

62) 신문기사, 뉴스 1, 박정환, [단독] 오정희 한국문학관추진위원 '위촉 논란'…블랙리스트 실행 방조 의혹, 2018. 5. 28

63) 신문기사, 노컷뉴스, 유연석, '블랙리스트 실행 의혹' 오정희 한국문학관추진위원 자진사퇴, 2018. 5. 30

64) 김미도는 페이스북 그룹 '대학로X포럼'에 한겨레 "블랙리스트 엄중처리하되, 제2 블랙리스트 되지 않도록" 기사를 공유하며 글을 남긴다, 2018. 6. 11

65) 신문기사, 한겨레, "블랙리스트 엄중처리하되, 제2 블랙리스트 되지 않도록"

66) 신문기사, 파이낸셜뉴스, 박지현, 도종환 "국가 운명 바꾸는데 문화·체육의 역할 커…국민 삶 문화로 나아지도록 혼신의 노력할 것", 2018. 6. 15

67) 신문기사, 서울경제, 우영택, 안호상 국립극장장 사퇴 "블랙리스트 잔존 세력 비난과는 상관없어", 2017. 9. 7

68) 신문기사, 경향신문, 정원식, [단독] 안호상 국립극장장 사의…박근혜 정부서 2차례 연임, 2017. 9. 7

69) 신문기사, 연합뉴스, 이웅, [국감현장] 안호상 前극장장 해오름극장 공사 부당 개입 의혹, 2017. 10. 13

70) 신문기사, 연합뉴스, 이웅, 안호상 "해오름극장 공사 개입은 시기, 절차상 불가능", 2017. 10. 14

71) 신문기사, 서울 문화투데이, 임동현, '블랙리스트 부역자' 거론된 공공기관장의 운명은?, 2017. 6. 26

72) 신문기사, 한국일보, 안호상 국립극장장 임기 2년 남기고 사의, 2017. 9. 8

73) 신문기사, 한국경제TV, 김해숙 국악원장, '블랙리스트' 검열 시인…"따를 수밖에 없었다", 2017. 2. 8

74) 신문기사, 머니투데이, 배성민, "국어·국사 필수인데 국악은 왜 아니죠?" 김해

75) 신문기사, 브릿지경제, 허미선, 제2의 블랙리스트 사태, 인사 특혜 의혹 없도록! 임재원 신임 국립국악원장 "투명성과 공정성, 두 단어 가슴에 품고", 2018. 5. 18

76) 신문기사, 매일경제, 오신혜, 김해숙 국립국악원장 "블랙리스트 외압 따를 수밖에 없었다", 2017. 2. 7

77) 신문기사, 연합뉴스, 박계배 "'예술=배고픔' 인식 전환되는 계기 만들 것", 2015. 2. 6

78) 신문기사, 아주경제, [아주초대석] 박계배 한국예술인복지재단 대표 "국가의 격 높이는 예술인들에 대한 사회적 공감대 넓어져야", 2016. 9. 4

79) 신문기사, 서울신문, 홍지민, [적폐청산] "朴 정부 초기부터 신경림·박범신 등 배제…번역원 블랙리스트 확인", 2017. 10. 30

80) 신문기사, 뉴스1, 박정환, 연극인들 "블랙리스트 가담 박계배 복지재단 前 대표 석고대죄하라", 2017. 11. 10

81) 신문기사, 문화뉴스, '문화예술계 블랙리스트 파문' 영진위 김세훈 위원장 자진 사의…박근혜 정부 문화임명자 첫 사례, 2017. 5. 11

82) 신문기사, 연합뉴스, 영화인 1천명 "블랙리스트 부역자들 즉각 사퇴하라", 2017. 2. 7

83) 신문기사, 오마이뉴스, 권현준, [나는 블랙리스트였다③] 오오극장 권현준 팀장 "영진위원장 직무유기 고발한다", 2017. 3. 19

84) 신문기사, 노컷뉴스, 김수정, 영화인들, 영진위 김세훈 위원장 '횡령' 혐의로 고발, 2016. 12. 23

85) 신문기사, 오마이스타, 성하훈, 부산영화제 여론 조작 대필 기고 사실로 드러나, 2017. 3. 24

86) 신문기사, 오마이뉴스, 이선필, 노조, 영진위원장 '마지막' 경고…블랙리스트 책임 및 비밀회동 의혹 제기, 2017. 3. 16

87) 신문기사, 경향신문, 김미도, [기고] '블랙리스트' 실행의 주역, 박명진, 2017. 3. 12

88) 신문기사, 노컷뉴스, 유연석, 블랙리스트 실행 의혹 박명진 문예위장 사퇴, 2017. 5. 11

89) 신문기사, 한겨레, 노형석, 블랙리스트 실행 책임 박명진의 심상찮은 '버티기', 2017. 5. 17

90) 신문기사, 뉴스1, 박정환, '용기 어린 노력'…예술위의 '블랙리스트' 책임 회피 논란, 2017. 5. 19

91) 신문기사, 중앙일보, 김선미, '원로 언론학자' 박명진 전 문예위장 '국정농단'

위증 유죄, 2017. 12. 22

92) 신문기사, 뉴스1, 박정환, 한국연극협회장 "사퇴 거부…블랙리스트 해결 위해 최선 다해"(종합), 2018. 5. 29

93) 신문기사, 뉴스1, 정대경 이사장 "한국연극협회 선거 개입 불가능…자진사퇴 없다, 2017. 9. 20

94) 신문기사, 뉴스1, 박정환, [인터뷰] 정대경 한국연극협회장 "종갓집 맏형 노릇 할 것", 2016. 3. 2

95) 신문기사, 뉴스1, 박정환, 한국연극협회장 "사회 거부…블랙리스트 해결 위해 최선 다해"(종합), 2018. 5. 29

96) 신문기사, 뉴스1, 정대경 연극협회장 "블랙리스트 막기 위해 물밑 노력했다", 2017. 5. 4

97) 신문기사, 민중의소리, 김세운, "블랙리스트 새롭게 드러난 충격적인 사실들 있다", 2017. 6. 28

98) 신문기사, 연극인들 "한국연극협회 '블랙리스트 비대위' 불신임한다", 2017. 3. 26

99) 신문기사, 한겨레, 윤미경 예술경영센터 새 대표 블랙리스트 부역 논란, 2018. 5. 10

100) 신문기사, KBS뉴스, 김수영, [단독] 문체부 '블랙리스트' 뿌리 뽑겠다더니…연루 알고도 임명, 2018. 5. 11

101) 신문기사, 미디어오늘, 정민경, 블랙리스트 실행자 여전히 활동, 예술인 청와대 행진, 2018. 11. 3

102) 신문기사, 오마이뉴스, 성하훈, 콘텐츠진흥원, 블랙리스트 실행자 심사위원 선정 논란, 2019. 11. 28

103) 신문기사, 한국일보, 최홍수, 안영배 관광공사 사장 임명…또 낙하산 논란, 2018. 5. 17

104) 토머스 홉스, 리바이어던 1: 교회국가 및 시민국가의 재료와 형태 및 권력, 나남, 2008, p. 138

105) 앞의 책, p. 171

106) 앞의 책, p. 177

107) 앞의 책, p. 292

108) 앞의 책, p. 294

109) 앞의 책, p. 378

4장 기억의 가치: 블랙리스트, 어떻게 곱씹어야 할까?

1) 김연철, 협상의 전략, 휴머니스트, 2016, p. 445

2) 애덤 호크실드, 스페인 내전, 우리가 그곳에 있었다, 갈라파고스, 2017, p. 65

3) 앞의 책, p. 67

4) 앞의 책, p. 108

5) 앞의 책, p. 110

6) 레이몬드 카 외, 스페인사, 까치, 2006, p. 328

7) 앞의 책, p. 443

8) 앞의 책, p. 457

9) 앞의 책, p. 445

10) 앞의 책, p. 448

11) 앞의 책, p. 448

12) 앞의 책, p. 449

13) 앞의 책, p. 459

14) 이강혁, 스페인역사 다이제스트 100, 가람기획, 2012, p. 413

15) 토머스 E. 스키드모어, 피터 H. 스미스, 제임스 N. 그린, 현대라틴아메리카, 그린비, 2014, p. 519

16) 김원중, 역사 기억법(2007)과 스페인 과거사 청산 노력에 대하여: 배/보상 화해 위령의 측면을 중심으로, 이베로아메리카 연구 제21권, 2010, p. 196

17) 앞의 논문, p. 198

18) 앞의 논문, p. 200

19) 김연철, 협상의 전략, 휴머니스트, 2016, p. 464

20) 신문기사, 경향신문, 구정은, [로그인] 망각 협정, 2015. 11. 5

21) 김연철, 협상의 전략, 휴머니스트, 2016, p. 467

22) 황보영조, 프랑코 정권의 기억 만들기와 그 기억의 변화, 역사학연구 제39집, p. 192

23) 앞의 논문, p. 195(그 외에도 육군사관학교 경내의 기마상(1948), 마드리드 주택부 옆에 세운 기마상(1959), 바르셀로나에 세운 기마상(1963), 발렌시아와 산탄데르의 기마상(1964), 엘페롤의 기마상(1967), 하엔의 루피온의 흉상(1967), 말라가의 마르베아의 흉상(1968), 포블라 데 발보나의 청동제 흉상(1978), 알발의 석조 흉상(1975), 푸에르토 세라노의 동상(1976), 과달라하라의 동상(1976), 멜리야에 세운 동상(1977), 산세바스티안 데 로스 레이예스의 동상(1977) 등이 있다.)

24) 앞의 논문, pp 196~197

25) 김현균, 임호준, 현 단계 스페인 과거사 청산의 동향과 전망, 이베로아메리카 연구 제17권, 2006, p. 32

26) 앞의 논문, p. 33

27) 도시사학회 기획, 주경철·민유기 외, 도시는 기억이다, 서해문집, 2017, p. 172

28) 앞의 책, p. 176

29) 앞의 책, p. 177

30) 앞의 책, p. 185

31) 앞의 책, p. 186

32) 신문기사, 연합뉴스, 김수진, "독재자 추모 싫다" 스페인 수십만 명 프랑코재단 폐쇄청원, 2017. 11. 24

33) 신문기사, 연합뉴스, 이웅, 달라진 문화예술 지원사업…블랙리스트 예술인·단체 속속 복권, 2017. 11. 13

34) 신문기사, 국민일보, 박효진, 이명박 "나도 박근혜 블랙리스트 피해자" 분노, 2017. 11. 12

35) 신문기사, 노컷뉴스, 이진욱, "블랙리스트가 나라 수호"…친박집회 기괴한 현수막, 2017. 2. 19

36) 신문기사, 일요시사, 박민우, 일요시사, 이문열, 한국예술인복지재단 떠난다, 2018. 2. 1

37) 신문기사, 조선일보, [최보식이 만난 사람] "왜 惡만 드러내는가... 살아간 사람의 성취 없이 이뤄진 세계는 없어", 2018.2.19

38) 신문기사, 미디어오늘, 김도연, 조선일보와 이문열의 황당한 인터뷰, 2018. 2. 19에서 재인용

39) 신문기사, 조선pub, 김태완, 좌파진영은 왜 '문화예술인 블랙리스트'에 목을 매나?, 2018. 6. 25

40) 신문기사, 중앙일보, 이지영, [취재일기] 블랙리스트란 블랙홀, 2018. 5. 9

41) 신문기사, 주간경향, 정용인, [표지이야기] 아니 벌써, '적폐청산' 끝?, 2017. 12. 26

42) 신문기사, 한국경제, '뉴스룸' 송강호 소신 인터뷰 "블랙리스트, 소문만으로도 효력…더 무서운 것은…", 2017. 5. 26

43) 신문기사, 주간경향, 박경은, 김제동 방송 복귀 "그들은 실패했고 나는 피해자가 아니다", 2018. 4. 24

44) 신문기사, 노컷뉴스, 김수정, [인터뷰] 문성근 "8년 만의 방송 출연, 그게 블랙리스트 증거", 2017. 9. 12

45) 신문기사, 중앙일보, 이민정, 문성근은 김규리가 MB 블랙리스트의 최대 피해자라고 생각한다, 2017. 9. 18

46) 신문기사, 스포츠조선, 허상욱, [인터뷰③] 방은진 감독 "블랙리스트 명단 포함, 2년간 투자 안 됐다", 2017. 10. 25

47) 신문기사, 연예투데이뉴스, 홍미경, [현장인터뷰] 김여진 "블랙리스트? 개인적으로 상처받지 않았다", 2017. 9. 30

48) 신문기사, 더팩트, 권혁기, [단독 인터뷰] '부부 블랙리스트' 장준환 감독, "영혼 줄 끊는 범죄 행위", 2017. 9. 14

49) 신문기사, 스포츠조선, 박현택, [직격인터뷰] 황현희 "블랙리스트 오른 이유, 곰곰이 생각해 봤습니다", 2017. 9. 12

50) 신문기사, 한겨레, 남지은, 빼앗긴 무대에 봄은 왔지만…치유까지 갈 길 먼 '블랙리스트' 트라우마, 2017. 11. 5

51) 신문기사, 뉴스1, "한국 미술계의 무기력이 '블랙리스트' 재발 부른다", 2017. 10. 13

52) 신문기사, 내일신문, 송현경, [인터뷰 이원재 문화예술계 블랙리스트 진상조사 및 제도개선위원회 제도개선소위원장] "문화 정책에 대한 인식 변화 시급", 2018. 4. 23

53) 신문기사, 내일신문, [기고] "블랙리스트가 선생이다", 2017. 11. 29

54) 신문기사, 한겨레, "'검열부활' 지켜보지 않겠다"…예술계 반발 '중도'까지 확산, 2015. 9. 21

55) 신문기사, 한겨레, 블랙리스트 맞선 연극의 주먹 "강편치였다", 2016. 10. 31

56) 신문기사, 한겨레, '검열각하' 동아연극상 수상 거부, 2017. 1. 6

57) 신문기사, 경향신문, 문학수, "예술검열에 대한 저항과 연대로 '연극의 힘' 다시 일으켜 세워 뿌듯", 2016. 11. 3

58) 신문기사, 국민일보, 블랙리스트에 분노한 연극인들, 광화문에 '광장극장 블랙텐트' 설치, 2017. 1. 8

59) 신문기사, 경향신문, 문학수, 극장이 민주주의 역사가 되고, 연극이 혁명적 행위가 됐다, 2017. 1. 17

60) 신문기사, CNB저널, 김금영, 광장 민주주의와 예술 행동을 말하다, 2017. 9. 14

61) 신문기사, 오마이뉴스, 성하훈, 빼앗긴 무대는 광장에 세워졌다…광장극장 '블랙텐트', 2017. 1. 25

62) 신문기사, CNB저널, 김금영, [광화문 블랙텐트 ③] 1%에게 던지는 "이게 말이야 뭐야?", 2017. 2. 3

63) 신문기사, CNB저널, 김금영, [광화문 블랙텐트 ⑧] N포 세대가 팔짝 뛸 수 있는 봄을 기다리며, 2018. 6. 25

64) 신문기사, CNB저널, 김금영, [광화문 블랙텐트 ②] 세월호 엄마들, 무대올라 팡팡 웃기고 내려와 펑펑 울었다, 2017. 2. 3

65) 신문기사, CNB저널, 김금영, [광화문 블랙텐트 ⑥] 해고노동자가 세월호 아빠까지 되는 '노란봉투', 2017. 2. 17

66) 신문기사, 경향신문, 문학수, "기꺼이 이 아름다운 광장의 졸병이 되겠다" '광장 극장 블랙텐트'에 참여하는 연출가 이윤택, 2017. 2. 5

67) 신문기사, 노컷뉴스, 블랙텐트의 쫄병, 이윤택 "문화 모르는 정치는 야만", 2017. 2. 7

68) 신문기사, CNB저널, 김금영, [광화문 블랙텐트 ④] "개관에는 깽판으로" 이윤택 연출의 방식, 2017. 2. 10

69) 신문기사, 경향신문, 문학수, 극장이 민주주의 역사가 되고, 연극이 혁명적 행위가 됐다, 2017. 1. 17

70) 신문기사, 경향신문, 문학수, 극장이 민주주의 역사가 되고, 연극이 혁명적 행위가 됐다, 2017. 1. 17

71) 신문기사, 국민일보, 장지연, 김수희 "블랙리스트 보니 아직 할 일 많아" 이양구 "검열은 결국 문화의 다양성 말살", 2016. 10. 27

72) 신문기사, 뉴스페이퍼, 김상훈, 김미도 검열백서위원장, "가해자인 공무원들이 피해자로 둔갑", 2017. 7. 3

73) 신문기사, 뉴시스, 이재훈, 연극계 "블랙리스트 지원한 심사위원 양심고백해라", 2017. 6. 13

74) 신문기사, 민중의소리, 김세운, [인터뷰] '블랙리스트 조사위' 김미도 "국정 과제 블랙리스트 예산 문제로 난항", 2018. 1. 24

75) 신문기사, 뉴스페이퍼, 김상훈, "대통령은 탄핵돼도 공무원은 탄핵되지 않는다", 2017. 5. 2

76) 신문기사, 뉴스 1, 광복 이후 최대 규모 연극인단체 생긴다···'블랙 타파', 2017. 4. 17

77) 신문기사, 머니투데이, 최정면, 문화예술인 2년 만에 다시 거리로···문체부 도종환 장관과 갈등 깊어지나?, 2018. 10. 31

78) 신문기사, 서울 문화투데이, 임동현, [인터뷰] 김미도 연극평론가 "도종환 장관, 자신의 시 앞에 부끄럽지 않은지요?", 2018. 10. 22

79) 신문기사, 에너지경제, 류세나, [2018 국감] 최경환 "문재인 정부 '적폐청산' 시계 멈췄다", 2018. 10. 10

80) 신문기사, 한겨레, 김미영, [단독] 문체부 산하 10곳 중 4곳 '블랙리스트 징계' 시간끌기, 2018. 10. 10

81) 신문기사, 노컷뉴스, 조은정, 도종환 눈치보기?···입닫은 민주당, 국감서 블랙리스트 실종, 2018. 10. 29

82) 신문기사, 뉴스1, 국회 문체위, 적폐청산·文 정부 캠코더 인사 질타(종합), 2018. 10. 10

83) 이양구 작가 개인 페이스북, "국회의원 손혜원과 집권 더불어민주당 국회의원들이 직접 볼 수 있도록 공유 좀 부탁드립니다." 내용 중, 2018. 10. 5

84) 신문기사, 서울 문화투데이, 임동현, [인터뷰] 김미도 연극평론가 "도종환 장관, 자신의 시 앞에 부끄럽지 않은지요?", 2018. 10. 22

85) 신문기사, 민중의 소리, 블랙리스트 '셀프 면죄부'에 분노해 거리로 나선 문화예술인들, 2018. 12. 12

86) 신문기사, 뉴시스, 이해찬, '블랙리스트 문화예술인' 만나 재발방지·진상규명 약속, 2018. 11. 6

87) 민주사회를 위한 변호사모임 성명·논평·보도자료, [문화예술계 블랙리스트 소송대리인단] [성명] 문재인 정부 국정 과제 제1호 적폐청산, 문화예술계 블랙리스트 책임규명은 어디로 향하는가: 뼈저린 반성과 참회 없는 도종환 장관의 문체부를 규탄한다, 2018. 10. 16

88) 신문기사, 프레시안, 박호재, 광주 시민사회·예술단체 "도종환 장관 해임하라" 성명 발표, 2018. 12. 12

89) 신문기사, 뉴스1, 문체부, 예술계 '블랙리스트 이행계획 재검토' 전격 수용, 2018. 11. 8

90) 신문기사, 이데일리, 장병호, 문체부, 블랙리스트 처벌 4명 추가…예술계는 '질타', 2018. 12. 31

91) 문화예술계 블랙리스트 진상조사 및 제도개선위원회, 백서 제4권 블랙리스트 사태의 총체적 조망: 제4절 피해자의 눈으로 본 블랙리스트 사태: 예술현장과 예술행정의 신뢰 회복을 위하여(이양구), p. 193

92) 비어트리스 웹·시드니 웹, 산업민주주의 1, 아카넷, 2018, p. 35

93) 앞의 책, p. 40

94) 앞의 책, p. 36

95) 앞의 책, pp. 42~43

96) 앞의 책, p. 172

97) 앞의 책, p. 158

98) 앞의 책, p. 159

99) 앞의 책, p. 173

100) 앞의 책, p. 176

101) 비어트리스 웹·시드니 웹, 산업민주주의 3, 아카넷, 2018, p. 249

102) 앞의 책, p. 278

우리는 누구도 처벌하지 않았다

초판 1쇄 인쇄 2019년 3월 8일 초판 1쇄 발행 2019년 3월 15일

지은이 심용환
펴낸이 연준혁

출판 1본부 이사 배민수
출판 2분사 분사장 박경순
책임편집 박지혜
디자인 this-cover.com

펴낸곳 (주)위즈덤하우스 미디어그룹 출판등록 2000년 5월 23일 제13-1071호
주소 경기도 고양시 일산동구 정발산로 43-20 센트럴프라자 6층
전화 031)936-4000 팩스 031)903-3893 홈페이지 www.wisdomhouse.co.kr

값 16,000원 ISBN 979-11-89938-41-3 03340

*인쇄·제작 및 유통상의 파본 도서는 구입하신 서점에서 바꿔드립니다.
*이 책의 전부 또는 일부 내용을 재사용하려면
 반드시 사전에 저작권자와 (주)위즈덤하우스 미디어그룹의 동의를 받아야 합니다.

이 도서의 국립중앙도서관 출판예정도서목록(CIP)은 서지정보유통지원시스템 홈페이지(http://
seoji.nl.go.kr)와 국가자료종합목록시스템(http://www.nl.go.kr/kolisnet)에서 이용하실 수 있습니다.
(CIP제어번호 : CIP2019007226)